商务谈判与礼仪

高云霞 柳 娥 高 丽 主编

中国林业出版社
China Forestry Publishing House

图书在版编目（CIP）数据

商务谈判与礼仪 / 高云霞，柳娥，高丽主编. — 北京：中国林业出版社，2024.6
ISBN 978-7-5219-2724-5

Ⅰ.①商⋯　Ⅱ.①高⋯ ②柳⋯ ③高⋯　Ⅲ.①贸易谈判②商务—礼仪　Ⅳ.①F715.4②F718

中国国家版本馆CIP数据核字（2024）第102480号

策划编辑：高红岩
责任编辑：郭　琳　曹滢文
责任校对：苏　梅
封面设计：睿思视界视觉设计

出版发行：中国林业出版社
　　　　　（100009，北京市西城区刘海胡同7号，电话83223120）
电子邮箱：cfphzbs@163.com
网址：http://www.cfph.net
印刷：北京中科印刷有限公司
版次：2024年6月第1版
印次：2024年6月第1次印刷
开本：787mm×1092mm　1/16
印张：17
字数：332千字
定价：56.00元

主　　编　高云霞　柳　娥　高　丽

副主编　刘　燕　李　娅　韩　洁　匡英鹏

编写人员（按姓氏拼音排序）

　　　　　傅晓鹏（西南林业大学）

　　　　　高　丽（云南大学）

　　　　　高云霞（西南林业大学）

　　　　　韩　洁（西南林业大学）

　　　　　匡英鹏（西南林业大学）

　　　　　李　娅（西南林业大学）

　　　　　刘晓东（西南林业大学）

　　　　　刘　燕（西南林业大学）

　　　　　柳　娥（云南省社会科学院）

　　　　　罗小娟（西南林业大学）

　　　　　许敬茹（西南林业大学）

　　　　　张　雪（西南林业大学）

　　　　　周　咪（西南林业大学）

前　言

当前，国际格局正发生深刻调整，全球治理体系正发生深刻变革。与此同时，社会信息化、文化多样化和新一轮科技革命与产业革命迅速成长。但无论世界经济格局如何演变，经济全球化持续发展的大势不可逆转。商务谈判仍然是国家或地区政府、商业组织之间谋求合作、解决争端最有效的方式。

本教材由商务谈判与商务礼仪两篇构成。第一篇商务谈判具体内容包括商务谈判概述，商务谈判的准备、开局、磋商、签约阶段，商务谈判沟通，商务谈判心理，不同国家文化背景下的商务谈判；第二篇商务礼仪具体内容包括商务礼仪与商务谈判，中国传统礼仪文化，商务形象礼仪，商务社交礼仪，接待与会务礼仪，商务餐饮礼仪，求职应聘礼仪。

本教材遵循循序渐进的原则进行设计，每章内容由学习目标、正文、案例、小结、习题及答案等构成。紧扣立德树人的理念，编写成员深入挖掘与课程内容相关的思政元素并巧妙地将其融入教材当中，帮助学生更好地理解商务谈判的原理与实务、商务礼仪的内涵与运用。本教材可作为经济类、管理类专业学生的必修和实践指导教材。另外，本教材将求职应聘礼仪作为重要内容写入其中，旨在加强礼仪教育的同时，提升大学生的就业竞争力，可为高校就业指导部门提供参考。

本教材由高云霞、柳娥、高丽担任主编，刘燕、李娅、韩洁、匡英鹏担任副主编，编写团队由西南林业大学教师、云南省社会科学院研究人员和云南大学教师组成。本教材的编写同时得到了西南林业大学经济管理学院、马克思主义学院2021和2022级八位研究生的大力支持。他们全程参与了资料的收集整理、书稿的校对和修订等工作。在此，向他们的辛苦付出致以真诚的感谢！

满怀敬畏之心，编者借鉴了商务谈判、商务礼仪领域专家、学者宝贵的研究成果，恕无法一一列举，在此，向他们致以由衷的感谢！

本教材从酝酿至出版，历时5年。但限于编者能力，书中难免有错漏之处，欢迎读者批评指正。

编　者

2023年12月

目 录

第一篇 商务谈判

第一章 商务谈判概述 ········ 2
- 第一节 认识谈判 ········ 2
- 第二节 商务谈判概念及理论基础 ········ 6
- 第三节 商务谈判原则与特点 ········ 12
- 第四节 商务谈判类型 ········ 15
- 本章小结 ········ 19
- 课后习题 ········ 19
- 课后习题答案 ········ 19

第二章 商务谈判准备阶段 ········ 20
- 第一节 商务谈判信息准备 ········ 20
- 第二节 商务谈判人员准备 ········ 26
- 第三节 商务谈判方案制订 ········ 30
- 第四节 模拟谈判 ········ 35
- 本章小结 ········ 38
- 课后习题 ········ 38
- 课后习题答案 ········ 38

第三章 商务谈判开局阶段 ········ 40
- 第一节 商务谈判开局阶段主要内容 ········ 40
- 第二节 商务谈判开局气氛建立 ········ 43
- 第三节 商务谈判开局策略 ········ 47
- 本章小结 ········ 53
- 课后习题 ········ 53
- 课后习题答案 ········ 53

第四章　商务谈判磋商阶段·· 55
第一节　商务谈判磋商阶段概述·· 55
第二节　商务谈判报价阶段·· 57
第三节　商务谈判的讨价还价·· 59
第四节　商务谈判磋商阶段的让步·· 61
第五节　商务谈判僵局处理·· 66
本章小结·· 70
课后习题·· 71
课后习题答案·· 71

第五章　商务谈判签约阶段·· 73
第一节　商务谈判的结束·· 73
第二节　商务谈判的各种结果·· 77
第三节　商务谈判合同签订·· 79
本章小结·· 85
课后习题·· 85
课后习题答案·· 86

第六章　商务谈判沟通·· 87
第一节　沟通概述··· 87
第二节　商务沟通与商务谈判·· 93
第三节　商务谈判中的语言技巧·· 96
第四节　商务谈判中的非语言沟通··· 101
本章小结··· 106
课后习题··· 107
课后习题答案··· 107

第七章　商务谈判心理·· 108
第一节　商务谈判心理概述·· 108
第二节　商务谈判需要·· 110
第三节　商务谈判心理运用·· 117
本章小结··· 130
课后习题··· 130
课后习题答案··· 130

第八章　不同国家文化背景下的商务谈判··· 132
第一节　现代国际关系基本原则与特点··· 132

第二节　文化习俗与谈判风格···133
　　第三节　不同国家谈判风格···141
　　本章小结···149
　　课后习题···149
　　课后习题答案··150

第二篇　商务礼仪

第九章　商务礼仪与商务谈判···152
　　第一节　礼仪与商务礼仪···152
　　第二节　商务谈判中的商务礼仪···159
　　本章小结···162
　　课后习题···162
　　课后习题答案··162

第十章　中国传统礼仪文化···164
　　第一节　中国传统礼仪文化发展历史····································164
　　第二节　中国传统礼仪文化内容···166
　　第三节　中国传统节日风俗···168
　　第四节　中国传统礼仪文化当代价值····································171
　　第五节　中国传统礼仪文化与当代学生教育··························172
　　本章小结···174
　　课后习题···174
　　课后习题答案··174

第十一章　商务形象礼仪···175
　　第一节　仪容礼仪···175
　　第二节　仪态礼仪···177
　　第三节　着装礼仪···184
　　本章小结···188
　　课后习题···189
　　课后习题答案··189

第十二章　商务社交礼仪···190
　　第一节　见面礼仪···190

第二节　人际交往距离 193
　　第三节　介绍与称呼礼仪 194
　　第四节　邀请、拜访与馈赠礼仪 198
　　本章小结 202
　　课后习题 202
　　课后习题答案 203

第十三章　接待与会务礼仪 204
　　第一节　洽谈会礼仪 204
　　第二节　发布会礼仪 206
　　第三节　茶话会礼仪 209
　　第四节　签约仪式礼仪 213
　　第五节　剪彩仪式礼仪 216
　　第六节　交接仪式礼仪 219
　　本章小结 221
　　课后习题 221
　　课后习题答案 221

第十四章　商务餐饮礼仪 223
　　第一节　宴请与赴宴礼仪 223
　　第二节　中餐礼仪 228
　　第三节　西餐礼仪 230
　　本章小结 235
　　课后习题 236
　　课后习题答案 236

第十五章　求职应聘礼仪 237
　　第一节　面试准备 237
　　第二节　面试礼仪 248
　　第三节　面试沟通技巧 253
　　本章小结 257
　　课后习题 257
　　课后习题答案 257

参考文献 259

第一篇

商务谈判

第一章 商务谈判概述

学习目标

1. 了解谈判的概念及相关知识。
2. 明确商务谈判的定义,掌握商务谈判的基本理论。
3. 掌握商务谈判的原则、特点。

第一节 认识谈判

案例 1-1 基辛格说媒

有一次,基辛格主动为一位贫穷老农的儿子做媒,想试试自己的折冲之技。他对老农说:"我已经为你物色了一位最好的儿媳。"

老农回答说:"我从来不干涉我儿子的事。"

基辛格说:"可这姑娘是罗斯切尔德伯爵的女儿,罗斯切尔德是欧洲最有名望的银行家。"

老农说:"嗯,如果是这样的话……"

基辛格找到罗斯切尔德伯爵说:"我为你女儿找了一个万里挑一的好丈夫。"

罗斯切尔德伯爵婉拒道:"我女儿太年轻。"

基辛格说:"可这位年轻小伙子是世界顶尖级银行的副行长。"

罗斯切尔德伯爵说:"嗯,如果是这样……"

基辛格又找到银行行长,道:"我给你找了一位副行长。"

银行行长说:"我们现在不需要再增加一位副行长。"

基辛格说:"可你知道吗?这位年轻人是罗斯切尔德伯爵的女婿。"银行行长听后欣然同意。

基辛格既促成了这桩美满的婚姻,也让老农的儿子摇身一变,成了金融巨头的乘龙快婿。

思考:基辛格为什么会成功?

一、谈判的含义

英语中的谈判"negotiation"一词起源于拉丁语"negotiari",代表贸易与经商。谈判,包括"谈"和"判"两个内容。《新华字典》中,"谈"的定义是彼此对话讨论,"判"被定义为评断。从字面理解,"谈"可以理解为过程;"判"是谈的延续,是这个过程的终点。因此,"谈"是"判"的前提和基础,"判"是"谈"的结果和目的。只有在双方沟通和交流的基础之上,了解对方的需求和内容,才能够做出相应的决定。

美国谈判学会会长杰勒德·I·尼尔伦伯格(Gerard I. Nierenberg)在《谈判的艺术》中写道:"谈判的定义最简单,而涉及的范围却最为广泛,每一个要求满足的愿望和每一项寻求满足的需要,至少都是诱发人们展开谈判过程的潜因。只要人们为了改变相互关系而交换观点,或是人们为了达成一致而进行磋商,他们就是在进行谈判。"英国学者马什(P.D.V. Marsh)1971年在《合同谈判手册》一书中对谈判所下的定义是:"所谓谈判,是指有关各方为了自身的目的,对各项涉及各方利益的事务进行磋商,并通过调整各自提出的条件,最终达成一项各方都较为满意的协议这样一个不断协调的过程。"中国学者蒋春堂在其所著《谈判学》中提出:"谈判是人们出于某种欲望、需求,彼此阐述自我意愿,协调相互关系,为取得一致,达到各自目的所进行的语言交流活动。"章瑞华等学者在《现代谈判学》一书中将谈判定义为:"所谓谈判,就是具有利害关系的双方或多方为谋求一致而进行协商洽谈的沟通协调活动。"

总结国内外学者的观点,本书认为,谈判是出于某种需要,双方或多方当事人在一定的时空条件下,通过不断磋商,协调彼此之间的关系,争取与对方达成一致的行为与过程。谈判有狭义和广义之分。狭义的谈判指正式场合下的谈判。广义的谈判包括一切与协商、交涉、商量、磋商等有关的行为。哈佛大学教授罗杰·费希尔(Roger Fisher)在其所著《谈判力》中阐述"无论你愿意与否,你都是一名谈判者"。谈判是生活中无法避免的现实,如我们要和老板商量提薪,要和小贩讨价还价,要和家人商定度假目的地。可见,谈判与人们的生活息息相关。

案例 1-2 农夫卖玉米

一个农夫在集市上卖玉米,吸引了一群消费者围观。其中一个买主在挑选的过程中发现很多玉米棒子上都有虫子,于是他故意提高音量说:"伙计,你的玉米棒子倒是不小,只是虫子太多,你想卖玉米虫呀?可谁爱吃虫肉呢?你还是把玉米挑回家吧,我们到别的地方去买好了。"买主一边说着,一边做着夸张而滑稽的动作,把众人都逗乐了。农夫见状,一把从他手中夺过玉米,面带微笑却又一本正经地说:"朋友,我说你是从来没有吃过玉米咋的？我看你连玉米质量的好坏都分不清，玉米上有虫，说明我在种植中没有施用农药，是纯天然绿色食物，连虫子都爱吃我的玉米棒子，可见你这人不识货！"接着，他又转过脸对其他人说："各位都是有见识的人，你们评评理，连虫子都不愿意吃的玉米棒子就好吗？比这小的棒子就好吗？价钱比这高的玉米棒子就好吗？你们再仔细瞧瞧，我这些虫子都很懂道理，只是在棒子上打了一个洞而已，棒子可还是好棒子呀！"他说完这番话，又把嘴凑在那位故意习难的买主耳边，故作神秘地说道："这么大、这么好吃的棒子，我还真舍不得这么便宜就卖了呢！"

农夫的一席话，把他的玉米棒子饱满、好吃，虽然有虫但是售价低等优点都表达了出来。众人被他的话语说得心服口服，纷纷掏出钱来，不一会儿工夫，农夫的玉米便销售一空。

思考：你生活中关于谈判的例子有哪些？

二、谈判的特征

1. 目的性

谈判是一种目的性很强的活动。谈判的参与者有着各自独立、明确的利益需求，参与谈判的目的是实现和满足各自的利益需求。利益是构成谈判发生的基础和原因。

2. 相互性

从本质上讲，谈判双方是既对立又合作的关系。对立表现在双方都在为自己利益的最大化做出努力，同时他们也是合作的。试想一下，如果不开展合作，他们最后的利益如何获得呢？这种相互依赖、相互冲突的关系，使得谈判过程成为一个沟通与信息共享、说服与被说服的过程。

3. 协商性

谈判是一种协商分配有限资源的决策过程。谈判实质上是一种谋求合作的过程，通过与对方的沟通、磋商，获得有限资源中属于自己的利益。

三、谈判的科学性与艺术性

尼尔伦伯格有一句名言："一场成功的谈判，双方都是胜者。"谈判不是辩论或比赛，结果不以输赢来判定。谈判是谈判者智慧与实力的较量。不可否认，谈判不仅是一门科学，也是一门艺术。

（一）谈判的科学性

成功的谈判必须有科学的理论、方法来指导，要遵循谈判的基本原理、原则，其过程必须科学化。谈判的科学性可以理解为由经验走向科学的过程。人们通过总结大量谈判中的成功经验、失败教训，概括出了谈判的基本原理和原则，遵守这些原理和原则对谈判中利益的获得及效率的提高有重要指导意义。国内外有名的谈判专家，往往拥有丰富的学识，在谈判中，他们运用自己的专业知识，如心理学、社会学、人际关系学，甚至犯罪心理学、国际关系学等，使谈判收到预期的效果。

案例1-3　中方与美方设备谈判

我国某冶金公司要向美国购买一套先进的冶炼组合炉，派一名高级工程师与美商谈判。为了不负使命，这位工程师做了充分的准备工作，他查找了大量有关冶炼组合炉的资料，又花了很大的精力对国际市场上组合炉的行情及美国这家公司的历史和现状、经营情况等进行了详细了解。谈判开始时，美商开口要价150万美元。中方工程师列举各国成交价格后，使美商目瞪口呆，最终以80万美元达成协议。当谈判购买冶炼自动设备时，美商报价230万美元，经过讨价还价压到130万美元，中方仍然不同意，坚持出价100万美元。美商表示不愿继续谈下去，把合同往中方工程师面前一扔，说："我们已经做了这么大的让步，贵公司仍不能合作，看来你们没有诚意，这笔生意就算了，明天我们回国了。"中方工程师闻言轻轻一笑，把手一伸，做了一个优雅的"请"的动作。美商真的走了，冶金公司的其他人有些着急，甚至埋怨工程师不该抠得这么紧。工程师说："放心吧，他们会回来的。同样的设备，去年他们卖给法国只有95万美元，国际市场上这种设备的价格100万美元是正常的。"果不其然，一个星期后美方又回来继续谈判。工程师向美商点明了他们与法国的成交价格，美商又愣住了，没有想到眼前这位中国人如此精明，于是不敢再报虚价，只得说："现在物价上涨得厉害，比不了去年。"工程师说："每年物价上涨指数没有超过6%。你们算算，该涨多少？"美商被问得哑口无言，在事实面前，不得不让步，最终以101万美元达成了这笔交易。

思考：中方为什么能取得成功？

（二）谈判的艺术性

无论是集体谈判还是个体谈判，谈判的主体都是人。人的社会属性决定了人处理事情时所表现出的理性及感性。在一场谈判中，我们不能把桌对面的一方做简单的抽象化理解，忽略了他们首先是"人"。谈判的双赢，除了指在谈判中双方都得到了期望的利益，从另一个角度理解，也可以表示为既获得了利益，又维系了彼此间的良好关系。这就要求谈判者要善于运用有说服力的语言艺术、正确的肢体语言与面部表情等，向对方说明自己的观点和意见，将自己的观点一点一滴地渗透到对方的头脑中去。在谈判中，说对话才能做对事，良好的沟通能力是谈判成功的保障，而沟通中所包含的语言艺术、行为艺术、基本礼仪等，正是谈判艺术性的表现。

案例 1-4　不会说话的后果

有个人请客，四个客人有三个已经来了，主人心里很焦急，就说："该来的还不来。"一个敏感的客人听到了，心想："该来的没来，那我是不该来的了？"便告辞走了。主人越发着急了，说："怎么不该走的，反倒走了呢？"又一个客人一听，心想："走了的是不该走的，那我这没走的倒是该走了！"于是也走了。主人大叫冤枉，急忙解释说："我并不是叫他们走啊！"最后一位客人听了大为恼火，说："不是叫他们走，那就是叫我走。"说完，头也不回地离开了。

思考：客人为什么都走了？

谈判的科学性与艺术性是相辅相成的。科学的理论指导是开展谈判的前提，谈判的艺术性是在科学理论的指导下发挥的。离开科学的理论基础，不可能有真正的艺术性。在实际谈判中，成功的谈判者往往有能力将知识灵活地运用在实践中，既体现了谈判的科学性，又把握了谈判的艺术性。两者的相互作用还表现在艺术性是对谈判的科学理论的发挥与延续，而艺术性的结果在被普遍适用后逐步成为科学的理论。

第二节　商务谈判概念及理论基础

案例 1-5　分橙子

一位母亲拿了一个橙子给她的两个小孩分，起初这两个小孩无论怎么分都不满意，最后他们俩采取"一个负责切橙子，一个负责选橙子"的方法来分橙子才解决了问题。可是当他们分到橙子后，一个孩子只需要橙肉来榨汁喝，另外一个孩子只需要橙皮来做蛋糕吃，最后他们把自己剩余不要的东西都丢掉了。

案例解读：通过这个故事我们可以看出，虽然这两个孩子最后都拿到了看似公平的一半，但是他们各自得到的东西却并未物尽其用，造成了资源严重浪费的现象。这说明，他们在分橙子前并没有进行好好的沟通，以至于他们不知道对方真正需要的是什么。没有事先说明各自的利益所需导致了双方盲目追求形式上和立场上的公平，结果，双方各自的利益并未在谈判中达到最大化。

一、商务谈判概念

（一）商务谈判定义

商务谈判是谈判的一种。商务谈判中的商务有广义与狭义之分。广义的商务是指一切与买卖商品服务相关的商业事务；狭义的商务是指商品的买卖交易行为。商务谈判是指两个或两个以上从事商务活动的组织或个人，为了促成交易或是为了解决双方的争端，并取得各自的经济利益而进行的意见交换和磋商，谋求取得一致和达成协议的行为过程。商务谈判是现代社会经济生活必不可少的组成部分，小到个人生活中的讨价还价，大到企业之间的合作、国家之间的经济技术交流，都离不开商务谈判。商务谈判是企业实现经济目标的手段，是企业获取市场信息的重要途径，是企业开拓市场的重要力量。商务谈判一般包括商品销售、工程承包、技术贸易、劳务合作、合资合作、融资谈判等经济实体或个人利益的经济现象。

（二）商务谈判构成要素

谈判要素是指构成商务谈判活动的必要因素。它是从静态结构揭示以经济利益为目的的商务谈判的内在基础。商务谈判通常由谈判主体、谈判客体和谈判背景三个要素组成。

1. 商务谈判主体

商务谈判主体指谈判的当事人，是实际参与谈判的人（行为主体）或在商务谈判中有权参加谈判并承担后果的自然人、社会组织及其他能够在谈判或履约中享有权利并承担义务的各种实体（关系主体）。例如，在中国某企业与英国某公司货物贸易的谈判中，关系主体是两个企业，而行为主体是两个企业分别派出的谈判团队。在商务谈判中，谈判主体是主要因素，起着至关重要的作用。商务谈判的成败很大程度上取决于谈判主体的主观能动性与创造性。谈判的行为主体与关系主体之间既有区别又有联系。首先，谈判关系的意志和行为，需要借助行为主体来表示或进行，没有一种谈判是仅有关系主体而没有行为主体的。其次，谈判的关系主体直接承担谈判后果，而行为主体不一定承担谈判后果，只有在二者一致的情况下，谈判的行为主体才承担谈判后果。最后，从二者的定义可以看出，谈判的行为主体必须是有意识、有行为的自然人，而谈判的关系主体既可以是自然人也可以是国家、组织或者其他社会实体。

2. 商务谈判客体

商务谈判客体指谈判的议题，是谈判涉及的交易内容，所有有形商品、无形商品及其各种要素结合而成的内容都可以成为谈判客体。例如，涉及资金方面的价格、付款方式，涉及技术方面的技术标准，涉及产品本身的质量、数量、品质，涉及运输方面的仓储、物流以及保险、检验检疫等内容，都是商务谈判的客体。

3. 商务谈判背景

商务谈判背景指谈判所处的环境，也就是进行谈判的客观条件。任何谈判都不可能孤立地进行，必然处在一定的客观条件之下并受其制约。因此，谈判背景对谈判的发生、发展和结局均有重要的影响，是谈判不可忽视的要件。

（1）宏观环境

商务谈判的宏观环境主要包括政治环境、经济环境、法律环境、人文环境、技术环境、自然环境等。

① 政治环境。政治环境主要指谈判双方所属国的政治状况及外交关系。政治环境的变化往往会对谈判的内容和进程产生一定影响。对谈判双方政治环境进行分析，特别是对有关国际形势变化、政局的稳定性以及政府之间的双边关系等方面的变化情况进行分析，可以帮助国际贸易的双方认清形势，更好地进行谈判筹谋。

第一，国家政治体制。谈判双方国家在政治体制、政局上的稳定性会影响双方谈判的内容及结果，如在实际谈判中，对方政府面临政治危机或是大规模的冲突等。谈判开始前或进行过程中，要对事态的发展趋势及其对合同履行的影响做出客观的分析，以此决定是否进行谈判和在谈判中对这些问题提出有针对性的解决方法，以免履约过程中对方无法履行合同，造成损失。

第二，政治的稳定性。国际形势的变化，如发生战争、地区关系紧张等，都会对谈判的内容和进程产生影响。例如，俄乌冲突导致全球能源价格快速上涨，冲突发生地区与邻近的经济体面临贸易往来停滞、资金融通受阻等问题。因此，在进行价格、支付、运输、保险等合同条款的谈判时，应考虑国际形势变动的影响。

第三，国际关系。国家之间的政治关系会影响其经济关系，如是否加入了国际间的合作组织、是否已签订双边贸易协定、相互之间有无采取经济制裁措施等。

② 经济环境。经济环境可分为大环境和小环境。大环境是指与谈判内容有关的经济形势的变化情况，如经济周期、国际收支、外贸政策、金融政策等。小环境多指供求关系的状况。

第一，经济周期。经济周期是再生产各环境运行状况的综合体现，通过对当前经济周期发展情况的了解，有助于谈判双方客观地分析经济形势和需要，从而选择不同的谈判策略。例如，谈判时对方国家正处于经济萧条阶段，表明此时该国的生产停滞、市场需求不足，由此可以判断对方对购进商品比较审慎，而对推销自己的商品则会比较积极。

第二，国际收支。国际收支反映一国的对外结算情况，国际收支状况会影响到该国的国际支付能力。通过对对方国家的国际收支状况进行了解，有助于分析对方国家的对外支付能力、货币币值的升降趋势和预测该国汇率的变动情况，为谈判中明确支付条件、选择结算货币提供参考。

第三，外贸政策。世界各国经常根据国际形势和对外贸易情况的变化，对其外贸政策进行调整。谈判前应对双方国家与谈判内容有关的外贸政策，如国别政策、配额管理、许可证管理、最低限价等方面的最新变化情况进行了解，并据此调整我方的谈判方案和拟采用的谈判策略。

第四，金融政策。如谈判双方国家的货币政策、外汇管理、汇率制度、贴现政策等方面的变化情况，都会对双方的谈判产生影响。对其进行充分了解，将为谈判选择结算货币、支付形式等提供依据。

③ 法律环境。谈判的内容只有符合法律的规定，才能受到法律的保护。因此，在谈判前，必须对与谈判内容有关的各项法律规定的变化情况进行了解和分析，以便根据这些变化来确定谈判方案、预见谈判结果，确定法律的适用情况和纠纷解决方式。

④ 人文环境。商务谈判的特点决定了谈判中面临着要同许多不同文化背景和宗教信仰的人交往，他们的价值观、行为方式、道德规范、决策方式以及风俗习惯都有所不同。在谈判时，若对对方的宗教信仰、风俗习惯和文化背景有所了解，有利于在谈判中促进彼此之间的沟通，增进感情，克服谈判中由于文化差异而带来的交流上的不便，共同努力创造一个能适应双方的文化环境，让谈判走向双赢。

⑤ 技术环境。技术环境对谈判双方来说有着重要的影响。一般而言，谈判一方如果在技术上占有优势，其在谈判过程中更有可能占据主动。技术环境包括技术水平现状、技术发展结构、技术发展前景、技术人员的数量与素质、技术的普及与推广程度等。

⑥ 自然环境。自然环境是企业赖以生存的基本环境，主要包括自然资源、气候、地形、地质、地理位置（沿海、内地、城市、乡村、离交通干线的远近）等。

（2）微观环境

商务谈判的微观环境主要包括行业环境、谈判对手等。

① 行业环境。行业环境分析是指根据经济学原理，对谈判双方所处的行业经济的运行状况、产品生命周期、市场竞争格局、行业政策等要素进行深入分析，从而发现行业运行的内在经济规律。了解行业环境可以帮助企业明确自身的行业水平与竞争力，更好地进行谈判方案的制订与规划。

② 谈判对手。商务谈判的成功很大程度上取决于对谈判对手的了解。分析谈判对手就是要了解对方企业的发展历史、组织特征、产品特点、市场占有率和供需能力、价格水平及付款方式，对手的资信情况，以及参加谈判人员的资历、地位、性格、爱好、谈判风格、谈判作风等内容。通过整合这些信息，正确预测谈判对手可能在谈判中表现出来的行为，可以更好地布局己方企业的谈判战术，运用有效的谈判策略取得谈判成功。

二、商务谈判理论基础

(一) 控制论

1. 控制论的基本内涵

控制论又称黑箱理论，是由美国科学家诺伯特·维纳（Norbert Wiener）创立的。控制，就是运用某种手段，将被控对象的活动限制在一定范围之内，或使其按照某种特定的模式运作。在控制论中，通常把所不知的区域或系统称为黑箱，把全知的区域或系统称为白箱，介于黑箱和白箱之间或部分可察黑箱称为灰箱。

一般来讲，在社会生活中广泛存在着不能观测却是可以控制的黑箱问题。例如，当我们不知道究竟哪把钥匙是门锁钥匙时，通常总是把钥匙插入锁孔，看哪一把能打开门，而不必把门锁卸下来查看其内部构造。在现实中还有许多事物，我们自以为不是黑箱，但实际上却是黑箱。例如，骑自行车的人起初可能不会设想自行车是个黑箱，因为连成它的每一个部件人们都能看得到。事实上，这只是自以为是。踏板与轮子的最初联系在于把金属原子聚在一起的那些原子力，而对此人们无法看见。当然车仍然可以被骑走，这是因为骑车的人只需要知道踩踏板可以转动车轮就够了。

2. 控制论对商务谈判的指导意义

在商务谈判中，双方当事人为了各自利益，反复论证、讨价还价，最终达成一致的过程中，双方的接受点一度作为黑箱存在。例如，某公司与某计算机供应商就采购计算机事宜展开谈判。计算机供应商初次报价为每台计算机7000元，60台计算机总共42万元。公司采购部认为这个价钱还算是公道价。但是，没有人会在首轮报价中报出最终成交价。与此同时，计算机供应商也并不清楚采购部最终会接受什么样的价格。成交价对双方而言是黑箱，而为了确保各自利益，双方都不抢先打开黑箱，并且会继续进行试探并运用策略磋商、讨价还价。公司采购部和计算机供应商都是黑箱方法的实践者。谈判双方依据各自对黑箱的猜测，努力防备对方攻破黑箱从而占领上风，各不相让，最终达成妥协并完成谈判。在商务谈判中，对黑箱的控制能力决定着谈判的胜负。

(二) 博弈论

1. 博弈论的基本内涵

博弈论又称对策论、赛局理论等，既是现代数学的一个新分支，也是运筹学的一个重要学科。博弈论主要研究公式化了的激励结构间的相互作用，是研究具有斗争或竞争性质现象的数学理论和方法。博弈论考虑游戏中个体的预测行为和实际行为，并研究它们的优化策略。

通俗地说，博弈论就是二人在平等的对局中各自利用对方的策略、变换自己的对策以达到取胜的目的。一般认为，博弈主要可以分为合作博弈和非合作博弈。二者的区别在于相互发生作用的当事人之间有没有一个具有约束力的协议，如果有，就是合作博弈；如果没有，就是非合作博弈。生活中，如打牌、下棋等娱乐活动，都可以看到博弈论的影子。这是因为当确定了游戏的基本规则之后，参与游戏各方的策略选择将成为左右游戏结果的最关键因素。

2. 经典案例对商务谈判的启示

（1）"囚徒困境"的启示

"囚徒困境"是1950年美国兰德公司的梅里尔·弗勒德（Merrill Flood）和梅尔文·德雷希尔（Melvin Dresher）拟定出的关于困境的理论，后来由顾问艾伯特·塔克（Albert Tucker）以囚徒方式阐述，并命名为"囚徒困境"。两个共谋犯罪的人被关入监狱，不能互相沟通情况。如果两个人都不揭发对方，则由于证据不足，每个人都坐牢一年；若一人揭发、另一人沉默，则揭发者因为立功而立即获释，沉默者因不合作而入狱十年；若互相揭发，则因证据确凿，二人都判刑八年。由于囚徒无法信任对方，因此倾向于互相揭发，而不是同守沉默。而这一结果对双方都是有较大损害的，明显没有达到双赢。"囚徒困境"是一种非合作博弈（表1-1）。

表 1-1 囚徒困境

	坦白（B）	抵赖（B）
坦白（A）	-8, -8	0, -10
抵赖（A）	-10, 0	-1, -1

在商务谈判中，双方可能是首次合作，互不了解，都以谋求己方最大利益为目标，缺乏相互信任，在策略选择上可能合作也可能欺骗对方，谈判双方面临策略选择。"囚徒困境"对商务谈判的启示在于，当人们进行一次性交往时，为追求收益最大化可能不择手段。因此，谈判之初，要明确诚信的谈判态度，确立双赢的合作理念，为了达到最终双赢的局面，应该与客户无限次重复博弈，避免因个人的理性导致整体的非理性，从而实现整体的最优结果。

（2）田忌赛马故事的启示

齐国的大将田忌常同齐威王进行跑马比赛。在比赛前，他们双方各下赌注，每次比赛共设三局，胜两次以上的为赢家。然而，每次比赛，田忌总是输给齐威王。这天，田忌赛马时又输给了齐威王。回家后，田忌十分郁闷，他把赛马失败引起的不快告诉了孙膑。孙膑是大军事家孙武的后代，足智多谋，熟读兵书，深谙兵法。田忌待他为上宾，请他当了军师。孙膑说："将军与大王的马我看了。其实，将军的三等马匹与大王的都差那么一点儿。您第一局派上等马与大王的上等马赛，第二局派中等马与大王的中等马赛，第三局派下等马与大王的下等马赛。您这样总按常规派马与大王比赛，永远会输。"田忌不解地问："不这样，又怎么办呢？"孙膑对田忌说："下次赛马时，您照我说的办法派出马匹，一定会取胜。您只管多下赌注就是了。"田忌听了，大喜。这次他主动与齐威王相约，择日再进行赛马。齐威王听了，不屑地说："田将军又想给寡人送银子了？再比，将军也是输。"赛马这一天到了。双方的骑士和马匹都来到赛马场上。齐威王和田忌在看台上饶有兴致地观看比赛。孙膑也坐着车子，坐在田忌的身旁。赛马开始了，第一局，田忌派出了自己的下等马对阵齐威王的上等马。结果可想而知，田忌输掉了第一局。齐威王十分得意。第二局，田忌派出了自己的上等马对阵齐威王的中等马。结果，田忌赢了第二局。第三局，田忌派出自己的中等马对阵齐威王的下等马，田忌又赢了第三局。三局两胜，田忌第一次在赛马比赛中战胜了齐威王。由于事先田忌下了很大的赌注，他把前几次输掉的银子都赚了回来，还略有盈余。

在商务谈判中，己方要尽可能多地收集对方信息，做到知己知彼，在谈判中具体问题具体分析，做好策略布局，必要的时候以牺牲局部利益换取全局利益。

第三节　商务谈判原则与特点

一、商务谈判原则

在商务谈判过程中要想取得较为理想的成果，谈判双方就要遵守会谈活动的内涵规律，商务谈判原则是这些规律的体现，遵守谈判原则是谈判成功的保障。

（一）平等自愿原则

商务谈判的平等是指在谈判中，无论各方的经济实力强弱、组织规模大小，其在谈判中的地位是平等的。只要对方坐在谈判桌的另一端，就默认对方与己方拥有同样平等的权利，双方没有高低贵贱之分，互相之间都要平等对待。平等自愿原则要求商务谈判的各方保持在地位平等、自愿合作的前提下建立合作关系，是谈判中必须遵守的原则。

贯彻平等自愿的原则，谈判各方就要互相尊重、礼敬敌手，任何一方都不能把己方的意志强加于人。只有保持平等自愿原则，商务谈判才能在相互信任、合作的氛围中开展，达到双赢的目标。

（二）互利互惠原则

互利互惠原则是指谈判达成的协议对参与谈判的各方都是有利的。互利互惠是平等的客观要求和直接结果。在谈判过程中，任何一方都有权要求对方做出让步，并且任何一方都必须对对方所提出的要求做出相应反应。谈判双方共同努力增加可以切割的利益总数。谈判各方在追求自身利益的同时，也应尊重对方的利益追求。各方立足于互补合作，才能互让互谅，争取最大程度的双赢，实现各自的利益目标，获得谈判的成功。

（三）时效性原则

时效性原则就是要保证商务谈判的效率与效益的统一。在谈判中要有时间观念，任何谈判都不可能无休止地进行，时间成为影响谈判成功的重要条件。商务谈判过程中需要花费时间、精力和费用，因此，谈判的投入与取得谈判经济效益存在一定的比例关系。以最短时间、最少精力和最少资金投入达到预期的谈判目标，是高效的谈判。

（四）客观公正原则

客观公正是指独立于谈判各方主观意志之外的合乎情理和切实可用的标准。这种客观标准既可以是市场惯例、市场价格，也可以是行业标准、科学鉴定、同等待遇或过去的案例等。由于谈判时提出的标准、条件比较客观公正，所以调和双方的利益也变得具有可行性。合同的达成依据是通用惯例或公正的标准时，双方都会感到自己的利益没有受到损害，因而会积极、有效地履行合同。

（五）诚实信用原则

商务谈判中，谈判双方均能做到诚实守信非常重要。诚信中的诚，就是真诚、诚实、不虚假，信就是恪守承诺、讲信用。信用最基本的意思是指人能够履行与别人约定的事情而取得信任。诚信，简单来讲就是守信誉、践承诺、无欺诈。

（六）合法原则

合法原则是指在谈判的过程中，不仅要遵循本国的法律和政策，还要遵循国际法则、尊重别国的有关法律规定。商务谈判中所签署的协议，只有在合法的情况下才具有法律效力，才能保障谈判双方的合法权益。

（七）求同存异原则

追求双方共同利益是商务谈判成功的基础点。但在实践中，双方在行动上却会为各自的利益讨价还价、互不相让。谈判过程中，双方均应该理性地看待各自的利益目标，客观地对待分歧。把谈判的重点放在利益而不是立场上，尽可能达成共识。

（八）实事求是原则

在商务谈判中，谈判各方都要根据事实做出合理的判断，采取恰当的措施，不能违背客观事实，否则会越来越远离谈判的目标。同时，也应注意"求是"。商务谈判的各方在谈判开始之前，应该要做足准备，充分采集正确的信息，做到知己知彼，这样才能使谈判在达到某个平衡点时双方都能够满意，使商务谈判取得成功。

二、商务谈判特点

（一）商务谈判语言表达特点

1. 专业语言

专业语言是指有关商务谈判业务内容的一些术语。不同的谈判业务，有不同的专业语言。例如，产品购销谈判中有供求市场价格、品质、包装、装运、保险等专业术语；工程建筑谈判中有造价、工期、开工、竣工、交付使用等专业术语，这些专业语言具有简单明了、针对性强等特征。

2. 法律语言

法律语言是指商务谈判业务所涉及的有关法律规定用语。不同的商务谈判业务要运用不同的法律语言。每种法律语言及其术语都有特定的含义，不能随意解释、使用。法律语言具有规范性、强制性和通用性等特征。通过法律语言的运用可以明确谈判双方的权利、义务、责任等。

3. 外交语言

商务谈判与外交活动有一定的相似之处。外交语言是一种弹性较大的语言，其特征是模糊性、缓冲性和幽默性。在商务谈判中，适当运用外交语言既可满足对方自尊的需要，又可以避免失去礼节；既可以说明问题，还能为进退留有余地。但过分使用外交语言，会使对方感到缺乏合作诚意。

4. 文学语言

文学语言是一种富有想象的语言，其特点是生动活泼、优雅诙谐、适用面宽。在商务谈判中，恰如其分地运用文学语言，既可以生动明快地说明问题，还可以缓解谈判的紧张气氛。但应注意文学语言的使用要有度，避免被对方看作是华而不实的表演。

5. 军事语言

军事语言是一种带有命令性的语言，具有简洁自信、干脆利落等特征。在商务谈判中，适时运用军事语言可以起到坚定信心、稳住阵脚、加速谈判进程的作用。

（二）商务谈判内容特点

1. 以获取经济利益为目的

不同于其他类型的谈判，商务谈判的目的很明确。谈判双方均以获得经济利益为基本目的，在满足经济利益的前提下才涉及其他利益。在商务谈判中，谈判者更关注谈判中涉及的大量技术性的成本、效率和利益。因此，人们通常通过获得经济利益来评估商务谈判的成功。

2. 以价格为核心

商务谈判涉及的因素很多，因此，商务谈判有不同的谈判客体。但在所有的谈判内容中，价格几乎是所有商务谈判的核心内容。这是因为价格是商务谈判中价值的体现，最直接地反映了双方的利益。

3. 注重合同的严格性和准确性

商务谈判的结果体现在双方同意的协议或合同中。合同条款本质上反映了各方的权利和义务，合同条款的严格性和准确性是保证谈判各种利益的重要前提。一些谈判者在商务谈判中花费了大量的精力，最终为自己取得了有利的结果。但是，如果合同条款起草得很轻率，不注意条款的完整性、严格性、准确性、合理性和合法性，结果就会让谈判对手在措辞或表达技巧上把你引入陷阱。因此，在商务谈判中，谈判者不仅要注意口头承诺，还要注意合同条款的准确性和严格性。

第四节　商务谈判类型

依据不同的标准，商务谈判可以被划分为不同的类型。认识不同的谈判类型，有助于了解各种谈判的内容，掌握不同谈判的技巧。

一、按谈判参与主体数量分类

1. 双边谈判

双边谈判是指两个谈判主体参与谈判的形式。双边谈判利益关系明确，大多数谈判客体相对简单，较容易达成一致。

2. 多边谈判

多边谈判是指由三个或三个以上主体方参与的谈判形式。由于主体方数量多，谈判条件、内容错综复杂，需要顾及的较多，增加了谈判难度。

二、按谈判地点分类

1. 主场谈判

主场谈判是指谈判在己方所在地举行，由己方作为东道主组织的谈判形式。主场谈判的优势是谈判成员不需要提前适应环境，熟悉的环境会使己方成员产生一种安全感，而且方便其随时与自己的上级、顾问保持沟通，商讨对策。主场谈判也存在劣势，如接待对方需花费大量时间、精力和财力；同时，己方谈判成员易受日常事务的干扰。

2. 客场谈判

客场谈判是指谈判在对手所在地举行的谈判形式。客场谈判的优、劣势与主场谈判正好相反。客场谈判的劣势是己方人员由于旅途奔波,加上对谈判环境不熟悉或不适应,可能会在客场谈判中需要适应与恢复,进入状态比较慢,而且不便于及时请示上级、咨询专家。客场谈判的优势是谈判成员可以从日常事务中完全脱离出来,全身心投入谈判。

3. 主客场轮流谈判

主客场轮流谈判是指谈判双方的谈判地点不固定,交替进行的谈判形式。主客场轮流谈判使谈判双方都可享受主场谈判的优势、都要承担接待工作,分摊了谈判成本,平衡了双方的谈判基础,使谈判更显公平。主客场轮流谈判适用于大宗商品的买卖谈判、成套项目的买卖谈判。

4. 中立地谈判

中立地谈判是指在谈判双方所在国家或地区以外的其他地点进行的谈判形式。中立地谈判由于氛围冷静、不受干扰,各方都比较注意自己的声望、礼节,所以都能较客观地处理问题和冲突。相对主、客场谈判,中立地谈判从根本上避免了地域上的主场优势,使得各方的地位较为平等,谈判环境较为公平。

三、按参与人员规模分类

1. 个体谈判

个体谈判又称一对一谈判,是指谈判双方各派出一名代表参与谈判的形式。个体谈判谈判规模小,双方都是各方的全权代表,因此,在谈判中有实施灵活、效率高、意见较容易统一、氛围较为和谐等优点。但是由于谈判人员只有一人,受到个人知识、素质、能力、经验、精力等制约,个体谈判多适用于标的物内容较简单,交易条款、交易内容比较明确,双方人员较为熟悉的小型谈判。

2. 小组谈判

小组谈判又称集体谈判,是指每一方都派出两个或两个以上谈判人员参加协商的谈判形式。小组谈判的优势包括:一是成员间可优势互补。由于个人的经验、素质、能力等受各种客观条件限制,个体不可能具备谈判所需要的一切知识和技能。小组谈判中,团队成员可充分发挥集体智慧,群策群力,顺利实现谈判目标。二是充分运用谈判谋略和技巧。小组谈判中,各成员可以通力合作,更好地运用谈判谋略和技巧,更好地发挥谈判人员的创造性、灵活性。三是有利于消除谈判僵局。小组谈判有利于谈判人员采用灵活的方式和组合策略消除谈判僵局或障碍,缓和谈判氛围,避免个体谈判非是即否的局面。小组谈判也有劣势。由于参与谈判的人数较多,有时难以统一意见,决策需要花费更长的时间，因此，小组谈判一般适用于大多数正式谈判，特别是内容重要、复杂的谈判。

一般而言，小组谈判可分为：小型谈判，即双方人数在4人以下的谈判；中型谈判，即双方人数在4~12人的谈判；大型谈判，即双方人数超过12人的谈判。

四、按谈判双方对谈判的态度分类

1. 关系型谈判

关系型谈判又称软式谈判，是指相比利益，谈判者更看重与对方关系的维护，随时准备做出让步以达成协议，回避一切可能发生的冲突，追求双方满意结果的谈判形式。

关系型谈判有以下特点：谈判者总是从个人的良好愿望出发，把对方当作朋友，认为对方也与自己一样更希望维护彼此关系；谈判中强调相互信任、互做让步；谈判中坚决不会做出有损彼此关系的行为，出现分歧时常常鼓励双方用较为平和的方式解决，随时准备为达成协议而做出让步。由于这种谈判忽略了谈判最核心的利益，在商务谈判中较少使用。

2. 立场型谈判

立场型谈判又称硬式谈判，是指谈判者认为谈判是一场意志力的竞赛和搏斗，态度越强硬，最后的收获也就越多，态度强硬的程度与收获成正比关系的谈判形式。

立场型谈判有以下特点：谈判各方都把谈判对手视为劲敌，各方强调各自的意愿，申明自己的观点和立场不能改变；较少考虑对方的需要和利益，各方都想达成对己方更为有利的协议；态度强硬，互不让步。立场型谈判不注重与对方关系的维护，谈判及履约过程通常很艰辛，也并非商务谈判常用形式，一般应用于一次性交往或是谈判双方实力相差悬殊的谈判。

3. 原则型谈判

原则型谈判又称价值型谈判，是指谈判者在注意与对方保持良好人际关系的同时，建议和要求谈判双方尊重对方的基本需要，寻求双方利益上的共同点，积极设想各种使双方都有所获的方案的谈判形式。

原则型谈判有以下特点：谈判者善于把人与事分开，摆脱己方感情的左右，把精力放在要解决的问题上；双方均看重利益，但同时也会站在对方角度思考问题，而不是只注重己方利益；双方选择彼此都能接受的方案，坚持把谈判结果建立在客观的标准上，力求使双方都满意。原则型谈判中，谈判双方相互尊重、平等协商、以诚相待、相互理解，是目前谈判的主流形式。

五、按谈判双方组织所在地域分类

1. 国内商务谈判

国内商务谈判是同属一个国家的个人或经济组织针对有形商品买卖中的商品采购、商品价格、商品运输、商品销售和商品维护服务以及无形商品交易等系列问题进行的谈判。

2. 国际商务谈判

国际商务谈判是指各国政府及经济组织与其他国家政府及经济组织之间开展的商务谈判。国际商务谈判由于谈判环境不同、交易物内容较复杂，谈判难度往往比国内商务谈判大。

六、按谈判内容分类

1. 有形商品谈判

有形商品谈判是指谈判双方针对有形商品交易条件进行的谈判。该谈判涉及交易商品的价格、数量、等级、支付及运输方式等内容。

2. 无形商品谈判

无形商品谈判是指除了有形商品谈判之外的谈判形式，包括工程项目谈判、技术贸易谈判、投资谈判、资金谈判、劳务谈判、技术谈判、租赁谈判等形式。

案例1-6 中国加入世界贸易组织（WTO）的谈判

中国入世谈判是多边贸易体制史上一次艰难的较量，经历了15年共三个阶段：第一阶段从20世纪80年代初到1986年7月，主要是酝酿、准备复关事宜；第二阶段从1987年2月到1992年10月，主要是审议中国经济体制，中方要回答的中心题目是到底要搞市场经济还是计划经济；第三阶段从1992年10月到2001年9月，进入实质性谈判，即双边市场准入谈判和围绕起草中国入世法律文件的多边谈判。15年中，中美谈判进行了25轮，中欧谈判进行了15轮。双边谈判的核心问题是确保中国以发展中国家地位加入WTO，多边谈判的核心问题是确保权利与义务的平衡，具体内容包括关税、非关税措施、农业、知识产权、服务业开放等一系列问题，其中农业和服务业是双方相持不下的难点。经过艰苦谈判，美欧等发达国家同意"以灵活务实的态度解决中国的发展中国家地位问题"，中方最终与所有WTO成员就中国加入WTO后若干年市场开放的领域、时间和程度等达成了协议。中国对加入WTO做出了两项庄严承诺：遵守国际规则办事，逐步开放市场。2001年11月11日，在卡塔尔首都多哈，中国签署了加入WTO的议定书。

思考：中国加入WTO有什么意义？

本章小结

本章对谈判及商务谈判的含义进行了阐释，并介绍了商务谈判的原则、理论基础及依据不同标准划分的多种类型。商务谈判是商务活动的组成部分，在现代经济生活中起着重要的作用。

课后习题

一、名词解释

1. 商务谈判
2. 原则型谈判

二、简答题

1. 简述商务谈判的主体类型。
2. 简述商务谈判的原则。

课后习题答案

一、名词解释

1. 商务谈判是指两个或两个以上从事商务活动的组织或个人，为了促成交易或是为了解决双方的争端，并取得各自的经济利益而进行的意见交换和磋商，谋求取得一致和达成协议的行为过程。

2. 原则型谈判又称价值型谈判，是指谈判者在注意与对方保持良好人际关系的同时，建议和要求谈判双方尊重对方的基本需要，寻求双方利益上的共同点，积极设想各种使双方都有所获的方案的谈判形式。

二、简答题

1. 商务谈判主体指谈判的当事人，是实际参与谈判的人（行为主体）或在商务谈判中有权参加谈判并承担后果的自然人、社会组织及其他能够在谈判或履约中享有权利并承担义务的各种实体（关系主体）。谈判的行为主体与关系主体之间既有区别又有联系。谈判的行为主体必须是有意识、有行为的自然人，而谈判的关系主体既可以是自然人也可以是国家、组织或者其他社会实体。

2. 在商务谈判过程中要想取得较为理想的成果，谈判双方就要遵守会谈活动的内涵规律，商务谈判原则是这些规律的体现，遵守谈判原则是谈判成功的保障。商务谈判遵循平等自愿原则、互利互惠原则、时效性原则、客观公正原则、诚实信用原则、合法原则、求同存异原则、实事求是原则。

第二章 商务谈判准备阶段

学习目标

1. 了解商务谈判信息准备、人员准备的内容，掌握信息准备的渠道。
2. 了解制定谈判方案的基本要求，掌握商务谈判方案的准备内容。
3. 了解模拟谈判的必要性，掌握模拟谈判的方法。

第一节　商务谈判信息准备

知彼知己，百战不殆。凡事预则立，不预则废。在商务谈判中，信息的准备工作是非常关键的。商务谈判正式开始前，信息准备得足够充分、可靠，谈判者就会在谈判过程中占据有利地位，进而能够使谈判者增强信心、从容处理好各种问题，即使谈判过程中发生变化，也能方寸不乱、沉着应对。

案例2-1　有理有据的谈判

在一场日商举办的农业加工机械展销会上，展出的是中国国内几家工厂急需的关键性设备。中国某公司代表与日方代表开始谈判。按照惯例，卖方首先报价，日方报价1000万日元。中方马上判断出该价格的"水分"，因为中方对这类产品的性能、成本及在国际市场上的销售行情了如指掌，然后暗示日方厂家此产品并非独此一家。最终，中方主动提出休会，给对方一个台阶。当双方重新坐在谈判桌上时，日方主动削价10%。中方据该产品近期在其他国家的销售行情，认为750万日元较合适，日商不同意，但中方根据掌握的信息及准备的一些资料，让对方清楚地看到，除其以外中方还有其他潜在合作对象。最后，在中方坦诚、有理有据的说服下，双方最终握手成交。

思考：中方凭什么说服对方降价？

一、商务谈判信息准备的目的

（一）谈判信息是制订谈判计划和战略的依据

如果谈判信息搜集准确，谈判者就可以根据信息制订相应的谈判战略、安排相应的谈判计划。制订出明确的战略目标会使谈判者在谈判的过程中紧紧抓住谈判目标、不偏离谈判主题，赋予谈判战略良好的适用性和灵活性。因此，大量而有效的谈判信息是谈判战略制订的有效依据。

（二）谈判信息是增强谈判者谈判实力的前提条件

增强实力是影响谈判结果的主要因素。在商务谈判中，如何增强己方的谈判实力往往是谈判者最关注的问题。谁在谈判信息上占据优势，就意味着谁更能够了解对方真正的谈判意图、利益界限，从而使谈判者掌握谈判的主动权，成为增加谈判胜利的筹码。

（三）谈判信息是谈判双方相互沟通的纽带

在商务谈判中，尽管在谈判的内容和方式上各不相同，但是有一点是共同的，即都是一个相互沟通和磋商的过程。信息是促使双方沟通与磋商的媒介，没有谈判信息作为双方沟通的中介，谈判就没有办法排除很多不确定性因素和疑虑，也就无法进一步协商、调整和平衡双方的利益。在信息不断被交换和识别的过程中，谈判者能够从中发现机会和风险，捕捉达成协议的契机并且消除不利于双方的因素，从而促使双方达成协议。

（四）谈判信息是控制谈判过程的手段

信息、时间、权利是控制谈判的三个最基本要素。这些要素在谈判的过程中对谈判的发展方向和进程始终产生着重要的影响，同时也是谈判者谋取谈判主动权的基本手段。谈判者要想对谈判的进程做到有效把控，必须首先掌握详尽、准确的谈判信息，同时用手中拥有的各种权利和对谈判时间的有效控制，影响谈判的发展方向和进程。

二、商务谈判信息的内容

商务谈判信息的内容主要有市场信息、科技信息、金融信息、相关政策法规信息、文化信息、谈判对手的信息、竞争者的信息。

（一）市场信息

市场是市场信息的发源地，而市场信息是反映市场活动的消息、情报、数据、资料的总称，是对市场上各种经济关系和经营活动的客观描述和真实反映。狭义的市场信息是指有关市场商品销售的信息，如商品销售情况、消费者情况、销售渠道与销售技术、产品的评价等。广义的市场信息包括多方面反映市场活动的相关信息，如社会环境情况，社会需求情况，流通渠道情况，产品情况，竞争者情况，原材料、能源供应情况，科技研究，应用情况及动向等。

（二）科技信息

无论是商品交易的谈判还是技术转让的谈判，产品技术水平的高低直接影响产品或技术的质量、价格与销量。企业间开展合作，必须收集相关的科技信息。科技信息包括：本产品与其他产品在性能、质量、标准、规格、竞争力等方面的比较；同类产品在专利转让或应用方面的相关资料；产品生产单位的技术力量和工人素质，及其设备状态方面的资料；产品的配套设备和零部件的生产与供给状况，以及售后服务方面的资料；产品开发前景和开发费用方面的资料；鉴定产品性能、品质的重要指标和鉴定机构等其他资料。

（三）金融信息

商务谈判必须关注金融方面的信息，包括各种主要货币的汇率及其浮动现状和发展趋势；进出口地主要银行的营运情况；进出口地主要银行对开证、议付、承兑及托收等方面的有关规定，特别是有关承办手续、费用和银行所承担义务等方面的资料；商品进出口地政府对进出口外汇管制的措施或法令等。

（四）相关政策法规信息

政策法规信息包括有关国家和地区的政治状况，谈判双方有关谈判内容的法律规定，有关国家或地区的各种税收政策，有关国家或地区的外汇管制政策，有关国家或地区的进出口配额与进口许可制度方面的情况等。政策法规的变化往往会导致市场需求发生相应的变化。

（五）文化信息

文化信息主要包括谈判者所处地区的历史文化、人们的生活方式、价值观念、文化习俗、宗教信仰、商业惯例等信息。在与外国客商谈判时，谈判者对于文化信息的掌握显得更为重要。不同国家或地区拥有不同的社会习俗，这些习俗对商务谈判具有一定的影响。例如，衣着规范是什么，该如何称呼，赠礼方面有什么讲究，对业务商谈的时间是否有要求，这些内容都会影响谈判双方的交流以及所采取的对策。

（六）谈判对手的信息

谈判对手的信息主要包括谈判对方的主体资格，对方公司性质和资金状况，对方公司的营运状况，谈判对方的商业信誉状况，对方谈判目标和谈判时间的限度，以及对方谈判人员的资历、地位、性格、爱好、谈判风格、谈判作风等。

（七）竞争者的信息

在现代社会中，同一商品往往会出现许多替代品，包括相似产品和同种产品。在商务谈判中，竞争者作为谈判双方力量对比中一个重要的"砝码"，影响着谈判天平的倾斜，为此，了解竞争者的情况就显得十分重要。

总之，当今社会是一个信息时代的社会，信息就是商机，商务谈判人员只有掌握充分的信息才能掌握谈判的主动权。

三、商务谈判信息收集方法

（一）访谈法

调查者直接面对访问对象进行问答，包括个别对象采访，也包括召集多人举行座谈。在访谈之前，调查者应做好一份调查提纲，有针对性地设计一些问题，同时对于访谈对象回答的问题可录音或者记录，以便事后整理分析。这种方法的特点是可以有针对性地抽样和选择访谈对象，可以直接感受到对方的态度、心情和表述，其获得的资料具有一定的直观性和可靠性。

（二）问卷法

问卷调查是以书面提出问题的方式收集资料的一种研究方法。调查者事先印刷好问卷，发放给相关人士，填写好以后收集上来进行分析。问卷的设计要讲究科学性和针对性，既要有封闭式问题又要有开放式问题。这种方法的特点是可以广泛收集相关信息，利于实现调查者的主导意向，易于整理分析，难点在于如何调动被调查者填写问卷的积极性以及保证填写内容的真实性。

（三）文献法

文献法是用于收集第二手资料的方法，可以从公开出版的报纸、杂志、书籍中收集，也可以从未公开的各种资料、文件、报告中收集。文献法的特点是可以收集到比较权威、准确的信息，但是要注意信息是否陈旧过时。

（四）电子媒体收集法

电子媒体指电话、计算机、电视、广播等媒体。电子媒体收集信息的作用越来越重要，通过电子媒体收集信息有很多优点，包括传播速度快，可以及时获取很多信息；传播范围广，可以毫不费力地收集到各个国家的重要信息；表现力强，如计算机、视频媒体可以提供声音、图像、文件，提供真实的现场情景，尤其是计算机，储存的信息相当丰富。

（五）观察法

观察法是指调查者亲临调查现场收集事物情景动态信息。观察法可分为直接观察法、间接观察法、比较观察法。

1. 直接观察法

直接观察法是亲自到现场去观察，即在观察过程中对所发生的事或人的行为进行直接观察和记录。

2. 间接观察法

间接观察法是调查者围绕着要调查的问题，采取各种措施，从侧面进行间接观察。

3. 比较观察法

比较观察法即调查者要了解哪些商品最受消费者欢迎，就把需要比较的商品置于同一商店或同一城市里销售，以比较顾客的选择态度。但是这种方法有局限性，例如，受交通条件的限制，有些现场不能亲自去观察；受观察者自身条件的限制，观察难免不全面，也难免受主观意识的影响而带有偏见。

（六）实验法

实验法即对调研内容进行现场试验的方法。例如，以商品试销、试购及模拟谈判等方式来收集动态信息。这种方法比观察法更进一步，可以对所有信息脉络进行推演预判，帮助企业预测商务谈判的风险性和商业价值属性。

四、商务谈判信息调查渠道

（一）印刷媒体

印刷媒体即主要通过报纸、杂志、内部刊物和专业书籍中登载的消息、图表、数字、照片来获取信息。这个渠道可以提供比较丰富的各种环境信息、竞争对手信息和市场行情信息。谈判者可以通过这个渠道获得比较详细而准确的综合信息。

（二）网络

网络是21世纪非常重要的获取资料的渠道。各国政府的商务部门以及驻外机构、地方政府、各个行业企业都建立了对外网站，用于随时发布信息。在网络上可以非常方便、快捷地查阅国内外许多公司信息、产品信息、市场信息以及其他多种信息。

（三）电波媒介

电波媒介即通过广播、电视播发的有关新闻资料来获取信息，如政治新闻、经济动态、市场行情、广告等。其优点是迅速、准确、现场感强；缺点是信息转瞬即逝，不易保存。

（四）统计资料

统计资料主要包括各国政府或国际组织的各类统计年鉴，也包括各银行组织、国际信息咨询公司、各大企业的统计数据和各类报表，这些也是信息收集的重要渠道。其特点是材料详尽，可提供大量原始数据，从而能够分析和辨别谈判对手信息的真伪。

（五）各种会议

通过参加各种商品交易会、展览会、订货会、企业界联谊会、各种经济组织专题研讨会来获取资料。这些会议是收集资料的最好场所和了解商情的最好渠道。通过参加各种会展和商务会议可以有的放矢地调查商品的生产、流通、消费，以及市场趋势、竞争现状及发展前景等，为商务谈判提供依据。其特点是信息非常新鲜，能够从中捕获到非常有价值的东西。

（六）各种专门机构

各种专门机构包括国内贸易部，对外贸易部，对外经济贸易促进会，各类银行，进出口公司，本公司在国外的办事处、分公司，驻各国大使馆等。通过各种专门机构收集相关信息，查找有关资料或进行咨询，也是收集信息的主要渠道之一。

（七）知情人士

知情人士包括各类记者，公司的商务代理人，与该企业打过交道的企业或个人，与该企业有业务往来的企业与个人，当地的华人、华侨、驻外使馆人员、留学生等。

案例2-2　中方与韩方供货谈判

中国某公司向韩国某公司出口乙苯橡胶已一年，第二年中方又向韩方报价，以继续供货。中方公司根据国际市场行情，将价格从前一年的成交价下调了120美元/吨（前一年成交价为1200美元/吨），韩方认为可以接受，建议中方到韩国签约。

中方人员一行两人到了该公司总部，双方谈了不到20分钟，韩方说："贵方价格仍然太高，请贵方看看韩国市场的价格，3天以后再谈。"

中方人员回到饭店感到被戏弄，很生气，但人已经来了，谈判必须进行。中方人员通过有关协会收集到韩国海关乙苯橡胶的进口统计，发现韩国从哥伦比亚、比利时、南非等国进口量较大，从中国进口也不少，中方公司所占份额较大。价格上，南非最低，但仍高于中国；哥伦比亚、比利时价格均高于南非。在韩国市场的调查中，批发和零售价均高出中方公司现报价的30%~40%，市场价虽呈降势，但中方公司的给价是目前世界市场最低的价格。

根据这个分析，经过商量，中方人员决定在价格条件上做文章。首先，态度要强硬（因为来前对方已表示同意中方报价），不怕空手而归。其次，价格条件还要涨回市场水平，即1000美元/吨左右。最后，不必用两天时间给韩方通知，仅用一天半就将新的价格条件通知韩方。

在一天半后的中午前，中方人员电话告诉韩方人员："调查已结束，得到的结论是我方来前的报价过低，应涨回去年成交的价位，但为了老朋友的交情，可以下调20美元/吨，而不再是120美元/吨。请贵方研究，有结果通知我们。若我们不在饭店，则请留言。"

韩方人员接到电话后一小时，即回电话约中方人员到其公司会谈。韩方认为，中方不应把过去的价格再往上调。中方认为,这是韩方给的权利。按照韩方要求进行了市场调查,结果应该涨价。韩方希望中方多少降些价,中方则认为原报价已经降到底。经过几个回合的讨论,双方同意按中方来前的报价进行交易。

思考:该谈判为什么能够取得胜利?

第二节　商务谈判人员准备

成功的商务谈判必须依靠具体的谈判人员去实现和完成。恰当的团队规模、合理的谈判结构直接影响谈判结果。谈判团队的人选、谈判人员的素质对实现谈判团队效能最大化和提高谈判成功率有着至关重要的影响。

一、商务谈判人员选择与团队规模

(一)商务谈判人员选择的考虑因素

1. 交易的重要性

按照交易的重要程度,交易越重要,对谈判者的素质和要求也就越高。

2. 谈判的内容

谈判中应选择熟悉谈判相关内容、懂行、专业的人员参加。

3. 谈判者个人情况

在组建团队时,个人的谈判能力、谈判风格是主要考虑因素。

4. 谈判团队的结构

谈判团队应尽量形成专业互补、风格互补的结构。

5. 谈判对手的情况

谈判中应选择适应对方谈判风格、与对方关系良好的谈判人员。

6. 谈判的进展情况

谈判的不同阶段,需要不同的谈判人员参与。因此,要对谈判过程中人员的更替做好计划。

(二)商务谈判规模确定的考虑因素

根据谈判的复杂性和专业性程度不同,谈判团队的规模也有差异。

1. 谈判的复杂性

谈判的复杂性包括谈判项目的数量多少及其复杂程度。一般来说,谈判人员的数量应与谈判的复杂性成正比,因为谈判项目越复杂,涉及的知识和经验就越多,需要的团队成员也就越多，团队规模相对较大。

2. 谈判的专业性

谈判团队的阵容可以因谈判项目的内容不同而定。涉及进出口贸易的谈判通常不需要技术人员，但涉及高新技术产品和专利的贸易谈判则需要该领域的专家参与；在进行国际商务谈判时，涉及本国法律或对方国家法律的贸易，或涉及国际或区域贸易协定的贸易，必须有相关法律专家参加谈判，谈判团队的规模相对较大。

二、商务谈判团队构成原则

（一）知识互补

谈判人员应发挥自己专业领域内的知识和能力，能够处理不同的问题，在知识方面取长补短，形成统一优势。

（二）性格互补

如果谈判成员能在性格上和谐互补、发挥各自优势，那么就能够发挥出整个团队最大的优势。例如，外向型的成员往往是敏捷雄辩而又坚定果断的，但他们容易冲动，对问题有时缺乏深刻见解，甚至有时会忽略问题的存在；相反，内向型的成员往往在工作中谨小慎微，对问题有敏锐的洞察力，善于思考和观察，坚持原则，但他们往往犹豫不决、优柔寡断、不善言辞、缺乏灵活性。

（三）分工明确

在谈判前，应确定好谈判团队的负责人，包括主谈人和辅谈人，明确各自的职责和任务，防止出现工作推脱、责任推卸等现象。在分工明确的同时，每一位成员应该互帮互助、互相支持，朝着一致的目标共同努力。

三、商务谈判人员组织结构

（一）团队人员配备

根据谈判对业务方面的要求，谈判团队应配备相应的专业人员。

1. 主谈人（首席代表）

负责谈判的首席代表应该由经验丰富且在企业中具有权威地位的高层管理人员担任。作为团队的核心，首席代表应该具备全面的知识和能力，在整个谈判过程中发挥重要的作用。首席代表负责组建谈判团队、把握谈判进程、协调谈判团队成员意见、在紧急情况下调整谈判策略以及决定谈判过程中的重要事项。

2. 商务人员

商务人员由企业销售人员、采购经理等贸易专家担任。商务人员应当非常熟悉贸易惯例和交易行情,具有丰富的营销与谈判经验,能够在谈判中找出双方的分歧和差距,了解对方在项目利益方面的期望指标,明确商品规格、价格、运输、保险、交货期等事宜。

3. 技术人员

技术人员由熟悉相关技术和产品标准的技术员、工程师担任。技术人员负责生产技术、产品功能、质量标准、产品验收、技术服务等问题的谈判,也为谈判项目中的价格问题提供意见和建议。

4. 财务人员

财务人员由熟悉会计和金融知识,擅长会计核算的业务人员担任。财务人员主要职责是掌握该项谈判的财务状况,了解谈判中的价格核算、付款条件、付款方式、结算货币和汇率等问题。

5. 法律人员

法律人员由通晓经济领域各项法律法规,且实战经验丰富的企业法律顾问或特约律师担任。法律人员负责确认谈判对方的合法资格,把关合同条款的有效性、完整性和公正性,维护企业权益。

6. 翻译人员

翻译人员通常由精通外语和业务熟练的专职或兼职翻译担任。翻译人员的任务是在国际商务谈判中进行文字或口头翻译,必须准确传达谈判双方的意见和立场,在必要的时候要配合己方谈判人员执行有效的谈判策略。

7. 记录人员

记录人员通常由具有熟练文字记录能力和一定专业知识的人员担任。对于大型、高层次的商务谈判,应安排记录人员完整、准确、及时地记录整个谈判过程及各方发言,为起草协议和进一步的谈判提供依据。

除上述几类人员外,谈判团队还可安排其他专业人员,但要控制人员数量,并与谈判内容相适应,避免重复的人员设置。

(二)团队的分工合作

谈判小组的人员在谈判过程中并不是各行其是,而是应该在主谈人的指挥下密切配合。既要根据谈判的内容和个人的专长进行适当的分工、明确各自的职责,又要在谈判中按照既定的方案相机而动、彼此呼应,形成目标一致的谈判统一体。

1. 主谈与辅谈的分工配合

主谈是指在谈判的某一阶段或针对某些方面的议题时的主要发言人,即谈判首席代表。辅谈是指除主谈以外的小组,其成员处于辅助配合的位置上,因而被称为辅谈或配谈。

主谈必须与辅谈密切配合才能真正发挥主谈的作用。在谈判中，己方一切重要的观点和意见都应该主要由主谈表达，尤其是一些关键的评价和结论更得由主谈表达，辅谈绝不能随意谈个人观点或下与主谈不一致的结论。需要注意的是，主谈与辅谈的身份、地位、职能不能发生角色越位，否则谈判就会因为己方乱了阵脚而陷入被动。

2. "台上"与"台下"的分工配合

在比较复杂的谈判中，为了提高谈判的效果，可组织"台上"和"台下"两套班子。"台上"人员是直接在谈判桌上谈判的人员，"台下"人员是不直接与对方面对面地谈判，而是为"台上"谈判人员出谋划策或准备各种必需的资料和证据的人员。当然"台下"人员的数量不能太多，也不能过多地干预"台上"人员，要使"台上"人员充分发挥其权利和主观能动性，及时创造性地处理好一些问题，争取实现谈判目标。

（三）谈判人员素质要求

1. 思想品德

一个称职的谈判人员首先必须思想品德端正，这是商务谈判人员必须具备的基本条件，具体来说有以下四个方面：第一，热爱祖国，具有鲜明的政治观点和立场，能够自觉地贯彻和执行党的路线、方针和政策。第二，有理想，有敬业精神，有事业心和责任感，勇于进取，敢于创新，不断开拓。第三，作风正派，具有执着和牺牲的精神，既要战胜环境的挑战，又要战胜自我的压力。第四，遵纪守法，不违反国家政策和规定，保守国家机密和商业机密。

2. 知识素质

商务谈判对谈判者的知识结构有着很高的要求，广博的知识面、精通的专业知识为一次成功的商务谈判奠定坚实基础。因此，作为一名商务谈判人员，横向上要在拓宽知识面上花精力，纵向上要在加深专业知识方面下功夫。

横向来看，商务谈判人员应具备的知识包括：国内经贸方针政策和各级政府颁布的相关法律法规；商品的生产状况、市场供求变化；商品价格水平及变化趋势；商品生产体系和质量标准；可能涉及的各类业务知识、金融知识和汇率知识等。

纵向来看，商务谈判人员应具备的知识包括：丰富的商品知识，如熟悉商品性能、特点及用途，熟悉商品市场发展潜力；谈判心理学和行为科学等。

3. 心理素质

第一，自信心。自信心是商务谈判人员十分关键的心理素质。自信心是指谈判人员充分相信企业优势和自身实力，相信能够达到谈判目标的积极心理状态，是谈判者充分施展自身潜能的前提条件。在谈判过程中，自信心的获得是建立在深入细致的调研，并对对方和己方的实力及条件进行科学客观的分析和评价基础之上的。作为谈判人员，一定要在谈判桌上展现自信的气势和积极的态度，保持昂扬的心态，快速适应谈判气氛并主导谈判顺利进行。

第二，自制力。自制力是谈判人员在谈判遇到变化时克服心理波动，控制举止行为的能力。商务谈判作为涉及经济利益的活动，无可避免会出现双方僵持、争辩的局面，谈判人员会在心理上承受巨大的压力。合格的商务谈判人员能够在瞬息万变的谈判中保持冷静、控制自身情绪，不会因为取得暂时的胜利而沾沾自喜，也不会因为一时的受挫消极泄气，要稳定从容地把握谈判局势。

第三，意志力。意志力是谈判人员能够根据谈判目的，支配调节自身行动，并克服困难实现谈判目标的能力。商务谈判如同一场没有硝烟的战争，必然会出现据理力争、各不相让的情况，以及各种冲击和挫折。因此，合格的商务谈判人员必须拥有强大的意志力。此外，谈判人员除了要面对来自谈判对手的压力，还要顶住来自己方其他谈判人员的压力，这对谈判人员的意志力提出了极大的挑战。

第三节　商务谈判方案制订

充分的信息准备和人员准备为商务谈判的成功奠定了良好的基础，同时还需要拟定严谨、周全的谈判方案，以指导谈判的具体步骤和过程。

一、制订谈判方案的基本要求

由于谈判的规模、重要程度不同，谈判方案的内容也有所差别。其内容可多可少，视具体情况而定。一个好的谈判方案要求做到以下三点。

（一）谈判方案要简明扼要

简明扼要就是要尽量使谈判人员能够容易地记住谈判方案的主要内容与基本原则，在谈判中能随时根据对方的要求与对方周旋。因此，谈判方案越是简单明了，谈判人员照此执行的可能性就越大。

（二）谈判方案要具体

谈判方案简明扼要不是目的，还要与谈判的具体内容相结合，以谈判的具体内容为基础。如果没有具体内容，谈判人员就很难对谈判方案进行进一步地概括。因此谈判方案的制订要求明确、具体。

（三）谈判方案要灵活

谈判人员在谈判过程中所面临的情况是复杂多变的，谈判过程中各种情况可能都会发生变化，要使谈判人员在复杂多变的形势中取得比较理想的结果，就必须使谈判方案具有一定的灵活性。谈判人员可以在不违背根本原则的情况下，根据情况的变化，在权限允许的范围内灵活处理有关问题，取得较为有利的谈判结果。

二、商务谈判方案的准备内容

商务谈判方案的准备内容包括确定谈判目标、制定谈判策略、拟定谈判议程、规定谈判期限、准备谈判场所、布置谈判场所等。

（一）确定谈判目标

谈判目标是指谈判要达到的具体目标，指明谈判的方向和企业对本次谈判的期望水平。商务谈判的目标主要是以满意的条件达成一笔交易，因此，确定正确的谈判目标是保证谈判成功的基础。谈判目标可以分为以下三个层次。

1. 最低目标

最低目标是谈判必须实现的最基本的目标，也是谈判的最低要求。如果不能实现最低目标，宁愿放弃谈判。因此，最低目标也可以说是谈判者必须坚守的最后一道防线。

2. 可以接受的目标

可以接受的目标是谈判人员根据各种主客观因素，经过对谈判对手的全面评估，对企业利益的全面考虑以及科学论证后所确定的目标。这个目标是一个区间范围，即己方可努力争取或做出让步的范围。谈判中的讨价还价就是在争取实现可接受目标。所以，可接受目标的实现，往往意味着谈判取得成功。

3. 最高目标

最高目标又称期望目标，是本方在商务谈判中所要追求的最高目标，往往也是对方所能忍受的最高程度。如果超过这个目标，往往要面临谈判破裂的危险。因此，谈判人员应充分发挥个人才智，在最低目标和最高目标之间争取尽可能多的利益。如果最高目标难以实现，那么这个目标是可以放弃的。

案例 2-3　A 公司的谈判目标

2012 年 7 月，广州 A 商贸有限公司通过对某市 B 有限公司的市场调查，了解到 B 公司的基本情况：B 公司是某市最大的生产商，有平张机 13 台、热固轮转机 3 台，月总用原料量 25 吨左右。B 公司目前采用的是进口材料，单价为 175 元/套，月采购量 8 吨左右。B 公司领导希望能降低采购成本。对于 B 公司的情况，A 商贸有限公司认为有机会合作，于是召集相关人员商讨，制订了谈判方案。在谈判方案中，确定其谈判目标：一是最低目标，即与 B 公司相关部门搞好关系；二是可接受目标，即拿到订单；三是最高目标,即不仅要与B公司相关部门搞好关系、拿到订单,还要推荐某品牌系列材料且价格不低于150元/套。

思考:广州A商贸有限公司为什么要制定三种不同类型的谈判目标?

(二)制订谈判策略

制订谈判策略,就是要选择能够达到和实现己方谈判目标的基本途径和方法。谈判不是一个简单的讨价还价过程,实际上是参与谈判各方在实力、能力、技巧等方面的较量。因此,制定谈判策略前应考虑以下影响因素:参与谈判各方的谈判实力和主谈人的性格特点;交易本身的重要性;谈判时间的长短;是否有建立持久、友好关系的必要性等。

通过对以上影响因素细致而认真的研究分析,谈判者可以确定己方的谈判地位,即处于优势、劣势还是均势,由此确定谈判的策略,如报价策略、还价策略、让步与迫使对方让步的策略、打破僵局的策略等。

(三)拟定谈判议程

无论由哪方拟定谈判议程,都应注意谈判议程的互助性与简洁性。互助性是指规定的谈判议程既要符合己方的需求,又要兼顾对方的习惯做法。简洁性是指在谈判过程中,谈判事项不宜过多。拟定谈判议程通常包括以下三项。

1. 安排谈判时间

谈判时间的安排是议程中的重要环节。如果时间安排得很仓促,则会使谈判人员准备不充分、匆忙上阵、心浮气躁,导致其很难沉着冷静地在谈判中实施各种策略。如果时间安排得很拖延,不仅会耗费大量的时间和精力,而且随着时间的推延各种环境因素都会发生变化,还可能会错过重要的机遇。

2. 确定谈判议题

谈判议题就是谈判各方提出和讨论的各种问题。确定谈判议题时,首先,要将与本次谈判有关的问题罗列出来。其次,将罗列出的各种问题进行分类,确定问题重要与否。最后,将对己方有利的问题列为重点问题加以讨论,对己方不利的问题尽量回避。

谈判议题的顺序有先易后难、先难后易和混合型等安排方式,可根据具体情况加以选择。先易后难是指先讨论容易解决的问题,创造良好的谈判气氛,然后再讨论困难的问题。先难后易是指先集中精力讨论难以解决的问题,待困难的问题解决之后,再讨论容易解决的问题。如果困难的问题无法达成一致意见,那么就没必要再讨论容易解决的问题。混合型是指不区分议题的难易,把所有要解决的问题逐一提出来进行讨论。

3. 确认通则议程与细则议程

通则议程是谈判各方共同遵照使用的日程安排,一般要经过参与谈判各方协商同意后方能正式生效。在通则议程中，通常应解决以下问题：谈判总体时间及分段时间安排；谈判讨论的中心议题及问题讨论的顺序；列入谈判范围的事项；讨论中心问题及细节问题的人员安排；总体及各个阶段时间的安排。

细则议程是己方参加谈判的策略的具体安排，只供己方人员使用，具有保密性。细则议程一般包括以下方面：谈判中统一口径，如发言的观点、文件资料的说明等；对谈判过程中可能出现的各种情况的对策安排；己方发言的策略，即何时提出问题、提什么问题、向何人提问、谁来提问题、谁来补充、谁来回答对方问题、谁来反驳对方提问以及什么情况下要求暂时停止谈判等；谈判人员更换的预先安排。

（四）规定谈判期限

谈判期限是指从谈判的准备阶段到谈判的终局阶段。买卖双方都规定了一定的期限，超过这个期限，即使履行了协议也可能带来一定的损失。例如，圣诞礼品在圣诞节后市价将会大跌，因此必须赶在圣诞节之前销售。除了考虑季节、节日等因素的影响之外，还应考虑谈判所需付出的成本。谈判的时间拖得越长，谈判各方耗费的人力、物力和财力也就越多。因此，应在谈判之前对谈判的时间做出计算和适当安排，并在谈判方案中明确谈判的期限。

（五）准备谈判场所

谈判场所的准备主要是指选择谈判地点。一般而言，可以将谈判地点分为己方所在地（主场）、对方所在地（客场）和双方之外的中间场地（中立场）。不同的谈判地点对谈判人员来说均有利弊。选择不同的谈判地点会在一定程度上对谈判产生不同影响。

1. 主场谈判

主场谈判是指在己方所在地组织的谈判，包括在己方所在城市或办公场所进行的谈判。谈判地点在己方，有利于己方自由发挥。在己方场地举行谈判活动，己方占先的可能性会更大一些。一些谈判学家所做的研究也证明了这一点。美国专家泰勒的实验表明，多数人在自己家的客厅与人谈话，比在别人家的客厅里更能说服对方。这是因为，人们有一种常见的心理状态，就是在自己的"所属领域"里能更好地释放能量与本领，所以成功的概率就高。这种情况也适用于商务谈判。

主场谈判对己方不利的因素包括：一是在己方公司所在地，不易与公司彻底脱钩，经常会由于公司事务分散谈判人员的注意力；二是距离公司高层领导近，一些问题不宜自主决断；三是己方作为东道主，要对谈判中各项事宜及接待工作进行安排，负担较重。

2. 客场谈判

客场谈判是指谈判人员到对方所在地进行的谈判。相对于主场谈判而言，客场谈判的优势在于谈判人员可以更好地避免来自工作及家庭琐事的干扰，全身心投入谈判。谈判人员可以实地考察对方企业及其产品的实际情况，获取直接的、第一手的信息资料。当谈判陷入僵局或准备不足时，可以方便地找到借口（如资料欠缺、身体不适、授权有限需要请示等），从而拖延时间，以便做好更充分的准备；还可以省去作为东道主所必须承担的招待宾客、布置场所、安排活动等繁杂工作。

客场谈判对己方不利的因素包括：一是己方谈判人员身处异地，特别是国际商务谈判时，身处异国会有一些客观上的劣势，如对当地环境、气候、风俗、饮食等方面会出现不适应，再加上旅途劳累、时差等因素，会使谈判人员精力受到影响；二是己方在谈判场所、谈判日程的安排等方面处于被动的地位。此外，还要防止对方过多安排旅游景点参观等活动，消磨谈判人员的精力和时间。

3. 中立地谈判

中立地谈判是指选择在主客场以外的地点进行的谈判。选择中立地谈判对双方而言是平等的，即均不能享有东道主优势，也都不会受到客场谈判不利因素的影响。中立地谈判更有利于双方摆正立场，迅速进入谈判角色。

中立地谈判的劣势包括：一是选择中立地谈判意味着双方要花费额外的精力为谈判选择合适的地点，安排双方人员差旅需求等一系列事务；二是在新的地点谈判，双方均可能因场地不熟悉而保持一种高度戒备的状态，使谈判气氛变得紧张，难以达到开诚布公、畅所欲言的效果。

（六）布置谈判场所

在一些比较正式的商务谈判中，谈判场所装饰得恰当与否在一定程度上可以反映出东道主的管理水平，是检验主方人员素质和专业程度的重要标准之一。因此，一些资深谈判代表会基于谈判场所的布置来判断对方的谈判经验和重视程度。一般来说，谈判场所宜安排在交通便利的地方，便于双方出行往来；环境幽静、舒适，避免外界打扰；房间大小适中，采光充足，灯光明亮；设备齐全，配备演示板、投影仪、计算机等专门设施，供谈判人员阐释和说明问题。此外，谈判桌的安排也是非常重要的一部分。选择何种形状的谈判桌、如何分配谈判人员座位将直接影响谈判方的第一感。谈判桌的选择主要有以下两种。

1. 长方形谈判桌

一般来说，商务谈判时，双方应面对面而坐，各自的组员应坐在主谈人的两侧，以便互相交换意见，加强团结力量。商务谈判通常用长方形条桌，其座位安排如图2-1所示。

图2-1 长方形谈判桌

谈判各方主谈人或负责人居中。我国及多数国家习惯把翻译人员安排在主谈人的右侧；但是也有少数国家让翻译人员坐在主谈人的后面或左侧，这也是可以的。

2. 圆形谈判桌

多边谈判一般采用圆形桌谈判，国际惯例上称圆桌会议。采用圆桌谈判，谈判各方围桌交叉而坐，尊卑界限被淡化，气氛较为和谐、融洽，容易达成共识。圆形谈判桌座位安排如图2-2所示。

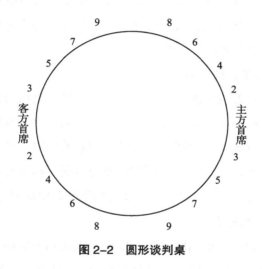

图2-2 圆形谈判桌

谈判时的座次安排，是一个比较敏感的界域问题。谈判中的座次包含两层含义：一是谈判双方的座次；二是一方的内部座次。一个敏锐的谈判行家，会有意识地安排谈判人员的座次，并借此进行对己方最有利的谈判。

第四节 模拟谈判

模拟谈判是指在正式谈判前，谈判团队进行想象练习和模拟，根据情况的不同提出各种假设和问题，并根据演习的结果完善和修改谈判方案。对于一些重要的谈判或者是第一次正式商务谈判,在谈判人员不太熟悉对方谈判模式和真实意图的情况下,模拟谈判就显得尤为必要。通过模拟谈判可以检验己方的谈判方案是否周全完整,并加以修改和完善。模拟谈判是商务谈判准备工作的重要组成部分,是谈判准备工作的最后阶段,进行模拟谈判有利于谈判方掌握谈判先机,把握谈判的主动权。

一、模拟谈判必要性

模拟谈判可以检验己方的谈判方案,而且也能使谈判人员提早进入实战状态。模拟谈判的必要性表现在以下三个方面。

(一)提高应对困难能力

通过模拟谈判可以使谈判者获得实际经验,提高应对各种困难的能力。很多成功谈判的实例和心理学研究成果表明,模拟谈判不仅能够提高谈判者的独立分析能力,而且对谈判者的心理准备、心理承受、临场发挥等方面都是很有益处的。在模拟谈判中,谈判者可以一次又一次地扮演自己,甚至扮演对手,从而熟悉实际谈判中的各个环节。模拟谈判对初次参加谈判的人来说尤为重要。

(二)检验谈判方案是否周密可行

谈判方案是对未来将要发生的正式谈判的预先安排,其可行性如何,谈判过程中会遇到哪些困难、出现哪些新问题等,可以通过模拟谈判来检验和解决。此外,谈判人员受到知识、经验、思维方式、考虑问题的立场等因素的局限,其制订的谈判方案难免会有不足之处和漏洞。因此,通过模拟谈判能够较为全面严格地检验谈判方案是否切实可行,检查谈判方案存在的问题和不足,以便及时修正和调整谈判方案。

(三)训练和提高谈判能力

谈判人员站在对手的立场提问题有利于发现己方谈判方案中的错误,并且能预测对方可能从哪些方面提出问题,以便事先拟定出相应的对策。正如美国著名企业家维克多·金姆说的那样:"任何成功的谈判,从一开始就必须站在对方的立场上来看问题。"这样角色扮演的技术不但能使谈判人员了解对方,也能使谈判人员了解自己,因为它给谈判人员提供了客观分析自我的机会,注意到一些平时容易忽视的失误。

二、模拟谈判方法

(一)全景模拟法

按照想象的谈判过程,在己方人员中选出一些人扮演谈判对手的角色,从对手的谈判立场、观点、风格出发,与己方另一些人按照假设的谈判顺序、想象的情况和条件,模拟交锋时对方可能提出的问题,以及己方的答复、策略、技巧等。全景模拟法可分为以下两种方式。

1. 组成代表对手的谈判小组

如果时间允许，可以将己方的谈判人员分成两组，一组作为己方的谈判代表，另一组作为对方的谈判代表；也可以从本企业内部的有关部门抽出一些职员，组成代表对方的谈判小组。这是正规的模拟谈判，此方式可以全面检查谈判计划，并使谈判人员对每个环节和问题都有一个事先的了解。

2. 让一位谈判成员扮演对手

如果时间、费用和人员等因素不允许安排一次较正式的模拟谈判，那么可以采用简化的方法，即由谈判小组的一位成员扮演对方，对己方的交易条件进行磋商、盘问。

需要注意的是，无论采用哪种方式，扮演对手的一方都应站在对方的立场上思考问题，采取对抗性和刨根问底的态度，以便充分暴露己方的不足之处。己方应据此尽量充实谈判方案，并达到真正锻炼谈判人员的效果。

（二）讨论模拟法

讨论模拟又称沙龙式模拟。该方法分为两步：第一步，召开由谈判人员和其他有关人员参加的讨论会，根据各自的经验，对本次谈判中谋求的利益、双方的目标及可能采取的谋略、对策等发表自己的看法，组织者如实记录，并上报决策者。第二步，集中一些谈判中可能发生的情况和对方可能提出的问题，做进一步讨论，由谈判人员一一予以解答。

讨论模拟法的关键在于参加讨论的所有人员从各个角度提出不同意见。这有助于重新审定和不断完善谈判方案，提高谈判的成功率。

（三）列表模拟法

对一些小型、常规性的谈判，可采用列表模拟法。其具体方式是通过对应表格形式进行模拟。表格的一方列出己方在谈判中可能存在的问题及对方可能提出的质疑；另一方则相应列出己方针对这些问题应采取的措施。

三、模拟谈判总结

模拟谈判的目的在于总结经验、发现问题、提出对策、完善谈判方案，所以，模拟谈判的总结是必不可少的。模拟谈判的总结应包括以下内容：对方的观点、风格及精神；对方的反对意见及解决办法；己方的有利条件及运用状况；己方的不足及改进措施；谈判所需信息资料是否完善；参与谈判各方各自的妥协条件及可共同接受的条件；谈判破裂与否的界限。模拟谈判的总结涉及各方面的内容，只有通过总结，才能积累经验、吸取教训、完善谈判的准备工作。

案例 2-4　中国代表团的模拟谈判

1954 年，我国派出代表团参加日内瓦会议。这是新中国成立后，我国第一次与西方打交道，由于没有任何经验，代表团在出发前进行了反复的模拟练习。由代表团的同志为一方，其他人分别扮演西方各国的新闻记者和谈判人员并提出各种问题"刁难"代表团的同志。在这种对抗中，及时发现问题并及时给予解决。经过充分的准备，我国代表团在日内瓦会议期间的表现获得了国际社会的一致好评。

本章小结

本章对商务谈判准备工作的内容进行了介绍。阐述了商务谈判准备对谈判进程和谈判结果的重要影响；详细介绍了谈判信息准备的作用和目的及谈判信息收集的途径和方法；论述了商务谈判方案的制定及时间和地点的选择；论述了模拟谈判的组织。从某种意义上讲，谈判准备工作的充分与否将直接影响谈判能否成功。为了成功地进行商务谈判，必须充分做好谈判前的各项准备工作。

课后习题

一、名词解释

1. 市场信息
2. 首席代表
3. 最低目标
4. 最高目标
5. 模拟谈判

二、简答题

1. 简述商务谈判信息准备的目的。
2. 简述商务谈判人员应具备的素质。

课后习题答案

一、名词解释

1. 市场是市场信息的发源地，而市场信息是反映市场活动的消息、情报、数据、资料的总称，是对市场上各种经济关系和经营活动的客观描述和真实反映。
2. 首席代表是具备全面的知识和能力的谈判团队的核心人物。首席代表应该由经验丰富且在企业中具有权威地位的高层管理人员担任。

3. 最低目标是谈判必须实现的最基本的目标，也是谈判的最低要求。如果不能实现最低目标，宁愿放弃谈判。

4. 最高目标又称期望目标，是本方在商务谈判中所要追求的最高目标，通常也是对方所能忍受的最高程度。

5. 模拟谈判是指在正式谈判前，谈判团队进行想象练习和模拟，根据情况的不同提出各种假设和问题，并根据演习的结果完善和修改谈判方案。

二、简答题

1. 商务谈判信息准备的目的：

（1）谈判信息是制订谈判计划和战略的依据。谈判信息搜集得准确到位，谈判者就可以根据信息制定相应的谈判战略、安排相应的谈判计划。明确的战略目标会使谈判者在谈判的过程中不偏离谈判目标，赋予谈判战略良好的适用性和灵活性。因此，大量而有效的谈判信息是谈判战略制定的有效依据。

（2）谈判信息是增强谈判者谈判实力的前提条件。增强实力是影响谈判结果的主要因素，因此，如何增强己方的谈判实力成为谈判者最关注的问题。在商务谈判过程中，谁在谈判信息上占据优势，谁就能够知晓对方的真正需要和他们谈判的利益界限，从而使谈判者掌握谈判的主动权，增强谈判实力。

（3）谈判信息是谈判双方相互沟通的纽带。在商务谈判中，尽管各种谈判的内容和方式各不相同，但是有一点是共同的，即都是一个相互沟通和磋商的过程。信息是促使双方沟通与磋商的媒介。在信息被不断交换和识别的过程中，谈判者能够从中发现机会和风险，捕捉达成协议的契机，消除不利于双方的因素，促使双方达成协议。

（4）谈判信息是控制谈判过程的手段。信息、时间、权利是控制谈判的三个最基本要素。这些要素自始至终对谈判的发展方向和进程产生着影响，同时也是谈判者谋取谈判主动权的基本手段。谈判者要想做到对谈判进程进行有效控制，必须首先掌握详尽、准确的谈判信息，同时用手中拥有的各种权利和对谈判时间的有效控制，影响谈判的发展方向和进程。

2. 商务谈判人员应具备的素质：

（1）要具备良好的思想品德。一个称职的谈判人员首先必须思想品德端正，这是商务谈判人员必须具备的基本条件。具体来说，首先，要热爱祖国；其次，要有理想，有敬业精神，有事业心和责任感；最后，要作风正派和遵纪守法，不得违反国家政策和规定。

（2）要具备相关专业知识。商务谈判对谈判者的知识结构有着很高的要求，广博的知识面、精通的专业知识为一次成功的商务谈判奠定坚实基础。因此，作为一名商务谈判人员，不仅要在横向上拓宽知识面，而且要在纵向上加深专业知识。

（3）要具备良好的心理素质。首先，作为谈判人员，一定要在谈判桌上展现自信的气势和积极的态度，保持昂扬的心态，快速适应谈判气氛并主导谈判顺利进行。其次，谈判人员要具备一定的自制能力。合格的商务谈判人员能够在瞬息万变的谈判中保持冷静、控制自身情绪，不会因为取得暂时的胜利而沾沾自喜，也不会因为一时的受挫消极泄气，要稳定从容地把握谈判局势。最后，谈判人员要具备强大的意志力。谈判人员除了要面对来自谈判对手的压力，还要顶住来自己方其他谈判人员的压力，这时就需要考验谈判人员的意志力。

第三章 商务谈判开局阶段

学习目标

1. 了解商务谈判开局的概念，掌握开局技巧、开局气氛的建立和开局策略的使用。
2. 了解并掌握商务谈判开局策略。

第一节 商务谈判开局阶段主要内容

一、商务谈判开局含义

商务谈判的开局阶段是指在谈判准备阶段之后，谈判双方进入面对面谈判的开始阶段。谈判开始时，彼此处于试探、观察、调适阶段，双方都想摸清对方底牌，行动上往往比较被动，有时还会出现令人尴尬的沉默局面。开局阶段中的谈判双方对谈判尚无实质性感性认识。谈判各方的心里都比较紧张，态度比较谨慎，都在调动一切感知系统去试探对方的虚实及心理状态。所以，在这个阶段一般不进行实质性谈判，只是见面、介绍、寒暄以及谈论一些非关键性的问题。

二、商务谈判开局技巧

（一）入题技巧

在即将开始正式谈判时，气氛往往比较紧张、严肃，尤其是互不相识的人走到一起谈判，很容易出现停顿和冷场。所以，在开始谈判时就进入正题是不明智的。要使谈判在轻松自然的气氛中进行，消除紧张气氛和尴尬心理，谈判入题是关键。谈判入题技巧通常有：从题外话入题；从"自谦"入题；从介绍己方谈判人员入题；从介绍己方的生产、经营、财务状况入题；从具体议题入题。

1. 从题外话入题

商务谈判的双方见面寒暄后，通过聊题外话进行交流，自然进入谈判，这种入题方式自然亲切，可以起到缓和紧张气氛的作用。选择从题外话入题时，要注意选择对对方有利或者对方感兴趣的话题，这样容易引起共鸣，有利于打破由于初次见面产生的陌生、尴尬、紧张的谈判局面，为后续谈判奠定良好的基础。题外话内容有很多，一般包括：有关天气或季节的话题；有关新闻的话题；有关社会名人的话题；有关爱好、兴趣的话题；有关衣、食、住、行的话题；有关健康的话题等。

2. 从自谦入题

中国人习惯开场白多谦虚一番，这种习惯被称为自谦。在商务谈判开局时，经常使用从自谦入题的方式。例如，对方在己方地点谈判，则可以谦虚地表示各方面照顾不周，向对方表示歉意，请多多包涵；或者由主谈人介绍自己的经历，谦虚地说明自己缺乏谈判经验，希望通过谈判学习经验，建立合作、友谊关系等。需要注意的是，与一些欧美国家商务谈判时不宜采用从自谦入题，因为他们不喜欢自谦，反而会认为是"虚"和"不诚实"。

3. 从介绍己方谈判人员入题

双方谈判前，谈判负责人要介绍己方参加谈判的人员。谈判负责人可以在介绍己方谈判人员的姓名和职务时，适当介绍其经历、学历、年龄、著作、成绩等，尤其可以强调与对方共同经历的事，如他们是同一个学校毕业或在同一个地方学习、工作过等。这样既打开了话题，消除了紧张气氛和忐忑不安的心理，又可以使对方了解己方谈判人员的基本情况，显示出自己的谈判力量和阵容，从而威慑对方。

4. 从介绍己方的生产、经营、财务状况入题

商务谈判开局时，要提供给对方一些有关本方生产、经营的资料和基本情况。通过介绍己方的生产、经营、财务状况入题，既节省了谈判时间、使对方了解己方，也可以借此展示己方雄厚的财力和良好的信誉，从而影响对方并坚定对方的谈判信念。

5. 从具体议题入题

商务谈判要解决的问题非常多，尤其是大型谈判，要进行多次谈判。在具体的每次谈判中，双方可以首先确定每次谈判的议题，然后从这一议题入手进行谈判。需要注意的是，具体的议题不宜大，最好提前设定时间，有一个统一规划和安排，确定会谈议题的程序，然后按程序一步步地进行，以避免形成"马拉松"式的谈判局面。

（二）开场陈述

1. 开场陈述的内容

开场陈述是指在谈判开始阶段双方就当次谈判的内容，陈述各自的观点、立场及建议。开场陈述的任务是让双方能把当次谈判所要涉及的内容全部展示出来，同时，使彼此了解对方对当次谈判内容所持有的立场与观点，并在此基础上就一些分歧分别发表建

设性意见或建议。例如，申明本方的首要利益，即这次谈判中哪些条款对本方来讲是至关重要、难以变更的，如商品质量、款式、规格等；申明本方的商业信誉度，如果曾经合作过，回顾双方以前的合作，肯定成绩后对合作曾出现的瑕疵如何避免及处理提出建议，并对双方合作可能出现的良好前景以及可能发生的障碍做出推测，同时表示本方可采取何种方式确保双方共同获得利益等。

案例 3-1　张经理的开场陈述

我国南方某茶叶出口公司的张经理同欧洲某国商人洽谈茶叶出口交易。双方见面握手、问好、寒暄后，张经理发言："诸位先生，首先让我向几位介绍一下我方对这笔茶叶交易的看法。我们对这笔出口买卖很感兴趣，希望贵方能够现汇支付。不瞒贵方说，我方已收到了某国其他几位买方的递盘，现在只是时间的问题。我们希望贵方能认真考虑我方的要求，尽快决定这笔买卖的取舍。当然，我们双方是老朋友了，彼此有着很愉快的合作经历，希望这次洽谈能进一步加深双方的友谊。这就是我方的基本想法。"

思考：案例中，张经理是如何表明自己观点的同时又烘托了开场的氛围？

2. 开场陈述的表达形式

开场陈述的表达形式包括书面形式、口头形式、书面表达并做口头补充形式。

（1）书面形式

这类陈述不做口头补充，通过书面形式完整地表明本方的意图。书面形式意图明确，不容讨价还价，对方除了接受或拒绝之外没有回旋余地。例如，国家公共设施的工程招标文件，有关工程的质量、材料、结构、完工期限等都不容许磋商。这种表达方式主要是由于受国家宏观政策、法律、法规等因素的约束，而必须遵守的结果。

（2）口头形式

这类陈述是指没有任何书面文件，只在口头上表明本方谈判意图。口头形式不做任何承诺，通过进一步的磋商、接触，逐步摸清对方的意图后再做出相应的允诺、明确应承担的义务。面对面的口头陈述，实际上也是双方交流感情的过程。口头形式的优点是谈判人员可利用这种感情因素来陈述与强调本方的谈判条件和要求，使对方让步或不好意思提出异议，从而实现本方的意图；通过察言观色，可以更多地了解对方的真实意图与态度，为本方在谈判的磋商中提供有用信息；双方协商的空间比较大，因而比较灵活，可以利用语气、语调中的情感因素来影响对方。口头形式的缺点是口头陈述时，在表情、动作、神态等方面容易暴露本方的商谈机密；容易由于语言、语气使用不当引起误解；阐述复杂的统计数字与图表等有困难。

（3）书面表达并做口头补充形式

这种表达方式主要是对文字表述中一些重要的问题做详细的说明，对一些难懂的问题做更清楚的解释。提交书面材料可供对方反复阅读，口头补充可以避免由于书面材料难以理解造成的分歧或困扰，有利于谈判双方更好地了解对方的意图与要求。这类陈述应用比较广泛。

第二节　商务谈判开局气氛建立

气氛会影响人们的情绪和行为方式，进而影响行为的结果。同样的人员、同样的谈判议题，在不同的谈判气氛中，谈判结果可能大相径庭。要想取得理想的谈判成果，应该努力创造适合的谈判气氛。

开局气氛是指基于双方谈判人员在非实质性谈判阶段表现出的态度、行为等的互相作用所构建的人际洽谈氛围。具体来说，开局气氛是谈判双方在正式会谈前的"第一感觉"，它的形成集合了谈判个体之间的不同情绪、姿态、动作等感官信号。谈判开局双方态度的差异性会影响谈判气氛，两者相互作用、相互制约。

一、商务谈判气氛类型

（一）积极友好的谈判气氛

积极友好的谈判气氛是指参加商务谈判的人员服装整洁、举止大方、目光和善，他们在热烈、积极友好、和谐融洽的气氛条件下参加谈判，彼此见面相互问候、致意，互相让座。双方对谈判的成功充满热情和信心，谈判态度诚恳、真挚、主动，语气热情，口气轻松愉快，彼此立场相近，能相互谅解对方的需要，把谈判看成朋友交往，谈判中兴致勃勃、精力充沛，常伴有活跃、幽默的语句调节气氛。这种积极友好、和谐、融洽的开局气氛对谈判起到积极促进的作用，有利于促进谈判的成功。

案例 3-2　邓小平的幽默外交

邓小平在会见英国女王伊丽莎白二世和她丈夫爱丁堡公爵菲利普斯亲王时笑着说："这几天北京的天气很好，这也是对贵宾的欢迎。当然，北京的天气比较干燥，要是能'借'一点伦敦的雾，就更好了。我小时候就听说伦敦有雾。在巴黎时，听说登上埃菲尔铁塔就可以望见伦敦的雾。我曾登上过两次，很遗憾，天气不好，没有看到。"

爱丁堡公爵说:"伦敦的雾是工业革命时的产物,现在没有了。"

邓小平风趣地说:"那么,'借'你们的雾就更加困难了。"

公爵说:"可以'借'点雨给你们,雨比雾好。你们可以'借'点阳光给我们。"

于是气氛一下子就活跃起来了。

思考:邓小平是如何通过幽默的语言将气氛活跃的?

(二) 平淡、自然的谈判气氛

平淡、自然的谈判气氛是指参加谈判的人员以礼相待,双方自信检点,情绪都比较平静、自然、谨慎、凝重、不声张,谈判气氛既不消极也不热烈。双方没有刻意营造某种谈判气氛,讲话时语言简练、音质清晰、语速适中,讲话、表态都思考再三,不盲从。大多数商务谈判都是从平淡、自然的气氛中开始的,尤其是初次展开谈判的双方。在这种气氛下所传递的信息一般都比较准确、真实。

(三) 对立、冷淡、紧张的谈判气氛

对立、冷淡、紧张的谈判气氛是指参加谈判的双方见面不热情,谈话的语气、语调、动作、姿势等都表现出对立的情绪,呈现剑拔弩张的态势,谈判的气氛表现为对立、冷淡、紧张。在这种谈判气氛下,会给对手造成强大的心理压力,迫使对方做出妥协让步。有时在谈判中,语气带双关甚至带讥讽口吻等,表现出强硬态势并带有明显的戒备、猜疑和不信任。这种谈判气氛给整个开局蒙上了一层阴影,会把商务谈判推向更为严峻的境地,甚至可能导致谈判失败。

需要注意的是,在这种气氛下谈判,其局面呈现的是一触即发的状态,谈判双方人员的关系并不融洽、亲密。如何运用这种气氛进行谈判,必须要深思熟虑。

(四) 松弛、缓慢、旷日持久的谈判气氛

有些商务谈判是持续性、分阶段的谈判。在旷日持久的谈判中,双方参加谈判的人员已感到厌倦,表现出萎靡不振的精神面貌,如进入会场姗姗来迟,表情麻木,例行公事地握手,在谈判中表现出漫不经心、东张西望,对对方的谈话不认真倾听,给人感觉谈不谈无所谓,双方谈判不断转换话题,会谈气氛松松垮垮,处于一种松弛、缓慢、旷日持久的谈判气氛中。这种气氛下,谈判进程缓慢,会谈常常因故中断,双方很难达到预期目标,只能勉强使谈判不破裂。

二、影响开局气氛营造的各种因素

(一) 表情

表情的变化直接传达人的不同情绪。从谈判人员的表情变化中可以猜测对方是充满信心还是警戒防备,是轻松自如还是小心谨慎等。从谈判人员的面部表情、眼神交流、

举止变化、动作幅度等细节上都可观察出对方的心理情况,尤其是面部表情的变化,对接下来开局气氛的营造有直接影响。

(二)气质

气质是指一个人具备的稳定的个性特征。气质既能表明个体的差异性,又能反映出人类、种族和群体的共同心理特征。良好的气质建立在个体深厚的文化素养、文明程度、思想深度和生活态度上。

(三)风度

风度是指个人的内在修养、文化涵养及总体素质的外在气质显现。谈判者的风度彰显其个人魅力。在谈判开局阶段,谈判人员神采奕奕的精神状态、得体大方的仪表礼节等都属于风度范畴,它是影响创设良好开局气氛的重要因素之一。

(四)服装

服饰对于打造个人形象具有关键性的作用。得体的服饰不仅反映个人的审美情趣,也体现出一个人的文化修养。谈判人员的服装色调和整洁干净程度能从一定程度上反映其心理特征和状态。一般来说,干净整洁的西装搭配是商务谈判中谈判人员的标配,既不会出错也能显示其专业性。

(五)个人卫生

谈判人员个人卫生情况良好与否也影响开局气氛的创设。没有谈判对手会愿意和邋里邋遢、身上有异味、披头散发的人建立合作关系。

(六)动作

商务谈判过程中,谈判双方不免会有一些手势和肢体上的接触,这些动作也会对商务谈判开局气氛产生影响。例如,开局阶段双方握手,在不同的文化背景下谈判人员对这个动作的理解是存在差异的。西方国家的谈判人员认为,用右手握手而左手搭在对方肩膀上是不礼貌的行为。特别在谈判开局阶段见面寒暄时,欧美国家谈判代表喜欢握手力度大一些以示友好;而亚洲国家谈判代表则握到即止,力度大反而会让对方心生反感。

三、商务谈判开局气氛营造方法

在商务谈判中,谈判气氛并不是一成不变的,谈判人员可以根据需要来营造适于自己的谈判氛围。营造谈判气氛的方法有很多,下面介绍几种较常用的方法,分别是:感情攻击法、称赞法、积极回应、幽默法、问题挑逗法、沉默法、疲劳战术和指责法等。

(一)感情攻击法

感情攻击法又称感情共鸣法,是指通过某一特殊事件来引发普遍存在于人们心中的感情因素，即以情感诱发作为营造气氛的手段，并使这种感情迸发出来。感情攻击法可以从相反的两个方向攻击，一是攻击积极的情感，二是攻击消极的情感。两者的作用方向相反，其结果也是相反的。

攻击积极的情感是激起对方产生积极的情感，使谈判开局充满热情洋溢的气氛，即高调的谈判气氛。在这种谈判气氛中，谈判对手对谈判前景的看法倾向于乐观，往往对对自己有利的方面关注多、对自己不利的方面关注少，能很快达成协议与其签订合同。

攻击消极的情感是诱发对方产生消极情感，即不信、敌意、怀疑、攻击、诱使、压迫、愤怒等隐藏的感情，使其产生低沉、严肃的气氛笼罩在谈判开始阶段。这种消极情感可能导致谈判者将谈判情景定义为竞争，削弱谈判者准确判断形势的能力，降低双方的可信度，导致双方的距离拉大，甚至可能导致双方的冲突升级。更严重的是，甚至导致双方相互报复、阻挠合作性结果的达成。

（二）称赞法

从心理学角度讲，人性中最深刻的本能就是对被欣赏的渴望。被称赞的人自身有一种被理解的感受，使自尊心得到满足，于是就很容易向称赞自己的人敞开心扉，与其进行积极的交流。在商务谈判中，称赞法是指通过称赞对方来削弱对方的心理防线，从而焕发出对方的谈判热情，调动对方的情绪，营造高调气氛。

（三）积极回应

当对方采用称赞式开局进行交谈时，谈判人员要积极回应，这有助于营造一种开放的、积极的氛围；同时，要冷静思考对方利益所在以及其称赞的目的，并礼貌回应。切记不要用对方对你的称赞去回赞对方，这样的称赞听起来像在敷衍了事，给人的感觉是被迫要说一些好听的话作为回应。

（四）幽默法

幽默法能够很好地消除对手的戒备心理，缓和紧张的谈判气氛，淡化对立情绪，缩短双方的心理距离，促成友好和谐的气氛，使其积极参与到谈判中来，从而营造高调的谈判开局气氛。

案例 3-3　巧用幽默化解尴尬

美国前总统里根到加拿大访问时，双方的会谈室受到屋外反美抗议示威的干扰。加拿大总理特鲁多感到十分尴尬和不安。此时，里根幽默地说："这种情况在美国时有发生，我想这些人一定是特意从美国来到贵国的，他们想使我有一种宾至如归的感觉。"几句话使在场的人都轻松下来。

思考： 案例中，美国前总统里根幽默的话语在谈判中起到了什么样的作用？

（五）问题挑逗法

问题挑逗法是指提出一些尖锐问题诱使对方与自己争议，通过争议使对方逐渐进入谈判角色。这种方法类似于激将法。但与激将法不同的是，在商务谈判时提出的问题要引起对方与己方进行争议，通过争议激起对方的谈判热情，从而使双方不知不觉地进入谈判角色。

（六）沉默法

沉默法是以沉默的方式来使谈判气氛降温，所谓"此时无声胜有声"，从而达到向对方施加心理压力的目的。沉默法通常在营造低调气氛时使用。

（七）疲劳战术

疲劳战术是指使对方对某一个问题或某几个问题反复进行陈述，从生理和心理上疲劳对手，降低对手的热情，从而达到控制对手并迫使其让步的目的。一般来讲，人在疲劳的状态下，思维的敏捷程度会下降，容易出现错误，热情降低，工作情绪不高，比较容易屈从于别人的看法。采用疲劳战术应注意以下两点：一是多准备一些问题，而且问题要合理，每个问题都能起到疲劳对手的作用；二是认真倾听对手的每一句话，抓住错误并记录下来，作为迫使对方让步的砝码。

（八）指责法

指责法是指对对手的某项错误或礼仪失误严加指责，使其感到内疚，从而达到营造低调气氛、迫使谈判对手让步的目的。

案例3-4 营造消极的谈判氛围

中国某公司到美国采购一套大型设备。中方谈判小组人员因交通堵塞耽误了时间，当他们赶到谈判会场时，比预定时间晚了近半小时。美方代表对此大为不满，花了很长时间来指责中方代表的这一错误，中方代表感到很难为情，频频向美方代表道歉。谈判开始以后，美方代表似乎还对中方代表的错误耿耿于怀，一时间弄得中方代表手足无措，无心与美方讨价还价。等到合同签订以后，中方代表才发现自己吃了一个大亏。

思考：美方营造了什么谈判氛围？

第三节 商务谈判开局策略

商务谈判开局策略是谈判人员为谋求谈判开局有利形势和实现对谈判开局的控制而采取的行动方式或手段，其目的是为实施谈判开局的策略打下基础。商务谈判的开局策略一般包括以下七种：协商式开局策略、坦诚式开局策略、慎重式开局策略、进攻式开局策略、一致式开局策略、保留式开局策略和挑剔式开局策略。

一、协商式开局策略

（一）概念

协商式开局策略是指以协商、肯定的语言进行陈述，使对方对己方产生好感，创造双方对谈判的理解和相互尊重的气氛，给人一种有商有量的感觉，即谈判双方以相互商量、商谈的口吻，在友好、愉快的气氛中展开谈判工作。

（二）适用范围

协商式开局策略比较适用于谈判双方实力比较接近，且过去没有商务往来的情况。谈判双方第一次接触，都希望有一个好的开端。

（三）注意事项

第一，多用外交礼节性语言、中性话题，使双方在平等、合作的气氛中开局。往往是谈判一方以协商的口吻来征求谈判对手的意见，然后对对方意见表示赞同或认可，双方达成共识。

第二，态度上，要表现为充分尊重对方意见。

第三，语言上，要表现为友好、礼貌，以商量、询问的语气谈话，语气适当，声音适中，音调高低快慢适宜，但又不刻意奉承对方。例如，"我们先交流一下彼此的情况，您看好吗？"

第四，姿态上，表现为不卑不亢，沉稳中不失热情，自信但不自傲。协商式开局的关键是要把握适当的分寸，这样才能顺利打开局面。

第五，要注意培养谈判双方的认同感。在表达开局目标时，要以婉转、协商的口吻表达，争取建立和培养谈判双方的认同感。例如，"我们先确定会谈的议程，您觉得可以吗？"

第六，要注意淡化表达语言的主观色彩。例如，"我提出""我认为"等，这种表达语言是不可取的。

案例 3-5 周恩来总理的细致安排

1972 年 2 月，美国总统尼克松访华，中美双方将要展开一场具有重大历史意义的国际谈判。当晚，在欢迎尼克松总统一行的晚宴上，中国军乐队熟练地演奏起由周恩来总理亲自选定的《美丽的亚美利加》。尼克松总统当场表示惊讶并欢喜，他万万没想到能在他国听到如此熟悉的乐曲，这是他平生最喜爱并且指定在他的就职典礼上演奏的家乡乐曲。敬酒时，尼克松总统特地到乐队前表示感谢。此时，国宴达到了高潮，一种融洽而热烈的气氛感染了美国客人。

思考：对于尼克松的访华，中方对此是如何做的？

二、坦诚式开局策略

（一）概念

坦诚式开局策略是指以开诚布公的方式向谈判对手陈述自己的观点或意愿，通过坦诚相待，争取尽快打开谈判局面。

（二）适用范围

坦诚式开局策略适用于以下谈判：一是适用于双方过去有过良好的商务往来，相互间比较了解且关系融洽的谈判。有这种友好关系作为谈判的基础，双方见面可以减少使用礼节性的外交辞令，坦率地陈述本方的观点和期望，陈述中可以真诚、热情地畅谈双方过去的友好合作关系，适当地称赞对方在商务往来中的良好信誉。二是适用于本方实力弱于对方的谈判。坦率地表明本方存在的弱点，可以使对方理智地考虑谈判目标。

这种坦诚，表达出实力较弱一方的诚信合作、没有隐瞒，同时也表达了本方充满自信和实事求是的精神。一两重的坦诚胜过一吨重的聪明。这种开局方式更容易打动对方，获得谈判成功。

（三）注意事项

坦诚式开局是指坦诚相待，但不等于将自己的底牌和盘托出，要根据谈判对象、谈判问题和谈判时机而定。因此，使用坦诚式开局策略时要注意以下三点：一是坦诚内容要有选择。向对手坦诚的内容只需选择几项关键的、有助于推动谈判顺利进行的疑难点，将其解释清楚就可以。二是要有的放矢。向值得信任的合作伙伴或有合作诚意但有顾虑的客商坦诚，不能让自己的坦诚变成对方欺诈强索的把柄。三是坦诚内容要实事求是。在介绍自己的市场、产品、强点、弱点时，要有真凭实据，不可夸大其词，不可凭空捏造、言过其实。

如果对方在谈判中也用这类办法拉住本方，那就应当注意：要耐心听取并认真分析，去伪存真，考虑有条件地接受其合理的提议，或婉言拒绝无法接受的要求。

三、慎重式开局策略

（一）概念

慎重式开局策略是指以严谨、凝重的语言进行陈述，表达出己方对谈判的高度重视和鲜明态度，使对方放弃某些不适当的意图，从而达到掌控谈判的目的。

(二）适用范围

慎重式开局策略适用于谈判双方过去有过商务往来，但对方曾有不太令人满意的表现的谈判。谈判者在使用慎重式开局策略的过程中一定要保持严谨、慎重的态度，来引起对方对某些问题的重视。这种策略也适用于己方对谈判对手的某些情况存在疑问，需要经过简短的接触摸底的情形。

(三）注意事项

慎重不等于冷淡，也不等于缺乏谈判诚意。当谈判对方以前有令人不满意的商务往来时，要注意与对方保持一定的距离，但也不要过于冷淡对方。对过去双方业务关系中对方的不妥之处要表示遗憾，并希望通过本次合作能够改变这种状况。可以用一些礼貌性的提问来考察对方的态度和想法，不要急于拉近关系。这种策略是为了寻求更有效的谈判成果而使用的。

四、进攻式开局策略

(一）概念

进攻式开局策略是指通过语言或行为来表达己方强硬的姿态，从而获得谈判对手必要的尊重，并借以制造心理优势，使谈判顺利进行下去。

(二）适用范围

进攻式开局策略只有在特殊情况下使用。例如，当发现谈判对手居高临下，以某种气势压人，有某种不尊重己方的倾向时，即发现谈判对手在刻意制造低调气氛，如果任其发展下去，不把这种气氛扭转过来，对己方是不利的，将损害己方的实际利益。因此，要变被动为主动，不能被对方气势压倒，而应采取以攻为守的策略，捍卫己方的尊严和正当权益，使双方在平等的地位上进行谈判。

(三）注意事项

第一，采用进攻式开局策略一定要谨慎，因为在谈判开局阶段就设法显示自己的实力，使谈判开局处于剑拔弩张的气氛中，对谈判进一步发展极为不利。

第二，不要对对方的行为定性或批评其动机。对方为了营造低调气氛，开局阶段会有过分言行，谈判方可对对方进行批驳，但不要对对方的行为定性或揭露其背后隐藏的动机。必须尽量避免攻击对方的自尊心，以免产生谈判者最忌讳的情绪性对立。

第三，要对事不对人，既要表现出己方的自尊、自信和认真的态度，又不能过于咄咄逼人、视对方为敌。要避免双方情绪对立，以免使谈判气氛过于紧张，一旦问题表达清楚且对方也有所改观时，就应及时调节一下气氛，使双方重新建立起一种友好、轻松的谈判气氛。

第四，进攻式开局策略要想运用得好，必须注意要有理、有利、有节，不能使谈判开始就陷入僵局。利用谈判气氛可能出现的缓和机会，积极创造扭转对立局面，促成商务谈判后续各阶段的友好合作。

案例 3-6　日方的谈判策略

日本一家著名的汽车公司在美国刚刚"登陆"时，急需找一家美国代理商来为其销售产品，以弥补他们不了解美国市场的缺陷。当日本公司准备与美国代理商进行谈判时，日本公司的谈判代表因路上塞车迟到了。美国公司的代表紧紧抓住这件事不放，想要以此为手段获取更多的优惠条件。日本公司的谈判代表发现无路可退，于是站起来说："我方十分抱歉耽误了你方时间，但这绝非是我方的本意，我方对美国的交通状况了解不足，所以导致了这个不愉快的结果。我方希望我们不要再为这个无所谓的问题耽误宝贵的时间了，如果因为这件事怀疑我方合作的诚意，那么，我们只好结束这次谈判。我方认为，我方所提出的优惠代理条件在美国不会找不到合作伙伴。"日本公司谈判代表的一席话说得美国代理商哑口无言，美国人也不想失去这次赚钱的机会，于是谈判顺利地进行下去了。

思考：日本公司谈判代表是如何掌握其谈判主动权的？

五、一致式开局策略

（一）概念

现代心理学研究结果表明，人们通常会对那些与其想法一致的人产生好感，并愿意将自己的想法按照那些人的观点进行调整。这一研究结论是一致式开局策略的心理学基础。一致式开局策略是指在谈判开始时，使对方对自己产生好感，创造或建立起对谈判的"一致"的感觉，或者对某个问题有一致的看法，从而使谈判双方在愉快友好的气氛中不断将谈判引向深入。

（二）适用范围

一致式开局策略可以在高调气氛和自然气氛中运用，如果运用得好，可以将自然气氛转变为高调气氛。

（三）注意事项

第一，一致式开局策略尽量不要在低调气氛中使用。在低调气氛中使用这种策略容易使自己陷入被动。

第二，在赞成对方意见时，态度不要过于献媚，要让对方感觉到我们是出于尊重而不是奉承。这是因为一致式开局策略的目的是通过对事物看法以及生活习惯、观念等的一致而产生好感，以创造取得谈判胜利的条件。

第三，一致式开局与协商式开局有不同之处。二者虽然都有协商、询问，但一致式开局的协商、询问是在达成共识、一致的基础上的协商与询问，多表示尊重、赞同对方的意见或者进行补充，并按照其意见进行工作。协商式开局的协商、询问，可以同意，也可以不同意或者更改其建议。

六、保留式开局策略

（一）概念

保留式开局策略是指在谈判开局时，对有关谈判内容有所保留，造成一种神秘感，或者对谈判对手提出的关键性问题不做彻底、确切的回答，而是有所保留。其目的是吸引谈判对手入局，取得谈判胜利。

（二）适用范围

保留式开局策略适用于谈判双方彼此不熟悉，不了解对方的情况；也适用于谈判一方不了解市场情况，或市场情况发生变化一方信息传递不畅。

（三）注意事项

采用保留式开局策略时，注意不要违反商务谈判的道德原则，即以诚信为本。向对方传递的信息可以是模糊信息，但不能是虚假信息，否则会将自己陷入非常难堪的境地。

七、挑剔式开局策略

（一）概念

挑剔式开局策略是指开局时，对对手的某项错误或礼仪失误严加指责，使其感到内疚，从而达到营造低调气氛，迫使对手让步的目的。

（二）适用范围

挑剔式开局策略，一是适用于为了营造低调的谈判气氛，利用对方的错误或失礼行为加以挑剔，迫使对方让步；二是适用于谈判局面对本方不利，为了扭转不利的谈判局面，针对对方的错误或失礼的行为进行挑剔指责。

（三）注意事项

挑剔式开局策略是针对谈判对手的某项错误或礼仪失误严加指责，使其感到内疚，从而迫使其让步，因此要做到有的放矢、有针对性。挑剔式开局策略是为了营造低调的谈判气氛，使谈判向着有利于己方的方向发展，但是要掌握好尺度，否则过犹不及。

本章小结

本章对商务谈判开局阶段策略进行了介绍。论述了商务谈判开局技巧和开场陈述的内容；阐述了商务谈判开局气氛类型及开局气氛的营造方法；介绍了七种常用的商务谈判开局策略及其应用方法。一个良好的开局将为谈判成功奠定坚实的基础，谈判人员应给予高度的重视。

课后习题

一、名词解释

1. 开局阶段
2. 开局气氛
3. 协商式开具策略
4. 一致式开局策略

二、简答题

1. 创造良好的谈判气氛有何意义？
2. 如何营造出适宜的开局氛围？

课后习题答案

一、名词解释

1. 商务谈判的开局阶段是指在谈判准备阶段之后，谈判双方进入面对面谈判的开始阶段。在这个阶段一般不进行实质性谈判，只是见面、介绍、寒暄以及谈论一些非关键性的问题。

2. 开局气氛是指基于双方谈判人员在非实质性谈判阶段表现出的态度、行为等的互相作用所构建的人际洽谈氛围。具体来说，开局气氛是谈判双方在正式会谈前的"第一感觉"，它的形成集合了谈判个体之间的不同情绪、姿态、动作等感官信号。谈判开局双方态度的差异性会影响谈判气氛，两者相互作用、相互制约。

3. 协商式开局策略是指以协商、肯定的语言进行陈述，使对方对己方产生好感，创造双方对谈判的理解和相互尊重的气氛，给人一种有商有量的感觉，即谈判双方以相互商量、商谈的口吻，在友好、愉快的气氛中展开谈判工作。

4. 一致式开局策略是指在谈判开始时，使对方对自己产生好感，创造或建立起对谈判的"一致"的感觉，或者对某个问题有一致的看法，从而使谈判双方在愉快友好的气氛中不断将谈判引向深入。

二、简答题

1. 创造良好谈判气氛的意义：

（1）创造良好的谈判气氛是商务谈判开局阶段的第一项工作。每一个项目谈判都会有其独特的气氛。一般情况下，会有一种谈判气氛处于主导地位，并且贯穿于谈判过程的始终。

（2）开局阶段是为整个谈判奠定基调的阶段。这个阶段所创造的气氛会对谈判的全过程产生影响。因此，谈判人员在这个阶段的首要任务就是为谈判营造一个合适的气氛，为后续的谈判打下良好的基础。谈判双方一经见面接触，谈判气氛即已形成，并且将会延续下去，一般不会改变。就像两人初次见面，第一印象往往是根深蒂固的。因此，谈判初期所建立的气氛是非常关键的，这种气氛会影响整个谈判进程。

2. 在商务谈判中，谈判气氛并不是一成不变的，谈判人员可以根据需要来营造适于自己的谈判氛围。营造谈判气氛主要有以下方法：

（1）感情攻击法。感情攻击法又称感情共鸣法，是指通过某一特殊事件来引发普遍存在于人们心中的感情因素，即以情感诱发作为营造气氛的手段，并使这种感情迸发出来。感情攻击法可以从相反的两个方向攻击，一是攻击积极的情感，二是攻击消极的情感。两者的作用方向相反，其结果也是相反的。

（2）称赞法。从心理学角度讲，人性中最深刻的本能就是对被欣赏的渴望。被称赞的人自身有一种被理解的感受，使自尊心得到满足，于是就很容易向称赞自己的人敞开心扉，与其进行积极的交流。在商务谈判中，称赞法是指通过称赞对方来削弱对方的心理防线，从而焕发出对方的谈判热情，调动对方的情绪，营造高调气氛。

（3）积极回应。当对方采用称赞式开局进行交谈时，谈判人员要积极回应，这有助于营造一种开放的、积极的氛围；同时，要冷静思考对方利益所在以及其称赞的目的，并礼貌回应。切记不要用对方对你的称赞去回赞对方，这样的称赞听起来像在敷衍了事，给人的感觉是被迫要说一些好听的话作为回应。

（4）幽默法。幽默法能够很好地消除对手的戒备心理，缓和紧张的谈判气氛，淡化对立情绪，缩短双方的心理距离，促成友好和谐的气氛，使其积极参与到谈判中来，从而营造高调的谈判开局气氛。

（5）问题挑逗法。问题挑逗法即在商务谈判时提出的问题要引起对方与己方进行争议，通过争议激起对方的谈判热情，从而使双方不知不觉地进入谈判角色。

（6）沉默法。沉默法是以沉默的方式来使谈判气氛降温，所谓"此时无声胜有声"，从而达到向对方施加心理压力的目的。沉默法通常在营造低调气氛时使用。

（7）疲劳战术。疲劳战术是指使对方对某一个问题或某几个问题反复进行陈述，从生理和心理上疲劳对手，降低对手的热情，从而达到控制对手并迫使其让步的目的。采用疲劳战术应注意以下两点：一是多准备一些问题，而且问题要合理，每个问题都能起到疲劳对手的作用；二是认真倾听对手的每一句话，抓住错误并记录下来，作为迫使对方让步的砝码。

（8）指责法。指责法是指对对手的某项错误或礼仪失误严加指责，使其感到内疚，从而达到营造低调气氛，迫使谈判对手让步的目的。

第四章 商务谈判磋商阶段

学习目标

1. 了解商务谈判磋商、报价、讨价和还价的概念，掌握商务谈判让步的时机和策略。

2. 了解商务谈判僵局的种类和处理原则，掌握商务谈判僵局处理策略。

第一节 商务谈判磋商阶段概述

一、磋商阶段界定

商务谈判的磋商阶段是指从谈判开局之后到谈判终局之前，商务谈判各方就实质性事项进行磋商的全过程。谈判各方在这之前所进行的接触，更多的是试探性的，是为开出交易条件做准备的。也就是说，在此之前，各方的行为几乎都是姿态性的，并不是决定性的，只有进入磋商阶段双方才正式地以决定性的态度来调整各自的谈判策略和要求。

二、磋商的内容

谈判标的又称谈判客体，是指谈判双方或多方当事人权利义务所共同指向的对象。商务谈判标的概括起来有有形商品、无形商品、劳动服务、工程项目、技术转让等几种类型。商务谈判中的磋商是围绕谈判标的进行报价、讨价、还价的过程。例如，有形商品的买卖谈判主要包括标的物的质量、数量、价款、酬金、履行期限、履行地点、履行方式、违约责任、解决争议的方法等。

商务谈判磋商阶段不仅包括谈判双方主体间的实力、智力和技术的具体较量，同时也是谈判主体间的反复相互协商、交换意见、求同存异、合作、谅解、让步、妥协、最后达成一致的过程。

三、磋商原则

（一）条理性原则

条理性原则是指在商务谈判磋商过程中的议题要有序、表述立场要有理、论证方式易于理解的原则。其中，在商务谈判磋商过程中的议题要有序是指确定商务谈判议题时，要把所有议题进行比较分析，如哪些是主要的重点议题、哪些是非重点议题、这些议题之间是什么关系、这些议题在逻辑上有什么联系、先讨论哪项议题以及后讨论哪项议题，做到讨论议题要有序，即在程序安排上要扬长避短，注意议题的逻辑次序，同时也要考虑议题的深度，要有层次。

（二）客观原则

客观原则是商务谈判中最基本的原则之一，是指在商务谈判磋商中，条件和问题的提出要符合客观实际。客观原则在谈判实务中一般通过实证和推理来实现。

实证即利用一切可供运用的真实资料说明问题。资料可以是文字、图片，也可以是众所周知的事实。一般情况下，谈判对手在实证面前多半会承认说理的实际性，至于会在多大程度上改善条件则是另一回事。推理即通过一个或几个被认为是正确的陈述、声明或判断达到另一真理的行动，而这一真理被相信是从前面的陈述、声明或判断中得出的直接推理。简单地说，推理手法是从分析表面现象及内部联系出发，归纳出对事物本质的判断——认识，从而支持自己立场的思维论证方法。

（三）礼节原则

礼仪礼节是人类文明的重要表现形式。在商务谈判中，礼仪礼节作为交际规范，是对客人表示尊重，也是谈判人员必备的基本素养。在谈判桌上，一个谈判者的彬彬有礼、举止坦诚、格调高雅，往往能给人带来赏心悦目的感觉，能为谈判营造一种和平友好的气氛。反之，谈判者的无知和疏忽，不仅会使谈判破裂，而且会产生恶劣的影响。因此，在谈判的不同阶段都要遵循一定的礼仪规范。

（四）进取原则

进取是一种向上的精神。进取原则是指在磋商时要尽最大可能争取对本方有利，千方百计说服对方接受本方条件的精神与行为。进取原则主要体现在两个方面：高目标与不满足。高目标是指在谈判时，要制订较高的目标，高目标导致实现谈判难度大，对谈判者而言具有挑战性。不满足是指在实现一个目标后紧接着冲向另一个高度的目标的精神。不满足既体现在实现横向目标上，也反映在实现纵向目标上。横向目标包括不同类的项目目标，如技术、法律、商业、服务等，实现一个再冲向另一个；纵向目标包括各项目不同阶次的目标，登上一个台阶后期待迈上另一个更高台阶，谈判中毫不放松。

（五）重复原则

重复原则是指对磋商中某个议题或者某个论据、观点的反复磋商。重复是为深入做准备。具体做法上要求控制重复的时间和理由。

一般情况下，重复安排议题时，其次数与时机应得当。衡量是否需要重复的标准是客观需要和双方态度。若客观上已经谈得差不多了，再重复会让对方以为要推翻前面的论述；若双方反对或造成对抗情绪时，应暂放重复的议题。此外，在磋商中若对方迟迟未改善其条件，己方可反复申诉自己的观点，以推动对手改变立场。

第二节　商务谈判报价阶段

一、报价概念

报价又称开价，是指谈判双方各自向对方提出全部交易条件的过程，内容不仅包括价格问题，还包括交货条件、品质规格、数量质量、支付方式、运输费用等条款，即泛指谈判中一切期望实现的目标和要求。这里所说的"价"是广义的，而价格是其核心条件。

二、报价形式

（一）口头报价

口头报价是指不需要任何书面文件，仅以口头的方式提出交易条件。口头报价的优点是非常灵活，有利于发挥个人的谈判艺术特长；但口头报价容易偏离主题，谈判者可能出现阐述不清甚至出错的情况，尤其在复杂的价格问题上，口头表达会比较困难。

（二）书面报价

书面报价又称"单报价"，是谈判一方将本企业愿意承担的义务以书面的形式清楚地表达出来。书面报价的优点是对方针对报价有充分的准备时间，磋商过程会更加紧凑；但书面报价较为呆板，缺少弹性，会限制企业在后续谈判中的让步和变化。

三、报价方式

（一）西欧式报价方式

西欧式报价方式是指谈判的一方先提出一个高于己方实际要求的谈判起点，然后据此与对方讨价还价，最后再做出让步达成协议的谈判方式。

西欧式报价方式的一般模式是，首先提出留有较大余地的价格，然后根据买卖双方的实力和该笔交易的外部竞争状况，通过给予各种优惠，如数量折扣、价格折扣、佣金和支付条件上的优惠（延长支付期限、提供优惠信贷等）来逐步软化和接近买方的条件，最终达成交易。实践证明，这种报价方式只要能够稳住买方，往往会有一个不错的结果。运用这种方式时应做到"喊价要狠，让步要慢"。凭借这种方式，谈判人员一开始便可削弱对方的信心，同时还能趁机考验对方的实力并确定对方的立场。

应对西欧式报价方式的最佳方法是：要求对方出示报价或还价的依据，或者本方出示报价或者还价的依据。

（二）日本式报价方式

日本式报价方式是指先提出一个低于己方实际要求的谈判起点，以让利来吸引对方，试图首先击败参与竞争的同类对手，然后再与被引诱上钩的对方进行真正的谈判，迫使其让步，以达到己方的目的。

日本式报价方式的一般模式是，将最低价格列在价格表上，以先引起买方的兴趣。由于这种低价格一般是以对卖方最有利的结算条件为前提的，而且在这种低价格交易条件下，各方面都很难满足买方的需求，如果买方要求改变有关条件，则卖方就会相应提高价格。因此，买卖双方最后成交的价格，往往高于价格表中的价格。

日本式报价方式在面临众多竞争对手时，是一种比较有策略的报价方式。该方式一方面，可以排挤竞争对手而将买方吸引过来；另一方面，当其他卖方败下阵来纷纷走掉时，买方原有的买方市场便不复存在，原来是一个买方对多个卖方，谈判中显然优势在买方，而此时，双方谁也不占优势，从而可以坐下来细细地谈，买方要想达到一定的要求，只好任由卖方一点一点地把价格抬高。

应对日本式报价方式的最佳方法是：第一，在把对方的报价内容与其他客商的报价内容进行比较和计算后，直截了当地提出异议。第二，不为对方的小利所迷惑，自己报出一个一揽子交易的价格。另外，即使某个客商的报价的确比其他客商优惠、富有竞争力，也不要完全放弃与其他客商的接触和联系，这样做也可以给对方一个持续的竞争压力，迫使对方继续做出让步。

四、报价策略

（一）报价时机策略

在实际的谈判磋商过程中应灵活选择时机报价。报价时机策略是先让对方充分了解商品的使用价值和能为对方带来多少收益，待对方产生兴趣后再谈价格。

（二）报价对比策略

在价格谈判中，使用报价对比策略往往可以增强报价的可信度和说服力，一般有很好的效果。报价对比可以从多方面进行,通过设立有利于己方的价格参照和相关的优劣势比较,为己方报价提供有力证据。

(三)报价分割策略

为了迎合对方的求廉心理,将商品的计量单位细分化,然后按照最小的计量单位来报价。采用这种报价策略,能使买方对商品价格产生心理上的便宜感,容易为买方所接受。

(四)报价差别策略

根据商品需求的不同,同一商品报价也不同。例如,对老客户和大批购买的客户,可适当实行价格折扣;对新客户,有时为开拓新市场,也可适当给予让价;一次付款较分期付款或延期付款,价格可以给予一定优惠等。无论是卖方的报价还是买方的出价,都应该考虑在不同附加因素条件下,报价和出价应有所差别。

案例 4-1 巧让对方先报价

某高级工程师的一项发明获得了发明专利权。他所在的公司希望购买他的发明专利。这天,公司总经理找到该工程师,开门见山地说明了自己的来意,并问他愿意以多少钱转让其发明专利。工程师对自己的发明到底值多少钱心中没数,心想要能卖到 5 万美元应该就不错了。但他最终决定让对方先报个价,自己再见机行事。于是他没有说出自己的报价,而是说:"我的发明专利在社会上有多大作用、能给公司带来多少价值,您是十分清楚的,还是先请您说一说吧!"总经理见对方把皮球踢给了自己,只好先报价,说:"50 万美元,怎么样?"这位工程师简直不敢相信自己的耳朵,直到总经理又说了一遍,他才意识到这是真的。经过一番假模假样的讨价还价,双方最后就以这一价格达成了协议。

思考:如果这位工程师主动报价会形成一个什么样的结果?

第三节 商务谈判的讨价还价

一、讨价

(一)讨价概念

讨价又称再询盘,是在买方对卖方的报价评估之后,认为与自己的期望值差距太大,难以接受,提出重新报价或改变报价的要求。

（二）讨价方法

1. 全面讨价

由于讨价刚开始，对对方价格的具体情况尚欠了解，因而讨价的策略是全面讨价，即要求对方从整体上或商业条件的所有方面重新报价。

2. 具体讨价

讨价进入具体内容，这时的讨价方法是针对性讨价，即在对方报价的基础上，找出明显不合理、含水分大的项目，针对这些部分要求把水分挤出去，以这样的方式来改善报价条件。

3. 投石问路

投石问路讨价方法是卖方发盘之后，买方不马上还盘，而是提出种种假设条件下的商品售价问题。此方法既能保持平等信赖的气氛，又有利于还价前对买方情况的进一步掌握。

4. 严格要求

严格要求策略是买卖双方均可运用的策略。买方的严格要求策略为买方对卖方的商品从各个方面进行严格检查，提出卖方交易中的许多问题并要求卖方改善报价。买方严格要求的范围，一般是在商品质量、性能等使用价值方面和成本价格以及运输等方面。

案例 4-2　试探价格"底牌"

某食品加工厂为了购买某种山野菜，与某县土产公司进行谈判。在谈判过程中，食品加工厂的报价是每千克山野菜 15 元。为了试探对方的价格"底牌"，土产公司代表采用了投石问路的讨价技巧，开口报价每千克山野菜 22 元，并摆出一副非此价不谈的架势。急需山野菜的食品加工厂代表急了，说："市场的情况你们都清楚，怎么能指望山野菜每千克超过 18 元呢？"食品加工厂的代表在情急之中暴露了价格"底牌"，于是土产公司的代表紧追不放，说"那么，你是希望以每千克 18 元的价格与我们成交啦？"这时，食品加工厂的代表恍然大悟，只得无奈地应道："可以考虑。"最后，双方真的以每千克 18 元的价格成交，这个结果比土产公司原定的成交价格高出 3 元。

思考：土产公司取得成功的关键是什么？

二、还价

（一）还价概念

在商务谈判磋商阶段，还价是针对一方的报价，另一方做出的反应性报价。具体来说，还价以讨价作为基础。

（二）还价方法

1. 按分析成本还价

卖方通过计算来得出所谈产品的成本，然后以此为基础再加上一定百分比的利润作为依据进行还价。这种还价的关键是所计算成本的准确性，成本计算得越准确，卖方在还价时的说服力就越强。

2. 按分析比价还价

按分析比价还价是指己方不了解所谈商品本身的价值，因此以与其相近的同类商品价格或竞争者的商品价格作为参考进行还价。

3. 单项还价

单项还价是指对商品逐项、逐个进行还价。例如，对成套设备，按主机、辅机、备件等不同的项目进行还价。

4. 分组还价

分组还价是指把谈判对象划分为若干个项目，并按每个项目报价中所含水分的多少分成几个档次，然后逐一还价。

5. 总体还价

总体还价即一揽子还价，是指不分报价中各部分所含水分的差异，均按同一百分比还价。

第四节　商务谈判磋商阶段的让步

一、正确看待让步

谈判的过程是利益博弈的过程，需要双方都做出某种程度的让步。坦白来讲，谈判就是艺术的让步。如果谈判双方互不让步或一方始终不做一点让步，谈判各方就无法达成任何协议，各方利益也无法得到满足，谈判必定失败。因此，可以说没有让步就没有合作，也就没有谈判。

案例 4-3　诚信让步

20 世纪 90 年代，上海华实制鞋厂与日本一家株式会社做成一笔布鞋生意。但因日方预测失误，加上海上运期长，布鞋运到日本后错过了销售的黄金季节，大量积压。日方提出退货。按照惯例这显然行不通，但中方却原则上同意了。此事一传开，中方有关部门及一些国际上的朋友立即哗然,认为这是自找麻烦。因为那是价值260万日元的大生意,但华实制鞋厂还是坚持退货。

后来,中方在第二次交易时,不但保质保量,而且迅速按时发货,使日方大赚一笔。中方也相应获利不少,名声大振。此事在日本见报后,马上就有几家大公司来人、来函要求与华实制鞋厂合作。华实制鞋厂不但没有赔钱,反而由此身价百倍,产品供不应求。而日方该株式会社,经过这次风浪后愈发感到华实制鞋厂是个忠实的合作伙伴,提出愿当中方在日销售的总代理,华实制鞋厂的产品被全部包销,合同一订就是10年。该株式会社还积极向中方提供国际市场上的有关信息,两家的合作伙伴关系更加稳固。

思考: 上海华实制鞋厂的让步为什么换来了最后的巨大利益?

二、让步类型

(一)坚定式让步

这种让步模式是不到关键时候绝不让步,一直保持着不妥协的姿态和态度,让对方一直以为妥协无望。若是一个软弱的买主可能就会不再努力而放弃与卖主讨价还价。

(二)等额式让步

这种让步模式的特征是逐步诱导,让步幅度较小,但让步次数较多,很容易刺激谈判对手继续期待更进一步的让步。当买方争取到一定数额的让步时,他就可能认为再努力一番,说不定还可以争取到同样的让步,结果他成功了。然后他会继续这样想,继续要求让步,如果卖主坚持不再让步,买主可能就会失望,很可能达不到成交的目标。

(三)递增式让步

递增式让步的数额是逐渐增加的,可以分为慢递增式让步和快递增式让步。这种让步模式往往会造成卖主重大的损失。因为它将买主的胃口越吊越高,买主会认为只要坚持下去,令人鼓舞的价格就在前面。买主的期望值会随着时间的推移而越来越大,这对卖主来说是极为不利的。

(四)递减式让步

这是一种由大到小、渐次下降的让步模式,可以分为慢递减式让步和快递减式让步。这种让步模式比较自然、坦率,同时显示出卖主的立场越来越坚定,给对方的期望越来越小。

案例4-4 中方企业谈判中的加价方式

我国某市机械进出口公司欲向国外订购一台专用设备,在收到报价单并经过讨价还价之后,中方决定邀请拥有生产该设备先进技术的某公司客商来华进行进一步谈判。在谈判中，双方集中讨论了价格问题。一开始，中方的出价是 10 万美元，而对方的报价与报价单开列的价格一样是 20 万美元。

在第一轮报价之后，双方都预计到该设备最后的成交范围在 14 万~15 万美元。同时，大家也估计到，需要几个回合的讨价还价才能实现这一目标。

中方有关人员讨论之后，提出了以下让步方案：第一种是中方还价 10 万美元；第二种是中方还价 10.5 万美元；第三种是中方先还价 11.5 万美元，然后伺机依次加价，不过加价幅度越来越小。最后，中方决定采用第三种方式还价。经过四轮讨价还价之后，中方先后报出了 11.5 万美元、12.7 万美元、13.5 万美元，最终双方以 14 万美元成交。

思考：第一种和第二种让步方案中存在的主要问题是什么？

（五）不定式让步

不定式让步即在己方所提条件较高的情况下，面对对方的讨价还价，采取灵活多变的方式进行让步。可以先高后低然后再拔高，也可以高低错落综合运用，其关键是谈判者要了解对方情况，能控制局面，灵活掌握。

案例 4-5 国家医疗保障局的"灵魂谈判"

2021 年 11 月 11 日，国家医疗保障局（以下简称医保局）对治疗罕见病——脊髓性肌萎缩症的药物谈判进行了一个半小时，全过程回顾下来，可谓异常艰难。企业对该药物的第一轮报价中，给出的价格是 53 680 元/瓶。经过接下来企业的 6 次报价，双方最终达成一致协议，获得人民群众的好评。在企业的 6 次报价中体现出了不定式让步的报价策略。谈判过程具体如下。

医保局：提醒企业方要有诚意，不玩套路。

企业方：第一次报价 53 680 元/瓶。

医保局：考虑国内困难群体，中国市场能够带来更多的使用量。

企业方：第二次报价 48 000 元/瓶，降幅 10.58%。

医保局：因为疫情，社保基金困难，但国家关心人民的决心不变。

企业方：第三次报价 45 800 元/瓶，降幅 4.58%。

医保局：面对困难群体，每个群体都不应该被放弃。

企业方：第四次报价 42 800 元/瓶，降幅 6.55%。

医保局：肯定企业方降幅非常大，但离预期还有一定的距离。考虑国内市场及国家关心人民的决心，决定让该药物进入医保。

企业方：第五次报价 37 800 元/瓶，降幅 11.68%。

医保局：作为甲方很卑微，底价空间为 0。小群体不应该被放弃，数千人会使用该药物。

企业方：第六次报价 34 020 元/瓶，降幅 10%。

医保局：有点难过，白谈了，直接给底价 33 000 元/瓶。

企业方：商量后，同意底价。总体降幅 38.53%。

思考：企业方采用了什么样的让步策略？

（六）爽快式让步

这种让步模式对买主会产生极强烈的影响。如一下削减 100 美元，会使买主顿时充满了信心和希望，但接下来的便是失望，如果卖主不再降价，就有谈判破裂的危险。

从让步的实际效果来看，比较理想的让步模式是递减式让步。这种让步模式步步为营，使对方的期望值逐步降低，较适应一般人的心理，因而比较容易为对方所理解和接受。

三、避免己方让步策略

（一）先苦后甜

这是一种先用苛刻的虚假条件使对方产生疑虑、压抑、无望等心态，以大幅降低其期望值；然后在实际谈判中逐步给予优惠或让步，使对方满意地签订合同，己方从中获取较大利益的策略。这种谈判策略来源于实际生活中的常见现象。

（二）既成事实

该策略就是预料对方可能在谈判中就某个问题要求己方做出让步，而己方很难对此问题做出让步，就先让这个问题造成对方不能提出相应要求的既成事实，从而有效阻止对方的进攻。

（三）权力有限

该策略是指谈判人员声称自己权力有限、不能决定而阻挡对方要求的一种做法。权力有限有其合理性，是一张有效的"挡箭牌"，但未必就是真的，因此常常成为一种借口或策略。

（四）资料不足

在商务谈判过程中，如果对方的要求确实难以拒绝，而己方又不愿马上同意时，借口资料不足、需要研究等理由，可以暂时缓解对方的进攻，化解对方咄咄逼人的攻势，待谈判进入到一定程度时，再视具体情况予以解决。

（五）最后价格

谈判中常用"这是最后价格，我们再也不能让步了"来强化对方对价格的信任力。如果对方相信这一说辞，就不会要求我方继续做让步，生意就可能成交；即使对方不相信，也可以大大降低对方的期望值，使其感觉让价空间不大了，从而缓和对方的价格进攻力度。

（六）求得同情

一般情况下，人们总是倾向于同情和怜悯弱者，不愿落井下石、置之于死地，会比较容易地答应弱者的要求。当对方就某一问题要求己方做出过度让步时，如果己方无正当理由加以拒绝，但又不愿意在这方面做出让步，就可以装出痛苦、确实难以做到的样子，求得对方的同情与理解。

（七）坦白从宽

谈判总体上是一种虚实比拼的过程，双方都留有余地，本来是循序渐进、逐步亮底的，但有时候坦白是一种出人意料的有效策略。其意是不再隐瞒和藏虚，而是把本次交易的真实条件和要求和盘托出，以期迅速获得对方的响应，从而阻止对方的进攻。

（八）针锋相对

该策略是指在谈判中针对对方的要求和进攻，毫不示弱、据理力争、针锋相对，从气势上压倒对方，使对方不至于提出过分的要求乃至主动撤回自己的要求，从而阻止对方进攻。

四、促使对方让步策略

（一）戴高帽

该策略在心理学上又称伪假设角色策略，是指给对方一顶高帽子，对方一旦戴上后就会不自觉地按此高帽子的角色行事。例如，说对方是专家，对方就不会显示出外行的样子；说对方爽快，对方就会表现出不迟疑的样子。该策略是一个非常厉害的策略，一般人很难抗拒，关键在于，我们要选取一个合适的高帽子给对方戴上，以适应谈判的需要。

（二）磨时间

该策略强调的是"磨"，对方不同意己方的要求，就一直软磨硬泡，直到对方同意为止。因为反复的"磨"，态度和蔼、满面笑容，对方也找不出什么不是，被磨得没办法，只好表示同意。"坚持得越久得到的就越多"，该策略可以逐步消磨对方的斗志和锐气，对方往往难以招架，一般情况下都可收到良好的效果。

（三）竞争法

谈判一方在存在竞争对手的时候，他的谈判实力会大为削弱，处于劣势。作为买方，要搬出其他竞争者与之比较，其中，货比三家是常用的策略，没有竞争者也要给对方制造竞争对手，这是促使对方让步的强大杀手锏；作为卖方，要善于扮演不情愿的卖家，要表达出交易商品的独特性和不可比拟性，要显示货源的紧张，要拿已成交客户的条件来制约对方。

（四）抱怨法

数落抱怨对方的不足、瑕疵、差错乃至失礼，是一种促使对方让步的有效策略。抱怨，可以分为两大类：一类是真正的不满；另一类是策略的抱怨。其目的在于压制对方的气势，使对方觉得理亏、负疚，从而做出己方所希望的让步。

（五）震慑法

在谈判过程中，如果感觉对方的态度、行为欠妥或要求过分时，可以抓住这一时机，突然情绪爆发，严厉斥责对方的无理、不是，以震慑对手。如果对方不是谈判老手，往往会手足无措，动摇自己的信心和立场，甚至怀疑和检讨自己的行为，从而做出某些让步。

（六）通牒法

通牒法是指给对方规定最后期限和最后条件，如果对方不同意，己方就宣称退出谈判。该策略是一种给对手实施强大压力的手法，一般对手往往难以抗拒。到谈判的最后阶段使用该策略，可以促使对手迅速做出决策和让步。

第五节　商务谈判僵局处理

一、僵局概述

（一）僵局含义

商务谈判僵局是指在商务谈判过程中，由于双方原则、观点、立场差异较大，利益冲突难以协调，同时双方又都不肯做出让步妥协，形成的一种暂时对峙僵持局面。

（二）僵局种类

根据造成商务谈判陷入僵局的原因，可以把商务谈判僵局分为策略性僵局、情绪化僵局和实质性僵局三类。

1. 策略性僵局

策略性僵局又称人为僵局，即谈判的一方有意制造僵局，给对方施加压力，为己方争取时间和创造优势的一种策略。

2. 情绪化僵局

情绪化僵局指在谈判过程中，由于谈判双方情绪上的问题，一方的讲话引起对方的反感，表现为情绪性的对立，从而使谈判无法进行下去，形成对立局面。

3. 实质性僵局

实质性僵局指双方在谈判过程中涉及商务交易核心方面的经济利益时，意见分歧差异较大，难以达成一致意见，而双方又固守己见、互不相让，从而形成对立局面。

案例 4-6　巧建发电厂

美国一家航空公司要再建立一个大的航空站，想要求爱迪生电力公司优待电价。这场谈判的主动权掌握在电力公司一方，因为航空公司有求于电力公司。因此，电力公司推说，如给航空公司提供优待电价，公共服务委员会不批准，不肯降低电价。谈判相持不下。

这时，航空公司突然改变态度，声称若不提供优待电价，他们就撤出这一谈判，自己建发电厂。此言一出，爱迪生电力公司慌了神，立即请求公共服务委员会给予这种类型的用户以优惠电价，公共服务委员会立刻批准了这一要求。但令其惊讶的是，航空公司仍然坚持自己建厂发电。爱迪生电力公司不得已再度请求公共服务委员会降低电价，到这时，航空公司才与其达成协议。

思考：航空公司成功获得电力优待的原因是什么？

二、僵局处理原则

（一）冷静地理性思考

一名优秀的谈判者必须具备头脑冷静、心平气和的谈判素养，只有这样才能面对僵局而不慌乱。只有冷静思考，才能理清头绪，正确分析问题。应设法建立一项客观准则，即让双方都认为公平又易于实行的办事原则、程序或衡量事物的标准。要充分考虑双方潜在的利益到底是什么，从而理智克服一味地希望通过坚持自己的立场来"赢"得谈判的做法，这样才能有效地解决问题，打破僵局。相反，靠拍桌子、踢椅子来处理僵局是于事无补的，反而会带来负面效应。

（二）协调好双方利益

当双方在同一问题上发生尖锐对立，并且各执一词，既无法说服对方，又不能接受对方条件，使谈判陷入僵局时，应认真分析双方的利益所在，只有平衡好双方的利益才有可能打破僵局。让双方从各自的目前利益和长远利益两个角度看问题，使双方对自己的目前利益、长远利益做出调整，寻找双方都能接受的平衡点，最终达成谈判协议。

（三）接受不同意见

不同意见既是谈判顺利进行的障碍，也是一种信号，即表明实质性的谈判已开始。如果谈判双方就不同意见互相沟通，最终达成一致意见，谈判就有望成功。因此，作为一名谈判人员，不应对不同意见持拒绝和反对的态度，而应持接受和尊重的态度。

（四）避免争吵

争吵无益于矛盾的解决，只能使矛盾激化。如果谈判双方出现争吵，就会使双方对立情绪加重，从而很难打破僵局。如果一方在争吵中获胜，另一方无论是从感情上还是心理上都很难持相同的意见，谈判仍障碍重重。

（五）正确认识谈判僵局

许多谈判人员把僵局视为谈判失败而企图竭力避免它，在这种思想的指导下，不是采取积极的措施加以缓和而是消极躲避。为避免出现僵局，谈判人员往往事事迁就对方，一旦陷入僵局，就会很快地失去信心和耐心，甚至怀疑自己的判断力，对预先制定的谈判计划也产生动摇。由此可见，僵局的出现对双方都不利，如果能正确认识、恰当处理，会使谈判变不利为有利。

（六）语言适度

语言适度是指谈判者要向对方传播一些必要的信息，但又不透露己方的一些重要信息，同时要积极倾听。这样，己方不但与谈判对方进行了必要的沟通，而且可以探出对方的动机和目的，形成对等的谈判气氛。

三、僵局处理策略与技巧

（一）缓解策略型僵局的处理策略与技巧

1. 以硬碰硬，据理力争

当对方企图通过提出不合理条件制造僵局给己方施加压力时，特别是在一些原则问题上表现得蛮横无理时，己方要以坚决的态度据理力争。因为这时如果做出损害原则的退让和妥协，不仅损害己方利益和尊严，还会助长对方的气焰。所以，己方要明确表示拒绝接受对方的不合理要求，揭露对方故意制造僵局的不友好行为，使对方收敛起蛮横无理的态度，自动放弃不合理的要求。

2. 孤注一掷，背水一战

当谈判陷入僵局时，若己方认为自己的条件是合理的，无法再做让步，而且又没有其他可以选择的方案，可以采用孤注一掷、背水一战的策略。将己方条件摆在谈判桌上，明确表示自己已无退路，希望对方能做出让步，否则情愿接受谈判破裂的结局。在谈判陷入僵局而又没有其他方法解决的情况下，这往往是最后一个可供选择的技巧。

在做出这一选择时，己方必须做好最坏的打算，做好承受谈判破裂的心理准备。因为一旦对方不能接受己方条件，就有可能导致谈判破裂。在己方没有做好充分的准备，且己方还没有多次努力尝试其他方法打破僵局时，不能贸然采用这一方法。

（二）缓解情绪化僵局的处理策略与技巧

1. 冷调处理，暂时休会

当谈判出现僵局一时无法用其他方法打破时，可以采用冷调处理的方法，即暂时休会，也可以说是暂时休战。由于双方争执不下，情绪对立，很难冷静下来进行周密的思考。

休会可以使双方情绪平稳下来，冷静思考问题，如双方的差距在哪里、僵局会给己方带来什么利益损害、环境因素有哪些发展变化、谈判的紧迫性如何等，还可对前一阶段谈判进行总结。另外，也可以在休会期间向上级领导请示处理僵局的指导意见，并争取得到领导对某些让步策略实施的授权，以便谈判者采取下一步的行动。

2. 改善谈判环境

避开正式的谈判场所，把谈判转到轻松的环境中去，建议暂时停止会谈或双方人员去游览观光、观看文艺节目，通过在这些活动过程中的私下交流，双方可进一步增进了解、消除隔阂、增进友谊。

（三）缓解实质性僵局的处理策略与技巧

1. 回避分歧，转移议题

当双方对某一议题产生严重分歧都不愿意让步而陷入僵局时，一味地争辩并不能解决问题，此时可以先回避有分歧的议题，换一个新的议题与对方谈判。这样做有两点好处：第一，可以争取时间先进行其他问题的谈判，避免长时间争辩耽误宝贵时间。第二，当其他议题经过谈判达成一致后，会对有分歧的议题产生正面影响，再回过头来谈陷入僵局的议题时，气氛会有所好转，思路会变得开阔，问题的解决便会比以前容易得多。

2. 尊重客观，关注利益

当谈判双方各自坚持己方的立场观点时，受主观认识差异的影响，会使谈判陷入僵局。这时，处于激烈争辩中的谈判者容易脱离客观实际，忘掉双方的共同利益。所以，当谈判者陷入僵局时，首先要克服主观偏见，从尊重客观的角度看问题，关注企业的整体利益和长远目标，而不要一味追求论辩的胜负。

3. 商定多种方案，多中选优

如果双方仅采用一种方案进行谈判，当这种方案不能为双方同时接受时，就会形成僵局。在谈判准备期间应该准备出多种可供选择的方案，一旦某种方案遇到障碍，就可以提供其他的备用方案供对方选择，使"山重水复疑无路"的局面转变成"柳暗花明又一村"的好形势。谁能够创造性地提供可选择的方案，谁就能掌握谈判的主动权。

4. 尊重对方，有效退让

当谈判双方各持己见、互不相让而陷入僵局时，谈判人员应该明白，坐到谈判桌上是为了达成协议、实现双方共同利益，如果促使合作成功所带来的利益大于固守己方立场导致谈判破裂的后果，那么退让就是聪明有效的做法。

案例 4-7　以退为进

云南省小龙潭发电厂就 6 号机组脱硫改造项目于 2002 年与丹麦史密斯穆勒公司签订一系列脱硫改造合同。改造后检测结果显示，烟囱排放气体并未达到合同所承诺的技术指标。该发电厂于 2004 年又与史密斯穆勒公司为此事进行交涉，要求对方进行经济赔偿。

索赔谈判前，中方在确认对方的责任方面进行了大量调研和数据收集工作。首先，咨询清华大学、北京理工大学等国内该领域的知名专家，在理论上对这一问题有了清楚的认识。其次，对改造后烟囱排放气体进行采样分析以及数据计算。最后，对比分析对方提供的石灰品质以及脱硫效率。根据调研结果，对照 2002 年原合同中的条款和参数，中方最终认定是史密斯穆勒公司的责任。

在索赔正式谈判中，双方在责任问题上各执一词，谈判出现了僵局。史密斯穆勒公司采取了"打擦边球"的策略，试图推脱责任，把赔偿金额压到最低。合同要求脱硫率是 90%，实际脱硫率瞬间值达到了这一指标，甚至还高于 90%，但平均值仅有 80% 左右，远远没有达到合同要求。中方要求的是长期值而不是瞬间值。对方试图以瞬间值逃脱一定责任，而中方则以平均值说明问题。在脱硫剂石灰上，丹麦的国家制度规定石灰原料由国家提供，而我国则由企业自己提供。史密斯穆勒公司认为，脱硫效率低是我方未提供合适的石灰造成的，中方应负一定责任。

双方最终达成协议：一方面，史密斯穆勒公司派遣相关人员继续进行技术改造；另一方面，该公司就无法实现的合同技术指标部分进行赔偿。

思考：中方和丹麦在索赔上是如何做到问题的有效解决？

本章小结

本章对商务谈判磋商阶段的谈判策略进行了系统的介绍。详细论述了报价的概念、报价的形式、报价的方式和报价的策略；对商务谈判中讨价还价的方法做了详细解释；介绍了商务谈判中的避免己方让步与促使对方让步的策略；就正确看待让步以及让步的类型进行了详细论述；介绍了谈判出现僵局的原因、打破僵局的处理原则以及僵局的处理策略与技巧。

课后习题

一、名词解释

1. 磋商阶段
2. 报价
3. 讨价
4. 还价
5. 僵局

二、简答题

1. 简述日本式报价方式以及应对方法。
2. 谈判者应该如何处理不同类型的僵局？

课后习题答案

一、名词解释

1. 商务谈判的磋商阶段是指从谈判开局之后到谈判终局之前，商务谈判各方就实质性事项进行磋商的全过程。

2. 报价又称开价，是指谈判双方各自向对方提出全部交易条件的过程，内容不仅包括价格问题，还包括交货条件、品质规格、数量质量、支付方式、运输费用等条款，即泛指谈判中一切期望实现的目标和要求。

3. 讨价又称再询盘，是在买方对卖方的报价评估之后，认为与自己的期望值差距太大，难以接受，提出重新报价或改变报价的要求。

4. 在商务谈判磋商阶段，还价是针对一方的报价，另一方做出的反应性报价。具体来说，还价以讨价作为基础。

5. 商务谈判僵局是指在商务谈判过程中，由于双方原则、观点、立场差异较大，利益冲突难以协调，同时双方又都不肯做出让步妥协，形成的一种暂时对峙僵持局面。

二、简答题

1. 日本式报价方式以及应对方法具体如下。

（1）日本式报价方式是指先提出一个低于己方实际要求的谈判起点，以让利来吸引对方，试图首先击败参与竞争的同类对手，然后再与被引诱上钩的对方进行真正的谈判，迫使其让步，以达到己方的目的。日本式报价方式的一般模式是，将最低价格列在价格表上，以先引起买方的兴趣。由于这种低价格一般是以对卖方最有利的结算条件为前提的，而且在这种低价格交易条件下，各方面都很难满足买方的需求，如果买方要求改变有关条件，则卖方就会相应提高价格。因此，买卖双方最后成交的价格，往往高于价格表中的价格。日本式报价方式在面临众多竞争对手时，是一种比较有策略的报价方式。因为该方式一方面，可以排挤竞争对手而将买方吸引过来；另一方面，当其他卖方败下阵来纷纷走掉时，买方原有的买方市场便不复存在，原来是一个买方对多个卖方，谈判中显然优势在买方，而此时，双方谁也不占优势，从而可以坐下来细细地谈，买方要想达到一定的要求，只好任由卖方一点一点地把价格抬高。

（2）应对日本式报价方式的最佳方法是：第一，在把对方的报价内容与其他客商的报价内容进行比较和计算后，直截了当地提出异议。第二，不为对方的小利所迷惑，自己报出一个一揽子交易的价格。另外，即使某个客商的报价的确比其他客商优惠、富有竞争力，也不要完全放弃与其他客商的接触和联系，这样做也可以给对方一个持续的竞争压力，迫使对方继续做出让步。

2. 根据造成商务谈判陷入僵局的原因，可以把商务谈判僵局分为策略性僵局、情绪化僵局和实质性僵局三类。商务谈判人员在谈判过程中往往会因为价格问题陷入谈判的僵局，但是在僵局的处理过程中绝对不是公式化的生搬硬套，而是需要谈判者根据谈判桌上的实际情况判断出对方采取了什么样的策略，以此来应对往往能够取得良好的效果。

（1）应对策略性僵局，谈判人员可以采取以硬碰硬、据理力争的方式。当对方企图通过提出不合理条件制造僵局给己方施加压力时，特别是在一些原则问题上表现得蛮横无理时，己方要以坚决的态度据理力争。同时，谈判人员也可以采取孤注一掷、背水一战的方式。将己方条件摆在谈判桌上，明确表示自己已无退路，希望对方能做出让步，否则情愿接受谈判破裂的结局。

（2）应对情绪化僵局，谈判人员可以采取冷调处理、暂时休会的方式。休会可以使双方情绪平稳下来，冷静思考问题，如双方的差距在哪里、僵局会给己方带来什么利益损害、环境因素有哪些发展变化、谈判的紧迫性如何等，还可对前一阶段谈判进行总结。另外，也可以在休会期间向上级领导做汇报，请示一下高层领导对处理僵局的指导意见。同时，谈判人员也可以通过改善谈判环境来缓解僵局。建议暂时停止会谈或双方人员去游览观光、观看文艺节目，通过在这些活动过程中的私下交流，双方可进一步增进了解，消除隔阂、增进友谊。

（3）应对实质性僵局，谈判人员可以采取回避分歧、转移议题的方式。通过先回避有分歧的议题，换一个新的议题与对方谈判，避免长时间争辩耽误宝贵时间。谈判人员要做到从尊重客观的角度来看待问题，不要因一味地固执己见而导致谈判关系破裂，要关注企业的整体利益和长远目标。通过制定多种方案，一旦某种方案遇到障碍，可以提供其他方案进行选择。

不同类型的僵局处理策略往往不会被谈判者表现得太过于明显，这时候就需要谈判者仔细观察、仔细思考，从而能够找到与之相对应的解决方法。

第五章

商务谈判签约阶段

学习目标

1. 了解商务谈判结束的时机,掌握促使商务谈判结束的策略方法。
2. 了解商务谈判的各种结果。
3. 了解合同的概念、主要内容,掌握并了解合同变更的原因以及合同纠纷处理方法。

第一节 商务谈判的结束

一、结束谈判的时机

随着交易磋商的不断深入,谈判双方在越来越多的条款上达成共识,彼此在立场与利益方面的差异逐步缩小,交易条件的最终确立已经成为双方共同的要求,此时预示着商务谈判将进入结束阶段。那么,如何才能找到谈判结束的最佳时机呢?

(一)看交易条件

交易条件是指与交易有密切关系的所有条件的总和。如果谈判进行到双方的分歧只有少数几点或者已经基本没有,交易条件在双方可接受的范围内并且原则上已经全部达成一致时,就意味着谈判已经到收尾阶段。这个方法是从谈判所涉及的交易条件解决状况来分析判断整个谈判是否进入终结。

(二)看谈判时间

时间对于谈判来说是十分重要的。时间不仅会影响谈判项目的市场占有情况,还决定了谈判所付出的代价,因此,谈判必须在一定时期内结束。失掉对市场的占有或付出高昂代价的谈判都是毫无意义的。

在实际谈判中,谈判时间常常是双方共同商定的,根据谈判内容制定谈判议程和时间。预定的结束谈判时间到来之际,预示着谈判该进入收尾阶段。

（三）看磋商策略

谈判过程中有多种多样的策略，如果谈判策略实施后决定谈判必然进入终结，这种策略就叫终结策略。终结策略对谈判终结具有特殊的导向作用和影响力，它表现出一种最终的冲击力量，具有终结的信号作用。

例如，谈判者在谈判中经常会采用最后立场策略，即谈判者经过多次磋商之后仍无结果，一方阐明己方最后的立场，讲清只能让步到某种条件，如果对方不接受该条件，谈判即宣告破裂；如果对方接受该条件，那么谈判成交。这种最后立场策略的出现可以作为谈判终结的判定。

二、促使谈判结束的策略

（一）总体条件交换策略

总体条件交换策略是指双方谈判临近预定谈判结束时间或阶段时，以各自的条件做整体一揽子的进退交换以求达成协议的策略。

双方谈判内容涉及许多项目，在每一个分项目上已经进行了多次磋商和讨价还价。经过多个回合的谈判后，双方可以将全部条件通盘考虑，做"一揽子交易"。例如，涉及多个内容的成套项目交易谈判、多种技术服务谈判、多种货物买卖谈判，可以统筹全局，总体一次性进行条件交换。这种策略从总体上展开一场全局性磋商，使谈判进入终结阶段。

（二）折中调和策略

折中调和策略是指当商务谈判经过长时间的拉锯，双方谈判人员都很疲惫，而双方立场尚存在一定分歧和差距时，谈判人员提出双方共同分担这些分歧，双方都在条件和要求上退一步并向对方靠拢，以消除谈判的最后分歧。

这一策略体现了平等互利原则，也是谈判人员经常使用的策略。尽管此策略不够科学，但在双方各自坚持自己的条件并很难说服对方让步时，这也是寻求尽快解决分歧的一种办法。当双方实力相当，对分歧相持不下，而且没有其他选择，无论如何也不能放弃谈判，处于胶着状态时，此策略对于双方来说都是一种最好的谈判策略。这是一种双方攻守平衡的策略，比较有利于形成友好的谈判结局。

（三）反悔策略

在谈判中，有些细节问题未能达成一致意见，再继续拖下去也没有多大益处，有经验的谈判人员可能会采取回过头来取消此前在某个问题上已经达成的协议的行为，以刺激对方的欲望，促使成交。

例如，买卖双方在结清货款的时间和批次问题上争执不下，这时卖方就可以说"按照我们公司的惯例，谁付款在先，我们交货就在先，这是可以理解的吧""这样吧，付款方式就按照贵方的要求。如果您坚持延长三个月的付款期限，那我们就把前面商量好的交货时间也延长三个月吧"。当买方不能及时拿到货的时候，就会影响其生产进度，造成较大的损失。

（四）时间压力策略

在谈判中，一方可以通过表示自己的谈判期限已到，不可能再与对方举行另外会谈的方式，来向对方施加一定的压力，促使谈判尽快结束。

案例5-1 农夫的痛点

美国某镇上有一个由12个农夫组成的陪审团。有一次，在审理了一件案子之后，陪审团中的11个人认为被告有罪，另一个人却认为被告不应该被判罪。由于陪审团的判决只有在其所有成员一致通过的情况下才能成立，于是这11个农夫花了一整天的时间，想说服那位与众不同的农夫改变初衷。

此时，天空中忽然乌云密布，眼看一场大雨就要来临，这11个农夫都急着要在大雨之前赶回去，好把放在屋外的干草收回家，可是，另外那个农夫却仍旧不为所动，坚持己见。这11个农夫个个都急得像热锅上的蚂蚁，他们的立场开始动摇了。最后，随着"轰隆"一声雷鸣，这11个农夫再也无法等下去了，他们转而一致投票赞成另外那个农夫的意见：宣告被告无罪。

思考：持不同意见的农夫成功的原因是什么？

（五）权力极限策略

权力极限策略是指谈判者为了达到降低对方条件、迫使对方让步或修改承诺条文的目的，采取转移矛盾，假借其上司或委托人等第三者之名，故意将谈判工作搁浅，让对方心中无数地等待，再趁机反攻的一种策略。

从某种意义上说，受了限制的权力才会成为真正的力量，一个受了限制的谈判者要比大权独揽的谈判者处于更有利的状态。例如，谈判者可以优雅地向对方说"不"，因为未经授权。这往往会使对方大伤脑筋，迫使对方只能根据己方所拥有的权限来考虑问题。如果对方急于求成，虽然明知会有某种损失，也不得不妥协。否则，他们就会冒谈判失败的风险。

（六）最后通牒策略

最后通牒策略是指当谈判双方因某些问题纠缠不休时，其中处于有利地位的一方向对方提出最后交易条件，要么对方接受本方的交易条件，要么本方退出谈判，以此迫使对方让步的谈判策略。

最后通牒策略是极为有效的谈判策略，它在打破对方对未来的奢望、击败犹豫中的对手方面起着决定性的作用。此策略以极强硬的形象出现，人们往往不得已而用之。它的最后结果是可能中断谈判，也可能促使谈判成功。一般来说，谈判双方都是有所求而来的，谁都不愿白白地花费精力和时间却空手而归。特别是在商务谈判中，任何一个商人、企业家都知道，自己一旦退出谈判，马上就会有许多等在一旁的竞争者取而代之。

三、谈判结束的方式

商务谈判结束的方式有三种：成交、中止和破裂。

（一）成交

成交即谈判双方达成协议，交易得到实现。成交的前提是双方对交易条件经过多次磋商达成共识，对全部或绝大部分问题没有实质上的分歧。成交方式是双方签订具有高度约束力和可操作性的合同或协议书，为双方的商务交易活动提供操作原则和依据。

（二）中止

中止谈判是谈判双方因为某种原因只达成部分协议，而由一方或双方要求暂时终结谈判的方式。中止如果发生在整个谈判进入最后阶段的时刻，在解决最后分歧时发生，就是终局性中止，并作为一种谈判结束的方式被采用。中止可分为有约期中止和无约期中止。

1. 有约期中止

有约期中止谈判是指双方在中止谈判时，对恢复谈判的时间予以约定的中止方式。如果双方认为成交价格超过了原规定计划或让步幅度超过了预定的权限，或者尚需等待上级部门的批准，使谈判难以达成协议，而双方均有成交的意愿和可能，于是经过协商，一致同意中止谈判。这种中止是一种积极姿态的中止，是主动中止方式，它的目的是促使双方创造条件，最后达成协议。

2. 无约期中止

无约期中止谈判是指双方在中止谈判时，对恢复谈判的时间无具体约定的中止方式。无约期中止的典型做法是冷冻政策。在谈判中，或者由于交易条件差距太大，或者由于特殊困难存在，双方有成交的需要而不愿使谈判破裂，于是采用冷冻政策暂时中止谈判。此外，双方对造成谈判中止的原因无法控制时，也会采取无约期中止的做法。例如，涉及国家政策突然变化、经济形势发生重大变化等超越谈判者意志的重大事件时，谈判双方难以约定具体的恢复谈判的时间，只能表述为"一旦形势许可""一旦政策允许"，然后择机恢复谈判。这种中止，双方均出于无奈，对谈判最终达成协议造成一定的干扰和拖延，是被动中止方式。

(三)破裂

谈判破裂是指双方经过最后的努力仍然不能达成共识和签订协议,交易失败,从而结束谈判。谈判破裂的前提是双方经过多次努力之后,没有任何磋商的余地,至少在谈判范围内的交易已无任何希望,谈判再进行下去已无任何意义。谈判破裂依据双方的态度分为友好破裂结束谈判和对立破裂结束谈判。

1. 友好破裂结束谈判

友好破裂结束谈判是指双方互相体谅对方面临的困难,讲明难以逾越的实际障碍而友好地结束谈判的做法。在友好破裂方式中,谈判双方没有过分的敌意态度,只是各自坚持自己的交易条件和利益,在多次努力之后最终达不成共识。双方态度始终是友好的,能充分理解对方的立场和原则,能理智地承认双方在客观利益上的分歧,对谈判破裂抱着遗憾的态度。谈判破裂并没有使双方关系破裂,反而通过充分的了解和沟通,产生了进一步合作的愿望,加深了对对方的印象,为今后双方再度合作留下可能的机会。我们应该提倡这种友好的破裂方式。

2. 对立破裂结束谈判

对立破裂结束谈判是指双方或单方在对立的情绪中愤然结束未达成任何协议的谈判。造成对立破裂的原因有很多,如对对方的态度强烈不满,情绪激愤;在对待对方时不注意交易利益的实质性内容,较多责怪对方的语言、态度和行为;一方以高压方式强迫对手接受己方条件,一旦对方拒绝,便不容商量断然破裂;双方条件差距很大,互相指责对方没有诚意,难以沟通和理解。不论何种原因,造成双方在对立情绪中使谈判破裂毕竟不是好事,这种破裂不仅没有达成任何协议,而且使双方关系恶化,今后很难再次合作。所以,在破裂不可避免的情况下,首先,要尽力使双方情绪冷静下来,不要使用过激的语言,尽量使双方能以友好的态度结束谈判,至少不要使双方关系恶化。其次,要摆事实讲道理,不要攻击对方,要以理服人、以情感人、以礼待人,这样才能体现出谈判者良好的修养和风度。

第二节 商务谈判的各种结果

根据交易的完成情况和关系的改善情况,分析商务谈判最终可能形成的结果,将商务谈判结果分成以下六种:达成交易并改善了关系;达成交易,但关系没有改变;达成交易,但关系恶化;没有成交,但改善了关系;没有成交,但关系也没有变化;没有成交且关系恶化。

一、达成交易并改善了关系

双方谈判目标顺利完成，并且实现交易，双方关系在原有基础上得到改善，促进今后进一步的合作。这是最理想的谈判结果，既实现了眼前利益，又为双方长远利益发展奠定了良好基础。要想实现这种结果，双方首先要抱着真诚合作的态度进行谈判，同时谈判中双方都能为对方着想并做出一定的让步。

二、达成交易，但关系没有改变

双方谈判结果是达成交易，但是双方关系没有改善也没有恶化。这也是不错的谈判结果。因为双方力求此次交易能实现各自利益，虽然没有刻意去追求建立长期合作关系，但也没有太大的矛盾，没有造成不良后果，双方平等相待、互有让步，实现交易成功。

三、达成交易，但关系恶化

虽然达成交易，但是双方付出了一定的代价，双方关系遭到一定的破坏或是产生影响。这种结果从眼前利益来看还可以，但是对今后的长期合作是不利的，或者说是牺牲双方关系换取交易成果。这是一种短期行为，对双方长远发展没有好处，但为了眼前的切实利益而孤注一掷也可能是出于无奈。

四、没有成交，但改善了关系

谈判没有达成协议，但是双方关系却得到良好发展。虽然由于种种原因双方没有达成交易，但是在谈判中双方经过充分的交流和了解，实现了相互之间的理解和信任，并且都产生了今后要继续合作的愿望。此次谈判为将来双方成功合作奠定了良好的基础。

五、没有成交，但关系也没有变化

这是一次毫无结果的谈判，双方既没有达成交易，也没有改善或恶化关系。这种近乎平淡无味的谈判没有取得任何成果，也没有造成任何不良后果。双方都彬彬有礼地坚持己方的交易条件，既没有做出有效的让步，也没有激烈地相互攻击，在今后的合作中有可能进一步发展双方关系。

六、没有成交且关系恶化

这是最差的结果。谈判双方在对立的情绪中宣布谈判破裂。双方既没有达成交易，又使原有关系遭到破坏；既没有实现眼前的实际利益，又对长远合作关系造成不良的影响。这种结果是谈判者不愿意看到的，所以应该避免这种结果的出现。当然，在某种特殊环境中、特殊情况下，出于对己方利益的保护、对己方尊严的维护，坚持己方条件不退让，并且反击对方的高压政策和不合理要求，虽然使双方关系恶化，也是一种迫不得已的做法。

第三节　商务谈判合同签订

一、合同概念

合同又称契约、协议，是平等的当事人之间设立、变更、终止民事权利义务关系的协议。合同作为一种民事法律行为，是当事人协商一致的产物，是两个以上的意思表示相一致的协议。只有当事人所做出的意思是合法的，合同才具有法律约束力。依法成立的合同自成立之日起生效，具有法律约束力。

二、合同格式

（一）合同首部

合同第一项条款之前的部分称为合同首部，通常情况下包括合同的名称、双方当事人和引言三部分。在比较复杂的合同中还会有合同编号、目录、"鉴于"条款等。例如，双方当事人栏，甲方：××有限责任公司，乙方：××有限责任公司；在正文之前一般都会有这样一句话，即"甲乙双方本着公平、公正、公开的原则，在双方当事人充分协商的基础上就××事项约定如下："。

（二）合同正文

合同第一项条款至最后一项条款所包含的内容称为合同正文，主要说明了合同双方当事人之间的权利义务关系。根据《中华人民共和国合同法》的规定，合同一般包括以下条款：当事人的名称或者姓名和住所；标的；数量；质量；价款或者报酬；履行期限、地点和方式；违约责任；解决争议的方法。所有的合同条款都是这些基本条款的扩充版，只是针对的方面不同，复杂的程度不同而已。

（三）合同尾部

合同正文之后的所有内容称为合同尾部，一般包括附件清单、合同各方的签字栏、声明和承诺等内容，但不包括附件。合同各方的签字栏根据不同需要或多或少的会涉及联系方式、联系地址、电子邮箱、银行账号和合同签订地等。

（四）合同附件

合同附件一般都在合同的尾部之后，但其清单一般在合同尾部或者正文中也会提到，因此合同附件是不用签署的。附件是合同的组成部分，与合同其他条款具有同等的法律效力。合同附件主要有以下两个作用：第一，用于证明当事人的身份、经营资格，列入身份证复印件、营业执照复印件、许可证复印件、资格证复印件等。第二，用于说明交易内容的细节，如品牌、规格型号、质量标准、单价、数量、技术指标、附属品规范及数量、服务标准、产品说明、与本合同关系密切的重要文件等。例如，一份汽车买卖合同，在正文中阐述买卖双方的权利义务，而附件写明汽车各种零件的质量标准、型号、规格等。

三、合同主要内容

（一）谈判方基本情况

谈判方基本情况包括姓名（自然人）或名称（经济组织）、法定代表人（负责人）、电话、传真等。这些要素在合同中应当注明，主要是为了满足谈判双方交易的一般需要和经济管理的特殊需要。

（二）标的

标的是合同当事人权利义务指向的对象，即合同当事人之间存在的权利义务关系。标的是合同成立的必要条件，是一切合同的必备条款。没有标的，合同不能成立，合同关系就无法建立。合同的标的必须是确定的、合法的、可能的。不同性质的合同，其相应的标的物也不一样。例如，借款合同的标的是货币，租赁合同的标的是租赁物。

合同标的是多种多样的，一般有以下四类：一是有形财产，指具有价值和使用价值并且法律允许流通的有形物，如生产资料与生活资料、货币和有价证券等；二是无形财产，指具有价值和使用价值并且法律允许流通的不以实物形态存在的智力成果，如商标、专利、著作权、技术秘密等；三是劳务，指不以有形财产体现其成果的劳动与服务，如运输合同中的运输行为，委托中的代理、行纪、居间行为等；四是工作成果，指在合同履行过程中产生的体现履约行为的有形物或无形物，如建筑施工合同中承包人完成的建设项目。

（三）数量

在大多数的合同中，数量是必备条款，没有数量，合同是不能成立的。许多合同只要有了标的和数量，即使对其他内容没有规定，也不妨碍合同的成立与生效。因此，数量是合同的重要条款。

（四）质量

质量是对标的的质的规定，具体指标准、技术要求，包括性能、工艺等。质量一般以品种、型号、规格、等级来体现，订立合同时对此应做具体详尽的规定。

（五）价款或者报酬

价款是指取得合同标的的一方当事人向对方用货币支付的价金，如买卖合同中的价款、租赁合同中的租金等；报酬则是指合同的一方当事人向提供劳务或者完成一定量工作的另一方当事人给付的酬金，如雇用合同中的佣金、运输合同中的运费等。

（六）履行期限

合同的履行期限是指合同当事人实现权利和履行义务的时间界限，即合同规定的当事人履行自己的义务（如交付标的物、价款或者报酬，履行劳务、完成工作）的时间界限。履行期限直接关系到合同义务完成的时限，涉及当事人的经济利益，也是确定是否违约的依据之一。

案例 5-2　某外贸公司出售核桃

2012年，我国某外贸公司出售一批核桃给英国客户，采用CIF贸易术语，采用不可撤销的即期信用证付款。由于销售核桃具有极强的季节性，发货需及时，否则会直接影响产品的质量和价格，因此，在合同中必须明确做出有利于我方的规定，即发货时间、装运时间不得超过核桃销售的季节（时令），如果运输途中遇上恶劣天气无法按时交货的情况，交货时间可延迟15天。这一规定得到了对方的承认。

合同签订后，我国外贸公司于10月中旬将货物装船，凭信用证规定的装运单据（发票、提单、保险单）向银行收妥货款。不料，轮船在航运途中遇上风暴，无法继续航行，致使该轮船抵达目的港的时间较规定的时间晚了7天，同时核桃市价下跌，一些客户借故拒付货款。我国外贸公司依据合同条款挽回了相关损失。

思考：我国外贸公司通过哪些方式挽回了相关损失？

（七）履行地点和方式

1. 履行地点

履行地点是指当事人履行合同义务和对方当事人接受履行的地点。

合同履行地点就是执行合同的地点。如果是购销合同，合同履行地点是交货的地点；如果是建设或安装合同，合同履行地点是施工的地点。买卖合同中，买方提货的，合同在提货地履行；卖方送货的，合同在买方收货地履行。运输合同中，从起运地运输到目的地为履行地点。履行地点有时是确定运费由谁负担、风险由谁承担以及所有权是否转移、何时转移的依据。因此，履行地点在合同中应当明确、具体。

2. 履行方式

履行方式是指当事人履行合同义务的具体做法，如标的物的交付方式、工作成果的完成方式、运输方式、价款或酬金的支付方式等。

履行方式由法律、合同约定或合同性质来确定，不同性质、内容的合同有不同的履行方式。履行可以是一次性的，也可以是一定时期的，还可以是分期、分批的。

合同的履行方式主要包括运输方式、交货方式、验收方式、付款方式、结算方式等，如运输合同按照运输方式的不同可以分为公路、铁路、海上、航空等方式。合同的履行方式还包括价款或者报酬的支付方式、结算方式等，如现金结算、转账结算、同城转账结算、异地转账结算、托收承付、支票结算、委托付款、限额支票、信用证、汇兑结算、委托收款等。

（八）违约责任

违约责任是指当事人一方或者双方违反合同规定，不履行或者不能完全履行合同的义务，应承担的法律责任。违约责任对当事人的利益关系重大，应在合同中明确规定，以利于促使当事人自觉履行合同，解决合同纠纷，保护当事人的合法权益。在法律规定的范围内，可以在合同中约定定金、违约金、赔偿金以及赔偿金的计算方法等。

（九）解决争议的方式

解决争议的方式是谈判方就纠纷解决所协商的一种途径。争议的解决主要有四种方式：一是双方自行协商解决；二是由第三方介入进行调解；三是提交仲裁机构解决；四是向人民法院提起诉讼。

四、合同签订原则

（一）平等原则

平等原则是指主体的身份平等，即商务谈判双方民事权利能力平等、民事主体地位平等、民事权益平等受法律保护。

（二）自愿原则

自愿原则即当事人可以根据自己的判断从事民事活动。商务谈判的民事主体可根据自己的意愿自主行使民事权利，民事主体之间自主协商设立、变更或终止民事关系，同时当事人的意愿优于任意性民事法律规范。

（三）公平原则

公平原则是指在商务活动中以利益均衡作为价值判断标准，在民事主体之间发生利益关系摩擦时，以权利和义务是否均衡来平衡双方的利益。

（四）诚实信用原则

诚实信用原则的本意是要求民事主体按照市场制度的互惠性行事。在缔约时，诚实不欺诈；在缔约后，守信用并自觉履行合同。

（五）禁止权利滥用原则

禁止权利滥用原则是指商务谈判中的民事主体在进行商务活动中必须正确行使民事

权利，如果行使权利损害同样受到保护的他人利益和社会公共利益，即构成权利滥用。

（六）公序良俗原则

公序良俗原则是指商务谈判中民事主体的行为应当遵守公共秩序，符合善良风俗，不得违反国家的公共秩序和社会的一般道德。

五、合同签订注意事项

（一）签字前审核

在合同有两种文字的情况下，要核对合同文本的一致性；在一种文字情况下，要核对谈判商定条件、会议纪要与文本的一致性。核对各种批件，主要是项目批件（许可证、用汇证明）是否完备，合同内容与批件内容是否相符。对核对中发现的问题要及时相互通告，通过再谈判，达成一致。

案例 5-3 采石场的疏忽

深圳市曾和澳大利亚的一个商人合营一个建筑材料的采石场。签订合同时只说明每运走一车石头，澳方给 12 澳元，但未注明使用多少载重量的车。澳方就钻了空子，一开始用载重 5 吨的车装运交 12 澳元，后来用载重 7 吨的车装运也是交 12 澳元，最后用载重 12 吨的车装运还是交 12 澳元。如果事先考虑周到，在合同上注明是载重 5 吨的车，那么就不至于吃此哑巴亏了。

思考： 中方在合同的签订过程中哪个环节出现了问题？

（二）签字人确认

合同签订的主体包括一般自然人和法人。一般自然人作为合同主体进行签约，需要其本人亲自签名或者摁手印，必要时可以保存签约人的身份证号或复印件。法人如企业作为主体的，必须是合法存在的法人，一般需要查验对方的营业执照，如果不存在吊销、注销执照的情况，均可作为签约的主体。

签字人的选择可以分级：成交额在一定数额以下或日常性业务的合同由业务员签；成交额在一定数额之间、比较重要的合同由部门经理签；成交额在一定数额以上、重要事项的合同由公司领导签。

（三）明确合同签约地

在合同中明确将签约地注明为本地，当合同发生纠纷时，能够迅速确定本地公安机关对涉嫌犯罪案件的管辖权。如果希望由特定地点公安机关管辖，可以将合同签订地注明为特定地点。若合同中缺少签约地，则不利于迅速、准确、合法地解决合同纠纷，不利于确认谈判双方的权利义务、制裁违约行为。

六、合同变更及纠纷处理

(一) 合同变更的原因

1. 经济（背景）条件变化

经济（背景）条件是指谈判双方达成协议时，亦即双方达成相互承诺时所依据的经济条件。它可以是当时的条件，也可以是以当时的条件为基础做出一定（近期）预期的条件。这些条件是成交的前提和基础，若其发生变化，并且变化的幅度超出可承受的预期幅度，则意味着原来成交前提已经不复存在。在这种情况下，会导致合同变动。对于时限较长的合同而言，遇到这种情况的概率并不低，如涉外合同中的成套项目合同。

2. 技术（背景）条件变化

技术（背景）条件是指谈判双方达成协议时所依据的承诺的技术条件。它可以是当时的条件或是做出一定（近期）预期的条件。这些条件构成成交的前提与基础，若其发生变化，并且变化的幅度超出可承受的预期幅度，则意味着原来成交条件已剧变或不复存在，由此导致合同变动。

(二) 合同纠纷处理

1. 违约责任

违约责任是指合同当事人不履行或不按合同规定履行其所承担合同义务与责任（即违约），由其承担相应的违约责任。

违反合同责任的形式主要包括两种：一种是违约金，又称罚金，是合同当事人一方因违约而向另一方支付一定数量的货币，带有经济惩罚与制裁性质；另一种是赔偿金，是违约方对对方所受实际损失给予补偿的一种法律手段，用以保护受害方的合法权益。

2. 合同纠纷解决方式

合同纠纷是指合同当事人违约而又拒不承认所引发的合同当事人之间的权益纠纷。合同纠纷解决方式包括以下四种。

（1）协商

协商是指合同当事人双方共同商量，以便取得一致意见，从而达成和解协议。

（2）调解

在第三方主持下，在查明事实、分清是非的基础上，以说服的方法，使合同双方当事人达成调解协议，从而解决纠纷。

（3）仲裁

仲裁是指合同双方争执不下，从而自愿将其提交至双方均同意的第三者进行裁决，裁决的结果对双方都有约束力，双方必须依照执行。仲裁的特点有以下两个：第一，仲裁必须是当事人双方一致同意的，并订立有仲裁协议（条款）明确表示；第二，仲裁结果是终局性的，即不得对其不服，不得另外提请仲裁或诉诸司法程序。

（4）诉讼

合同发生纠纷后，通过上述途径无法解决时，合同当事人一方可向有管辖权的法院起诉，要求通过司法程序解决争端。

协商和调解这两种手段均具有"和"的性质。处理合同纠纷应先采取这两种手段。若实在不能以"和"进行解决，再采取其他手段。处理合同纠纷的种种手段，其本质均在于维护合同而不是摧毁合同。合同得以维护并按其标的内容执行，才是商务谈判的最终成功。

本章小结

本章对商务谈判的结束与签约阶段的策略进行了介绍。首先，对商务谈判结束的时机、策略以及方式分别做了详细阐述；其次，对商务谈判最终的结果进行了详细梳理；最后，强调合同的格式和主要内容，对合同签约过程的注意事项以及合同的纠纷处理进行了重点叙述。掌握上述内容对于顺利完成谈判具有重要意义。

课后习题

一、名词解释

1. 成交
2. 最后通牒策略
3. 合同
4. 标的
5. 违约责任

二、简答题

如何判断商务谈判结束的最佳时机？

课后习题答案

一、名词解释

1. 成交即谈判双方达成协议，交易得到实现。成交的前提是双方对交易条件经过多次磋商达成共识，对全部或绝大部分问题没有实质上的分歧。

2. 最后通牒策略是指当谈判双方因某些问题纠缠不休时,其中处于有利地位的一方向对方提出最后交易条件,要么对方接受本方的交易条件,要么本方退出谈判,以此迫使对方让步的谈判策略。

3. 合同又称契约、协议,是平等的当事人之间设立、变更、终止民事权利义务关系的协议。合同作为一种民事法律行为,是当事人协商一致的产物,是两个以上的意思表示相一致的协议。

4. 标的是合同当事人权利义务指向的对象,即合同当事人之间存在的权利义务关系。标的是合同成立的必要条件,是一切合同的必备条款。没有标的,合同不能成立,合同关系就无法建立。

5. 违约责任是指合同当事人不履行或不按合同规定履行其所承担合同义务与责任(即违约),由其承担相应的违约责任。

二、简答题

商务谈判结束的最佳时机可以通过以下方面进行判断:

(1)看交易条件。交易条件是指与交易有密切关系的所有条件的总和。如果谈判进行到双方的分歧只有少数几点或者已经基本没有,交易条件在双方可接受的范围内并且原则上已经全部达成一致时,就意味着谈判已经到收尾阶段。这个方法是从谈判所涉及的交易条件解决状况来分析判断整个谈判是否进入终结。

(2)看谈判时间。时间对于谈判来说是十分重要的。时间不仅会影响谈判项目的市场占有情况,还决定了谈判所付出的代价,因此,谈判必须在一定时期内结束。失掉对市场的占有或付出高昂代价的谈判都是毫无意义的。在实际谈判中,谈判时间常常是双方共同商定的,根据谈判内容制定谈判议程和时间。预定的结束谈判时间到来之际,预示着谈判该进入收尾阶段。

(3)看磋商策略。谈判过程中有多种多样的策略,如果谈判策略实施后决定谈判必然进入终结,这种策略就叫终结策略。终结策略对谈判终结具有特殊的导向作用和影响力,它表现出一种最终的冲击力量,具有终结的信号作用。

例如,谈判者在谈判中经常会采用最后立场策略,即谈判者经过多次磋商之后仍无结果,一方阐明己方最后的立场,讲清只能让步到某种条件,如果对方不接受该条件,谈判即宣告破裂;如果对方接受该条件,那么谈判成交。这种最后立场策略的出现可以作为谈判终结的判定。

第六章 商务谈判沟通

学习目标

1. 正确理解有关沟通的相关知识。
2. 了解沟通在商务谈判中扮演的角色。
3. 认真领会语言艺术在商务谈判中的正确运用。
4. 巧妙地运用肢体语言技巧进行商务沟通。

第一节 沟通概述

一、沟通内涵与作用

（一）沟通内涵

在《大英百科全书》中，沟通被界定为以图像、符号、电话、电报、广播、电视等多种形式进行沟通的活动。《韦氏大词典》认为，沟通就是文字、文句或消息的交通，思想或意见的交换。哈罗德·拉斯韦尔是"现代政治学的开创者"，他认为沟通是指人说了些什么，用何种方式与人沟通，达到何种效果。从管理学的角度来说，沟通是一种可以被了解的观念和信息在两个以上的个体中传递和交换的过程。综合各家观点，本书对沟通进行了定义，即沟通是一个信息传递与接受的活动，通过特定的通道，将信息传递给接收者，并寻求反馈以达成彼此理解的过程。沟通的基本结构包括信息、反馈、通道三个方面，缺少任何一方都完不成沟通。

沟通体现在日常生活和工作的各个方面，例如，与家人、朋友等交往对象的沟通，与工作中的领导、同事、客户的沟通等。在商务活动中，沟通作为商业交际、商务谈判的前提，一直是商务交往的一个重要环节。

案例 6-1 卖弄文采，无人理睬

有一个秀才去买柴，他对卖柴的人说："荷薪者过来！"卖柴的人听不懂"荷薪者"（即担柴的人）三个字，但是听得懂"过来"两个字，于是把柴担到秀才面前。秀才问他："其价如何？"卖柴的人听不太懂这句话，但是听得懂"价"这个字，于是就告诉秀才价钱。秀才接着说："外实而内虚，烟多而焰少，请损之。"这句话的意思是，你的柴外表是干的，里头却是湿的，燃烧起来会浓烟多而火焰小，请减些价吧。卖柴的人因为听不懂秀才的话，担着柴走了。

思考：秀才为什么没能买到柴？

（二）沟通作用

哈佛大学就业指导小组调查结果显示，在 500 名被解职人员中，因人际沟通不良而导致工作不称职的占 82%；美国普林斯顿大学通过对 1 万份人事档案研究分析，结果发现个人智慧、专业技术和经验只占成功因素的 25%，而 75% 取决于良好的沟通能力。

沟通是人类交换信息、增进感情、进行思想交流的重要组成部分。特别是在当今经济全球化和资讯爆炸的时代，有效的沟通更是商务活动中必备的技巧。无论是有意还是无意，人们只要能熟练地运用沟通技巧，就能在工作中获得更多的竞争优势。沟通的作用体现在以下方面。

1. 传递和获取信息

沟通的过程包括信息的采集、传送、整理和交换。通过沟通，交换有意义、有价值的各种信息，生活中的大小事务才能得以开展。

掌握低成本的沟通技巧、了解如何有效地传递信息能提高人们的办事效率，因而，积极地获得信息更会提高人的竞争优势。好的沟通者可以一直保持注意力，随时抓住内容重点，找出所需要的重要信息。他们能更透彻地了解信息的内容，拥有最佳的工作效率，并节省时间与精力，获得更高的生产力。

2. 改善人际关系

社会是一张由人们互相沟通所维系的关系组成的网，人们相互交流是因为需要同周围的社会环境相联系。沟通与人际关系两者相互促进、相互影响。有效的沟通可以增强人们的认同感、信任感，满足彼此间的心理需要，可以赢得和谐的人际关系；而和谐的人际关系又使沟通更加顺畅。相反，人际关系不良会使沟通难以开展，而不恰当的沟通又会使人际关系变得更差。

3. 激励作用

沟通是领导者激励下属，实现领导职能的基本途径。一方面，领导者需要了解员工

的需求，必须通过沟通来实现；另一方面，实施有效沟通，可让员工谈自己的看法、建议，最大限度地满足员工自我实现的需求，从而激发他们的积极性和创造性。

4. 创新的动力

在企业中，有效的沟通能使管理者发现问题并获得宝贵建议。员工的参与是组织创新的巨大动力。在沟通过程中，沟通者相互启发、相互讨论、共同思考，往往能激发出新的创意。

对于企业，沟通是维持顾客关系、增加生意机会必不可少的工具。现代商业的沟通模式为公司创造了外部环境，企业不但可以相对轻松地获得并沟通机会与客户进行接触，而且可以快速、精确地获得详细的商业信息，这对于开发新的客户、构建新的商业关系非常有利。对于老主顾，企业可以利用多种通信手段，主动与其进行相关业务事项的沟通，并与合作伙伴进行定期的联系，维护好日常关系。例如，在传统的节日、特别的日子，或者是别人在事业上获得了巨大成就时，用一封商业信件进行恭喜，既能保持与顾客的关系，又能增进友谊，还能促进生意的发展。

就个体而言，沟通是求职与晋升必不可少的一项技能。在职场中，沟通有三项主要的作用：传递信息、传递思想和维持关系。企业的招聘会涉及应聘者的求职技巧，如投递简历、自我介绍、面试等。对于职员而言，其沟通技能能够增进与加强人际互动、提高资讯的传达效率、提高企业绩效，是职场中个人晋升的必备技能。

（三）沟通构成要素

1. 沟通主体

沟通主体是指有目的地对沟通课题施加影响的个人或团体，即信息的发出者。沟通主体在沟通过程中起主导作用。

2. 沟通客体

沟通客体是指沟通的对象，即信息的接收者，包括个体沟通对象和团体沟通对象。

3. 信息

信息是指信息发出者希望传达的思想、感情、意见和观点等。信息包括语言和非语言的行为，以及这些行为所传递的所有影响语言使用的音调、肢体语言，如面部表情、姿势、手势、抚摸、眼神等，都是发出信息的组成部分。

4. 沟通环境

沟通环境包括与个体间联系的社会环境和沟通当时的情境。社会环境包括政治环境、经济环境、道德风尚、群体结构等。沟通当时的情境，即互动发生的场所或环境，是每个互动过程中的重要因素，包括物理的场所、环境，如公共汽车上、开会的时候等；沟通的时间；每个互动参与者的个人特征，如情绪、经历、知识水平等。

5. 沟通渠道

沟通渠道是指信息传递的途径、媒介，包括正式沟通渠道和非正式沟通渠道。

6. 沟通噪声

沟通噪声是指对信息传递和理解产生干扰的一切因素。例如，信息源的信息不充分或不明确、信息没有被有效或正确地转化成可以沟通的信号、误用沟通方式、信息接收者误解信息等，都可能造成沟通障碍。

（四）沟通分类

1. 正式沟通与非正式沟通

按照沟通的结构，可以将沟通分为正式沟通和非正式沟通。正式沟通一般用于正式场合，是通过组织规定的通道进行的信息传递与交流。正式沟通的优势是信息通道规范、准确度较高。非正式沟通是正式沟通之外的信息传递与交流形式，其特点是形式灵活、传播速度快，但存在着随意性大和可靠性差的问题。

2. 工具性沟通与情感性沟通

从功能上，可以将沟通分为工具性沟通和情感性沟通。工具性沟通通过传递知识、观点、请求等方式，来影响并改变接收者的行动方式，从而实现信息发送者的目标。情感性沟通是指沟通双方表达情感，获得对方精神上的同情和谅解，最终改善相互间的关系。情感性沟通是组织的润滑剂，通过情感性沟通，信息发送者与接收者之间能够产生情感上的共鸣，从而达到提高彼此间感情的目的。

3. 口头沟通、书面沟通、非言语沟通与电子媒介沟通

根据沟通方式的不同，可以将沟通分为口头沟通、书面沟通、非言语沟通和电子媒介沟通。

（1）口头沟通

口头沟通是运用口头交流来进行的信息沟通。常见的方式有聊天、谈话等。口头沟通的优点是快速传递和快速反馈，信息发送者和接收者可以进行直接交流，有助于双方对信息的深层次、感性化内容的理解；缺点是传播链条的加长会导致信息失真现象。

（2）书面沟通

书面沟通是用书面形式进行的信息沟通。常见的形式有通知、报告、信件、授权书、项目章程、实施方案等。书面沟通的优点是有利于长期保存，描述周密，逻辑性和条理性比较清晰。书面沟通的缺点是耗费的时间比口头沟通要多很多，而且需要保管。此外，书面沟通往往因其缺乏反馈，影响沟通的效果。

（3）非语言沟通

非语言沟通是指通过人的动作和行为来传达信息的沟通方式。它主要包括肢体语言

和语气语调等。社会学家认为，人的情感信息有 93% 来自非口语的部分；也有一些研究者指出，接近 65% 的信息并不是通过语言表达出来的。非语言沟通可以用更多的信息载体来进行交流，这些载体包括身体的特征、有意识或者无意识的行为以及个人的领域信息，因此非语言沟通方式在人与人的沟通中扮演着重要角色。

（4）电子媒介沟通

电子媒介沟通又称 E 沟通，是以计算机技术与电子通信技术组合而产生的信息交流技术为基础的沟通，是随着电子信息技术的兴起而新发展起来的一种沟通形式。电子媒介沟通包括电子邮件、传真、闭路电视、视频沟通等。

4. 上行沟通、下行沟通与平行沟通

按照沟通方向，可将沟通分为上行沟通、下行沟通和平行沟通。上行沟通是指下属向上级传递消息，是自下而上的沟通。上行沟通经常采用建议箱、员工调查、管理信息系统、举办员工与管理层座谈会等形式展开。下行沟通是指上层向下层传递消息，是一种自上而下的沟通。平行沟通是指在同一等级的人中，通过水平方向进行的沟通，即水平沟通。

5. 单向沟通与双向沟通

沟通根据有无反馈，可以分为单向沟通和双向沟通。单向沟通是指在沟通过程中，只有发送者发送信息，接收者接收信息，单一方向的交流，缺乏信息的反馈，如报告会、宣读政策文件等。单向沟通的优点是传递速度快，意见统一，时间进度易于控制；缺点是信息没有反馈，观点可能存在片面性。双向沟通是指在沟通过程中，发送者和接收者经常要互换角色，发送者把信息发送给接收者，接收者接收到信息后要以发送者的身份反馈信息，直到沟通完成。双向沟通的优点是参与度高，反馈信息及时；缺点是观点难以统一，可能会浪费时间和精力等。

6. 对内沟通与对外沟通

沟通根据对象的属性，可以分为对内沟通和对外沟通。对内沟通是组织、企业、部门、团队内部进行的信息沟通。对外沟通是组织、企业、部门、团队与其他平等主体为合作而直接进行的沟通。

二、沟通障碍及其克服

（一）沟通障碍含义

沟通障碍是指在信息的传输和沟通中，因为人们的信息意愿被扰乱或者是误解，而造成了沟通的扭曲。在人类进行信息沟通时，由于种种原因，往往会导致沟通受阻。沟通中的障碍有发送者的障碍、接收者的障碍、信息的障碍以及沟通通道的障碍。在沟通的过程中，因为有外部干扰和各种原因，信息经常会被损失或误解，导致信息的传播不能起到正常的效果。

（二）导致沟通障碍的因素

1. 发送者的障碍

（1）目的不明

信息发送者发送信息的目的不明确，导致信息内容存在不确定性。因此，信息发送者在信息交流之前必须有一个明确的目的，即要通过什么通道，向谁传递什么信息，并达到什么目的。

（2）表达模糊

信息发送者口齿不清、语无伦次、闪烁其词或词不达意等，都会造成传递失真，使信息接收者无法了解对方所要传递的真实信息。

（3）选择失误

信息沟通渠道或对象选择失误导致信息误解的可能性增大，对传送信息的时机把握不准、缺乏审时度势的能力等都会影响信息交流的效果。

（4）言行不当

信息发送者言行不当，如语言和肢体语言（如手势、表情、体态等）在表达同样的信息时不一致、不协调，会使人感到困惑不解，导致信息接收者理解错误。

2. 接收者的障碍

（1）过度加工

信息接收者在信息交流过程中，有时会按照自己的主观意愿，对信息进行"过滤"和"添加"。现实生活中许多沟通失败的主要原因是信息接收者对信息做了过多的加工，从而导致信息的模糊或失真。

（2）知觉偏差

人们在信息交流或人际沟通中，总习惯以自己为准则，对不利于自己的信息，要么视而不见，要么熟视无睹，甚至颠倒黑白，以达到防御的目的，这样就会导致对信息理解的偏差。

（3）心理障碍

由于信息接收者在信息交流过程中曾经受到过伤害或有不良的情感体验，因此对信息发送者心存疑惑，就会拒绝接收信息甚至抵制参与信息交流，导致信息的阻隔或中断。

（4）思想观念上的差异

由于信息接收者认知水平、价值标准和思维方式上的差异，往往会造成思想隔阂或误解，引发冲突，导致信息交流的中断以及人际关系的破裂。

3. 沟通渠道的障碍

选择不适当的沟通渠道如有些重要的事情用口头传达，效果不佳，信息接收者可能不重视。例如，重要病情不做详细记录，只简单地进行口头描述，会造成病情延误。几种媒介互相冲突如有时口头传达的精神与文件不符，会造成矛盾。沟通渠道过长、中间环节多，信息在传递过程中有了改变，甚至颠倒。当一个组织的结构设置不合理，管理层次过多，信息传递程序及通路规定模糊，命令不统一，会导致信息沟通效率低下。

（三）沟通障碍的克服

1. 提高沟通技能

沟通主要是通过语言、文字方式进行的，只有具有较强的理解和运用语言（包括肢体语言）、文字的能力，提高自己的沟通技能，才能正确理解所获得的相关信息并做出相应的决策，采取恰当的方式准确地对信息进行加工处理。

2. 优化沟通渠道

沟通环节过多、沟通渠道过长，一方面，会影响沟通的及时性；另一方面，由于沟通过程中存在"噪声"干扰，沟通环节越多，则可能的干扰就越多，从而就越可能影响信息的准确传递。因此，在实际工作中应注意减少沟通的环节。

3. 创造有利于沟通的环境

要提高沟通效率，必须诚心诚意地去倾听别人的意见，在组织的上下级以及同级之间建立相互信任的良好氛围，创造一个诚信的、利于沟通的环境。

4. 发挥非正式沟通的积极作用

人们可以从非正式渠道获取和反馈大量信息。因此，要对非正式组织和非正式沟通渠道加以合理利用和引导，帮助组织成员获得相关信息，在达成理解的同时解决潜在的问题，从而最大限度地提升组织凝聚力、发挥整体效应。

第二节　商务沟通与商务谈判

一、商务沟通内涵与作用

（一）商务沟通内涵

商务沟通是不同个体或企业在商务活动中围绕各种信息所进行的传播、交换、理解和说服工作，是商业机构中个人和企业实现目标的最基本途径和手段。

按照商务沟通中所采用的符号体系，商务沟通通常可分为语言沟通与非语言沟通。

语言沟通是指通过语言的符号如口头语言、书面语言等，来进行信息的传达与传播。非语言沟通是指以语言交际以外的其他方式进行的交际活动。商务沟通包含信息、情绪和思想三个方面。这三个方面并不是完全孤立的，它们之间存在着一定的交集。信息中可以表现出情绪和思想，情绪和思想的表现又可以传达出沟通的信息。

商务沟通的目的在于知己知彼，找到切入点，与客户良性互动，从而与客户建立业务合作伙伴关系。

（二）商务沟通作用

商务沟通能够促进合作双方之间的理解、信任和合作，在企业合作中起着至关重要的作用。

1. 促进合作

沟通是合作的桥梁，拟合作的双方通过良好的沟通交流，能够有效地协商解决业务难题，加强合作关系，帮助双方更好地了解对方的业务需求、合作意愿，找到双赢的合作方案。

2. 提高效率

商务活动中，沟通使双方及时地了解彼此的意见和诉求，共同制定合适的决策方案并跟进执行效果，减少了业务流程中的不必要环节，提高了效率。

3. 解决问题

商务活动中各种问题和挑战在所难免，良好的沟通可以帮助双方解决和处理这些问题，减少业务风险。

4. 强化信任

良好的沟通能够让双方迅速建立起信任关系，减少误解。信任使双方更有动力，为达到共同的目标而持续努力。

案例 6-2 商人间的"客套"

日本松下电子公司的创办人松下幸之助，在他刚刚"出山"的时候，就被竞争对手用客套的方式试探过。有一次，他去了东京，跟一个批发商谈生意，一碰头，那个商人就亲切地跟他打招呼，说："咱们是头一回做生意，是不是？我怎么从来没有见过您？"商人试图用客套的话来试探对方的虚实。松下先生没有任何社会阅历，他谦卑地说："初到东京，一窍不通，还望您多多指教。"就是这种最普通、最客气的回答，给了批发商一个非常关键的消息，那就是他的客户是个菜鸟。批发商说："您准备以怎样的价钱出售你们的商品呢？"松下先生也老老实实地告诉他："我这款手机的价格是20块钱一台，我打算以25块钱一台的价格出售。"对手知道松下人生地不熟，又表现出了想要开拓市场的渴望，于是讨价还价道："您是第一次来东京，新开业的话，价格要低一些。一台20块钱，怎么样？"松下先生因为没有这方面的经验，在这次交易中吃了亏。

思考：松下幸之助为什么会吃亏？

二、商务沟通与商务谈判关系

（一）商务沟通与商务谈判的区别

商务沟通与商务谈判，这两者是有差别的。商务沟通可以独立存在，不涉及谈判内容。而商务谈判的过程包括商务沟通，商务沟通是商务谈判的基础。商务谈判需要通过对利益、观点、知识、情绪、态度等信息的沟通来实现。商务沟通是双方或一方分享思想、表明态度、阐述行为等，不具有强制性的交流。商务谈判是为了达成一致意见，参与谈判的各方相互说服、相互妥协的一种目的性的强制沟通。

（二）商务沟通与商务谈判的联系

1. 商务沟通是商务谈判的基础

在商务活动中，双方在商务观点上的交流和情感上的沟通都是非常重要的，而这些都需要通过商务沟通来实现。只有在商务沟通的基础上，双方才能够建立起相互信任和尊重的关系，从而为商务谈判打下坚实的基础。

2. 商务谈判是在多次商务沟通基础上的说服活动

商务谈判是一种特殊的交流方式，它需要在双方之间建立起相互信任和尊重的关系，从而共同探讨商务合作的可能性。在这个过程中，双方需要通过多次商务沟通来不断加强彼此之间的理解和信任，从而逐步走向共识。

3. 良好的沟通技巧是商务谈判双赢的必要条件

沟通技巧是商务谈判中必不可少的一部分。谈判不仅在与外部合作中很重要，而且在员工和团队内部的活动与关系管理，以及在与组织或项目的利益相关者进行问题协商和利益管理中也很重要。因此，在商务谈判中占了很大比重的沟通技巧是至关重要的，是在占有优势情况下的如虎添翼，也可能是在形势不利情况下扭转乾坤的关键一步。所以沟通是谈判必不可少的能力，谈判的成功与否与谈判技巧有着密不可分的联系。

三、商务谈判沟通原则

（一）准确原则

准确是商务谈判沟通的基本原则和要求。在沟通中，只有当我们所用的语言和方式能被对方理解时，沟通才有效。这一点看起来简单，做起来未必容易。在商务谈判中，由于信息接收方对发送方的信息未必能完全理解，发送方应将信息加以综合并力求用容易理解的方式来表述，这就要求发送方具有较高的语言表达能力并熟悉下级、同级和上级所用的语言，如此，才能克服沟通过程中的各种障碍。

（二）及时原则

信息只有得到及时反馈才有价值。在商务谈判中，不论是向下传达信息，还是向上提供信息，或者与横向部门沟通信息都应遵循及时原则。遵循这一原则可以使自己容易得到对方的理解和支持，同时可以迅速了解同仁的思想和态度。在实际工作中，常因信息传递不及时或接受者重视不够等原因而使沟通效果大打折扣。

（三）尊重原则

尊重对方是商务沟通不可或缺的一个原则。无论我们是否同意对方所说的话，都应该尊重他们，并认真考虑他们所表达出来的想法和观点。如果我们不尊重对方，就会失去他们对我们的信任并愿意与我们合作的可能性。

（四）简明原则

在进行沟通时，谈判者应该保持语言简洁明了。不要使用过于复杂的语言或未经统一的术语，这会让对方感到困惑和不耐烦，应该尽量简洁地表达观点，以便对方更好地理解。

（五）针对性原则

商务沟通的针对性是指根据谈判的不同对手、不同目的、不同阶段的不同要求使用不同的语言、方式、技巧，即要围绕主题，有的放矢，切中要害，对症下药。

第三节 商务谈判中的语言技巧

一、"说"的技巧

商务谈判中的"说"是谈判者介绍自己的情况、阐明自己的观点或看法的基本方式，是让对方了解己方的想法、方案及需求的重要手段，是谈判中的重要技巧之一。在谈判的过程中，"说"大致可分为入题和陈述两部分。

（一）入题

中国有句老话："好的开始是成功的一半。"这句话在商务谈判中同样适用。谈判入题成功，可以使己方更加坚定谈判的信心，占据谈判中的主动地位。

1. 题外话入题

题外话入题指的是谈判时先谈一些与主题无关的题外话，如季节、气候、时事新闻等话题，这样可以避免谈判时单刀直入，进而营造谈判的融洽气氛。题外话入题的好处在于，它会给谈判双方营造一种舒适、放松的环境，消除对方的戒备心。同时，当看到谈判者如此轻松自如之后，对方会产生一种无形的压力，从而不敢轻举妄动。但是，需要注意的是，在使用题外话入题的时候，要避免使用对方不感兴趣或者敏感性的话题。

2. 介绍入题

谈判可以从介绍己方谈判人员入题。可以向对方介绍己方人员的职务、性格、爱好等，这样既可以打开话题，又可以通过闲聊来拉近双方关系，消除双方在谈判前的忐忑心理；除此之外，还能够简单地将自己的团队实力展示给对方。也可以从介绍己方业务、公司能力方面入手，充分展示己方雄厚的资源和力量，向对方表明己方的自信，保证己方在谈判初期占据有利地位。

3. 主干入题

谈判开始时，应避免过早接触细节问题。正确的做法是，先谈主干问题。主干问题没有明确或者没有合作意向，谈判就容易陷入反复推倒重来的境地。一旦双方就原则问题达成一致，交谈细节就有了基础和依据。

（二）陈述

谈判中的陈述指的是向对方阐述要点，表明己方观点。陈述包括以下三点：一是要明确提出本次谈判的主题，确立需要解决的问题，切忌含糊其词、模棱两可；二是要表明立场和己方期望取得的利益；三是要表明谈判的目的和原则，尽可能简明扼要，切勿长篇大论。陈述过程中如果铺陈太多或者长篇大论，容易让对方抓不到重点，很难给对方留下深刻的印象。

二、"听"的技巧

商务谈判中的"听"指的是倾听。倾听是一门艺术，它不仅仅是要用耳朵来听说话者的言辞，还需要一个人全身心地去感受对方谈话过程中表达的语言信息和非语言信息。聆听与听是两个互相联系而又存在区别的概念。听是人体听觉器官对声音的接受和捕捉，是人对声音的生理反应，是人的本能，带有被动的特征。而倾听是以听为基础，是主动参与的一种情感活动，它不仅仅是耳朵能听到相应的声音，还需要通过面部表情、肢体语言和口头语言来回应对方，传递给对方一种你很想听他说话的感觉。因此倾听是一种情感活动，在倾听时应该给对方充分的尊重、情感的关注和积极的回应。

（一）创造有利的倾听环境

在商务谈判中，应当尽量选择安静舒适的环境，使谈判双方处于身心放松的状态，让双方能专注于"听"。

（二）专心地听

关注中心问题，不要使听者的思维混乱。通过非语言行为，如眼睛接触、某个放松的姿势、某种友好的脸部表情和宜人的语调，建立起一种积极倾听的氛围。如果你表现得留意、专心和放松，对方会感受到重要性和安全感。以关心的态度聆听像一块共鸣板，让说话者能够试探你的意见和情感，让"说"与"听"的人产生情感共鸣，有利于沟通效果的提升。

（三）不过早下结论

人们对某件事情得出结论或对某事已做了判断时，就不会再认真倾听他人的意见，沟通就会被迫停止。保留对他人的判断，直到事情清楚、证据确凿。要保持倾听的耐心，让对方讲述完整，不要打断对方的谈话，并且抑制争论的念头。注意，双方是在沟通信息，而非辩论，争论对沟通没有好处，只会引起不必要的冲突。

（四）避免先入为主

以个人认知或态度介入一个问题时，往往导致自己刻意地筛选信息，从而无法获得完整和客观的实际信息。在沟通中，把注意力集中在对方身上才能够有效倾听，避免倾听过程的混乱和矛盾。

（五）积极反馈

积极地给予对方倾听反馈是尊重对方的表现，同时也能帮助对方搞清楚你是否明白其所阐述的内容，是避免分歧的必要环节。

（六）做笔记

做笔记不但有助于倾听，还能帮助已方整理对方阐述的重点，而且你认真倾听的态度和仔细做笔记的行为会让对方觉得受到了尊重。

三、提问的技巧

提问是谈判中经常运用的语言表达方法，是谈判中获取信息的重要手段。在谈判中，谈判双方通过提问来获得己方需要并了解对方的心理情况。提问不恰当，很有可能会破坏谈判的气氛，使谈判陷入僵局。

（一）提问的类型

1. 封闭式提问

封闭式提问指在一定范围内引出肯定或否定答复的提问。这类提问是在特定的领域中能带出特定答复（如"是"或"否"）的问句。例如，"您是否认为提供某项服务是必须的？""您第一次发现商品含有瑕疵是在什么时候？"等。封闭式问句可使发问者获得特定的资料，而答复这种问句的人并不需要太多的思索即能给予答复。封闭式提问在一定程度上具有威胁性。

2. 开放式提问

开放式提问指在广泛的领域内引出广泛答复的提问。这类提问通常无法以"是"或"否"等简单字句答复。例如,"请问贵公司的产品具备什么优势?""你喜欢什么花?"等。

3. 婉转式提问

婉转式提问指在没有摸清对方虚实的情况下,采用婉转的语气或方法,在适宜的场所或时机向对方提问。

4. 澄清式提问

澄清式提问是针对对方的答复,重新提出问题以使对方进一步澄清或补充其原先答复的一种问句。例如,"您刚才说对目前进行的这一宗买卖可以取舍,这是不是说您可以全权跟我们进行谈判?"澄清式问句的作用在于,它可以确保谈判各方能在叙述"同一语言"的基础上进行沟通,而且也是针对对方的话语进行信息反馈的有效方法,是双方密切配合的理想方式。

5. 探索式提问

探索式提问是针对对方答复,要求引申或举例说明,以便探索新问题、找出新方法的一种提问方式。例如,"这样行得通吗?""您说可以如期履约,有什么事实可以证明吗?""假设我们运用这种方案会怎样?"探索式提问不但可以进一步发掘较为充分的信息,而且可以显示发问者对对方答复的重视。

6. 借助式提问

借助式提问指借助权威人士的观点、意见影响谈判对手的一种提问。例如,"某某先生对你方能否如期履约关注吗?""某某先生是什么态度呢?"采取这种提问方式时,应当注意提出意见的第三者必须是对方所熟悉而且是他们十分尊重的人。这种问句会对对方产生很大的影响力。若将一个对方不熟悉又谈不上尊重的人作为第三者加以引用,很可能会引起对方的反感。

7. 强迫选择式提问

强迫选择式提问是一种将自己的意志强加给对手,并迫使对方在很小范围内进行选择的提问。强迫选择式提问旨在强调自己的观点和己方的立场。例如,"这个协议不是要经过公证之后才生效吗?""我们怎能忘记上次双方愉快的合作?""付佣金是符合国际贸易惯例的,我们从法国供应商那里一般可以得到3%~5%的佣金,请贵方予以注意好吗?"运用这种提问方式要特别慎重,一般应在己方掌握充分主动权的情况下使用,否则很容易使谈判出现僵局,甚至破裂。需要注意的是,在使用强迫选择式提问时,要尽量做到语调柔和、措辞达意得体，以免给对方留下强加于人的不良印象。

8. 引导式提问

引导式提问指具有强烈的暗示性或诱导性的提问。这类提问旨在开渠引水，对对方的答案给予强烈的暗示，使对方的回答符合己方预期的目的。例如，"谈到现在，我看给我方的折扣可以定为4%，你方一定会同意的，是吗？"这类提问几乎使对方毫无选择余地，只能按发问者所设计好的答案回答。

9. 谈判式提问

谈判式提问指为使对方同意自己的观点，采用商量的口吻向对方提问。例如，"你看给我方的折扣定为3%是否妥当？"这种提问语气平和，会使对方容易接受。

（二）提问的注意事项

1. 提问的时间

在商务谈判中，提问的时间是有技巧的。在对方发言的时候，一般不要急于提问，而是要认真倾听，等对方发言完毕后再提问。可以在对方发言停顿、间歇时提问；也可以在自己发言前后提问；还可以在议程规定的辩论时间提问。

2. 其他注意事项

第一，注意提问的速度。提问时说话速度太快，容易使对方感到你不耐烦，甚至有时会感到你是在用审问的口气对待他，容易引起反感。

第二，注意对手的情绪。谈判者受情绪的影响在所难免。谈判中，要随时留意对手的情绪，在你认为适当的时候提出相应的问题。

第三，要留给对方足够的答复时间。提问的目的是让对方答复，并最终收到令自己满意的效果。

第四，提问时应尽量保持问题的连续性。

四、回答的技巧

谈判中答复问题，是一件很不容易的事情。因为谈判者答复的每一句话都可以被认为是一种承诺，因此要对答复的每一句话都负责任。一个谈判者水平的高低，很大程度上取决于其答复问题的水平。答复问题，实质上是在叙述，叙述的技巧对于答复问题通常也是适用的。但是，答复问题并非孤立的叙述，而是和提问相联系，受提问的制约，这就决定了答复问题应当有其独特的技巧。一般情况下，在谈判中应当针对对方的提问实事求是地正面回答。但是，如果对所有的问题都正面提供答案，并不一定是最好的答复。所以，答复问题也必须运用一定的技巧。

（一）留有思考时间

答复问题之前，要先搞清楚对方提问的真实意图，再决定自己的回答方式和范围，并预测在己方答复后对方的态度和反应，考虑周详之后再作答，否则很容易进入对方预先设下的圈套，或是暴露己方的意图而陷于被动。实践中可以如此进行：当对方提出问题之后，我们可以先喝口水，或整理一下桌子上的资料文件，或翻一翻笔记本，借助这样一些很自然的动作，给自己如何答复留下一定的思考时间。

（二）慎重回答问题

在谈判中，答话一方的回答一经说出，一般情况下很难收回。提问者为了获取更多的信息，占据谈判中的主动，在提问中往往暗藏"杀机"。如果在不了解问话的真正含义之前贸然作答，很可能掉进对方设下的陷阱，把不该说的事情说出来。所以，对对方的提问一定要考虑充分，字斟句酌，慎重回答。

（三）回答时要有所保留

回答对方提问的时候，把问题的范围缩小，或只回答问题的某一部分。在谈判中，当对方的谈判人员提出问题之后，己方如果一次就把自己的所有情况都泄露出去，会让己方在谈判中处于被动的地位。例如，当对方的谈判人员问："你们对这个方案怎么看，同意吗？"如果己方的谈判人员马上回答"同意"，就会对己方非常的不利，因为时机对于己方来说尚未成熟。这个时候，己方的谈判人员可以这样说："我们正在考虑。"谈判中回答问题还有一个大的原则需要注意，即该说的说，不该说的不说。如果将己方的策略全盘托出，难免会暴露自己的底线，导致己方在谈判中处于被动地位。对于应该让对方了解、需要表明己方态度的问题，要认真作答；而对于那些可能有损己方利益或没有价值的问题，则不必回答。

第四节　商务谈判中的非语言沟通

一、非语言沟通含义

非语言沟通是指使用除语言和文字以外的其他沟通方式传递信息。非语言沟通是人们交流思想和感情的重要手段。美国心理学家艾伯尔指出，在信息传递的全部效果中，语言占7%，声音占38%，而非语言沟通占到了55%。人们总会自觉或不自觉地运用一些非语言沟通形式，通过一些表情、动作流露出内心活动，真实地表达人们的情感和态度。非语言行为所包含的信息远远超出语言所提供的信息，比语言表述本身更有意义。

案例6-3 "空城计"

《三国演义》中"空城计"讲述了这样一个故事：诸葛亮为实现刘备的夙愿，率领大军北伐曹魏，但因错用马谡而失掉战略要地——街亭。魏将司马懿乘势引大军15万向诸葛亮所在的西城蜂拥而来。当时，诸葛亮身边没有大将，只有一班文官和2500名士兵在城里。诸葛亮传令，藏起旌旗，打开城门，每个城门上派20名士兵扮成百姓模样，洒水扫街。诸葛亮自己领着两个小书童，带上一张琴，在城上谈笑风生。司马懿率先头部队到达城下，见状，认为诸葛亮一生谨慎、不曾冒险，现在城门大开，里面必有埋伏，于是撤退。

思考：诸葛亮为什么凭借谈笑风生，镇定自若地吓退司马懿？

二、非语言沟通特点

非语言沟通是人们交流思想和感情的重要手段，可以加强和补充语言表达效果，使沟通更为流畅。"行为心表"这句话非常适合于非语言沟通。例如，当你和讨厌的人相处时，你会和他保持一定的距离。就像弗洛伊德所言，任何人都无法隐瞒一个秘密，如果他的嘴巴不能张开，那么就只能通过他的手指来讲述。

1. 真实性

一名正在排长队的客人，不断向队伍最前端打量，可见他是多么的着急。英国心理学家阿盖依尔和其他人的一项调查显示，如果语言信息和非语言信息所表达的意思不同，人们则会倾向于认为非语言信息所表达的意思。因为语言信息受到理智的支配，所以很容易被伪造。肢体语言就不一样了，大多是从人的心里发出的，很难伪造，也很难掩饰。

2. 无意识性

非语言沟通有时是有意识的，如演员的表演；有时则是无意识的，甚至是自己无法控制的。在沟通过程中，可用非语言的方式向对方发出信息。例如，当你不看对方，注视窗外时，显然就等于告诉对方你宁可身在他处，也不愿意浪费时间在这个话题上；当你把身体前倾时，也许表示你对这个话题很感兴趣，接受会谈的人因此受到鼓励，可能会做更进一步的说明。当我们与人谈话时，时而蹙额，时而摇头，时而摆动姿势，时而两腿交叉，多半并不自知。心理学家提出以下假设：当你与人说真话时，你的身体将与对方接近；当你与人说假话时，你的身体将离对方较远。这一假设验证的结果发现，如果要求不同受试者，分别与别人陈述明知是编造的假设和正确的事实时，说假话的受试者会不自觉地与对方保持较远的距离，而且显示出身体的后靠，肢体的语言活动较少，唯有面部笑容增多。

3. 文化差异性

在不同文化中，肢体语言的意义不完全相同。例如，当一个阿拉伯人同英国人谈话时，阿拉伯人按照自己的民族习惯认为站得近些表示友好，而英国人按照英国的习惯则认为保持适当的距离才合适。因此，当阿拉伯人往前挪的同时英国人则往后退。谈话结束时，两个人可能已经偏离了原来站的地方相当远的距离。

4. 人格化

一个人的肢体语言和他的性格、气质有很大关系。活泼开朗的人与沉默寡言的人，在姿势和神情上一定会有很大的不同。每一个人都有其特有的肢体语言，肢体语言反映着他们的性格特点。

三、非语言沟通作用

通过肢体语言来传达情感，人们常常不自知。大多数情况下，我们都没有意识到，我们在和别人说话的时候，皱着眉头、摇晃着脑袋、夹紧双脚，做着各种姿势。在一个人对外部世界传递的全部信息中，仅有7%是纯粹的语言，38%是声音，其余55%是通过非语言体态来传递，并且由于肢体语言往往是一个人的潜意识动作，因此，很难欺骗别人。通过对对手的行为语言的观察和学习，收集对方的沉默信息，既能对对手的思维做出分析，又能确定自己的应对策略，还能有意识地利用自己的行为语言所传递出来的信息，推动谈判走向对自己有利的一面。肢体语言的影响有以下三个方面。

1. 辅助有声语言

人类通过语言活动来谈论思想和表达感情，但经常会出现语言或文字不能表达意思的情况。在这种情况下，就必须利用一些非语言活动来辅助自己，或者是对语言的限制进行补充，或者是对语言的内涵进行突出，这样才能让自己的意思更完整地表达出来。非语言信息可以补充、强调、解释或修饰言语，使得信息更加准确、明确。

2. 传递感情

非语言行为的最大功能在于能够传达情感。例如，互相握手代表着良好人际关系的建立，家长抚摸孩子的头代表着关爱，夫妻、恋人、朋友之间的拥抱代表着彼此的爱恋和亲密。

3. 传达信息

培根曾说："容颜之美胜过颜色之美，而仪态之美胜于容颜之美。"非语言行为可以使一个人恰当地向别人展示自我，同时也可以展示他希望展示给别人看的东西。从实践中可以知道，人们往往是从别人的非语言行为中了解他们的。人们对自己的年龄、身份、地位、兴趣爱好、情绪、意志、态度、倾向等方面的认识，都是通过这些非语言行为表达的。在交际过程中，非语言行为对交际过程起着重要的作用。如果是点头，那就是认可；如果是皱眉，那就是疑惑。如果你的目光从一个人身上移开，就说明你的对话到此为止。总之，对身体的调整有助于说话人对谈判的掌控。所以，像是点头、皱眉、降低音量、改变彼此的距离，都会传达信息。

四、非语言沟通形式

1. 面部表情

面部表情是所有非语言沟通形式中表现力最强的。面部表情是比从嘴里说出的内容更复杂的语言。在商务场合，要学会察言观色，细心把握对方面部表情中传递的信息。同时，要观察对方的肢体语言，识别真伪，准确地了解对方的真实感情和态度。从另一个角度而言，作为商务人员，在职场中要善于把控自己，始终面带微笑，给对方留下好印象。

2. 眼神

一个人的心理状态、欲望和感情都会通过眼睛反映出来。一个人的目光专注程度表达着对方的内心。在商务场合，要学会观察对方的眼神变化，判断对方的内心状况。同时，对谈判人员来说，要胸怀坦荡，用专注的目光与人交谈，以显示出对对方的尊重。眼神反映出的内容很多，例如，冷静的目光表示沉稳，睿智的目光表示机智，柔和的目光表示可亲可敬。

3. 手势

在人类社会里，不同的手势表达着不同的信息，同样的手势在不同地区所表达的意思也不同。手势与声音相比，有一定的隐蔽性，但它同样可以表达某种意念和感情。适当地运用手势，可以表达某种情意，增强语言表达力和感染力。在商务谈判中，尤其是跨文化的谈判中，为了体现对别人的尊重和表达情意，需要了解和掌握一些手势的运用和禁忌。

4. 姿态

姿态是指人们肢体语言不断变化所呈现的状态，如站姿、坐姿、行姿、蹲姿等。姿态是人们心理活动的晴雨表，反映着一个人的处事态度，传递着一个人的心理状态和情绪，透露着一个人的自信度和个性偏好，也常常显示着一个人的地位与权力。人们的姿态会给人带来很多感受。保持优雅得体的姿态，大方、沉稳、冷静、不拘谨，会给人留下良好的印象，有利于沟通交往。

5. 仪表

仪表是指人的外表，主要包括容貌和服饰。它是一种无声的语言，传递着一个人的个性、身份、涵养及其心理状态等多种信息。注重仪表是对别人的尊重。因此，在商务谈判中,穿着应大方得体,以职业装为佳;穿着打扮要符合商务礼仪规范,保持庄重、整洁、干练。

五、肢体语言解读

透过肢体语言,人们可以更好地判断对方此刻的情绪和想法。例如,心理学家认为抖腿表示焦虑、恼怒,或者两者都有。如果一个人放松地向后靠,那么他可能感觉自己很强大,胜券在握。人们感到不舒服的时候,搓手能起到安抚情绪的作用。在谈判中,谈判人员双腿交叉时,往往无法达成协议。因为从心理学上看,双腿交叉意味着一个人在精神、情感和身体上自我封闭,他们可能不愿意在谈判中让步。没有对视的交流是心虚的表现,但是如果有人和你对视太久,那么他可能在撒谎。心理学家认为,为了避免看起来躲躲闪闪的样子,有些说谎者故意把眼神接触拖得太久,以至于让人感到有些不舒服。

相较于声音语言,肢体语言传递和表达的内容更加丰富。当然,肢体语言也受到社会文化、教育背景、个人习惯等诸多因素影响。因此,应该结合不同的情境来解读肢体语言。

案例 6-4　OK 手势的不同含义

美国前总统尼克松第一次访问巴西,当他在首都机场走出机舱门高举双手打出"OK"手势时,在场的当地人一片哗然。第二天,巴西所有媒体头条都是尼克松这一手势的照片。由于对"OK"手势的不同理解,闹出了这个国际大笑话。

巴西人肢体语言丰富,大家在谈话、聊天时常常手舞足蹈。不过,在巴西绝对看不到我们平常所做的表示"OK"的手势,因为这会被认为是粗俗和猥亵的手势,带有冒犯无礼的意味。

思考:怎样避免肢体语言出错带来的后果?

六、肢体语言运用

在商务谈判中,如果能熟练地运用非语言沟通的技能,不但可以让自己更好地表达自己的意见,畅所欲言地与对方谈论思想、情感,还可以让自己洞悉对方的心思,把握对方的内心。在谈判中,肢体语言主要表现为手势语言、姿态语言、面部表情、身体接触等。肢体语言是肢体传达出来的隐含信息,是一种很好的沟通方式。

1. 运用空间语言

在商务谈判中,"安全距离法"就是在双方还没有开口说话前,尊重对方有"自主空间"要求的做法。空间语言又称空间距离或界域,是指人与人相处时应保持的距离和位置。在商务场合，距离、位置、排序是有地位等级之分的，需要遵从一定的原则。与客户交往时，要考虑对方的身份、地位、性格喜好、所谈事宜、宗教信仰、民族习俗以及熟知程度和个人安全感等，不可冒犯。空间距离的把握尺度，既要体现出对别人的尊重，也要使交往双方感觉轻松，创造和谐交往的氛围。

2. 运用变色龙效应

纽约大学的研究人员在1999年进行了一项心理学实验：研究人员邀请了72名男女，让他们分别和经过训练的多名工作人员单独相处。工作人员随机选择了一部分参与人员，在相处过程中对他们的行为进行巧妙且非刻意的模仿。在相处了相同的时间后，研究人员对这72名男女进行了采访，询问他们对不同工作人员的喜欢程度。不出所料，绝大多数人更喜欢那些模仿过他们的工作人员，而且他们并没有觉察到工作人员曾模仿过他们。纽约大学的研究人员把这项实验中发现的现象称为"变色龙效应"，用来描述一个人通过被动或无意识地改变行为（模仿他人），用以匹配当前社交环境中其他人的行为。这种效应会增加被模仿者对模仿者的喜欢程度，而且，因为模仿，模仿者会在社交中更容易获得融洽关系。

3. 用好辅助语言

辅助语言又称副语言或音调语言，主要指声音的高低、语调的强弱、语速的快慢、语气的急缓变化等。在商务谈判中，一些如叹息、停顿、嘟囔、冷笑等声音类辅助语言的细微变化都有着一定的含义，透露出一个人内心深层的心理变化。当一个人激动时，往往表现出声音高、语速快；当想引起注意或压制对方时，往往语气强烈、情绪高亢；当思考时，语速缓慢、声音平和；当心怀不满或充满敌意时，说话速度迟缓。谈判中，面对形形色色的人，一定要学会通过人的声调、音量、语速、口气、笑声、叹息、呻吟、嘟囔、停顿、沉默等副语言判断对方内心真实的想法。

4. 注重目光交流

在商务谈判中，回避对方的目光或不与对方有视线交流，是不自信或者不感兴趣的表现。因此，在谈判时，与人交流应面带微笑、落落大方、目光专注、眼睛有神，不回避目光的接触和视线的交流。避免扫视、斜视和不敢正视。

本章小结

本章对商务谈判中沟通相关知识进行了介绍。首先，阐述了沟通的定义、作用及分类；其次，介绍了沟通障碍及其产生的原因及克服方法；再次，对商务谈判与商务沟通的关系进行了论述；最后，详细阐述了语言沟通、非语言沟通的作用及使用技巧。

课后习题

一、名词解释

1. 商务沟通
2. 沟通障碍

二、简答题

沟通障碍产生的原因有哪些？

课后习题答案

一、名词解释

1. 商务沟通是不同个体或企业在商务活动中围绕各种信息所进行的传播、交换、理解和说服工作，是商业机构中个人和企业实现目标的最基本途径和手段。

2. 沟通障碍是指在信息的传输和沟通中，因为人们的信息意愿被扰乱或者是误解，而造成了沟通的扭曲。

二、简答题

沟通障碍产生的原因：

（1）发送者的障碍。信息发送者发送信息的目的不明、表达模糊、选择失误、言行不当等行为，会使人感到困惑不解，导致信息接收者理解错误。

（2）接收者的障碍。信息接收者对信息过度加工，存在知觉偏差、心理障碍以及思想观念上的差异，都有可能导致对信息的误解。

（3）沟通渠道的障碍。选择不适当的沟通渠道如有些重要的事情用口头传达，效果不佳，信息接收者可能不重视。

第七章

商务谈判心理

学习目标

1. 了解商务谈判心理的概念及相关知识。
2. 掌握马斯洛需求层次理论，明确商务谈判心理的需要。
3. 了解商务谈判的心理过程、心理挫折等，将商务谈判心理运用在实际谈判中。

商务谈判是在一定条件下谈判双方心理的较量过程，从谈判开始到谈判结束的整个过程，都伴随着谈判双方各种各样的心理活动。可以说，商务谈判是一场十分微妙的"心理战"。在谈判中，通过谈判双方所表现出的行为，也就是其心理过程的外显，能够有效地掌握谈判者的心理状况，可以准确地引导、控制谈判，争取良好的谈判结果，实现预定的谈判目标。

第一节 商务谈判心理概述

案例7-1 日本人的"好客之道"

一个美国代表曾被派往日本谈判。日方在接待这位代表时，得知对方须于两个星期之后返回国。日方没有急着开始谈判，而是花了一个多星期的时间陪这位代表在国内旅游，每天晚上还安排宴会。谈判终于在第12天开始，但每天都早早结束，为的是客人能够有时间去打高尔夫球。谈判终于在第14天谈到重点，但这时该美国代表该回国了，已经没有时间和对方周旋，只好答应对方的条件，签订了协议。

思考：通过该案例，谈一谈你对商务谈判心理的感受。

一、商务谈判心理概念

（一）心理含义

在心理学上，心理是指大脑对客观物质世界的主观反映。心理的表现形式称为心理现象或心理活动。心理活动既包括人的心理过程，即认知过程、情感过程和意志过程三个过程，也就是知、情、意；也包括人的心理特性，即人格，又称个性，是一个人区别于他人的、在不同环境中一贯表现出来的、相对稳定的、影响人的外显和内隐行为模式的心理特征的综合，包括需要、动机、能力、气质、性格等。

（二）商务谈判心理含义

人的心理是复杂多样的，在不同的谈判中，人会产生不同的心理。人的心理会影响人的行为，商务谈判心理对商务谈判行为有着重要的影响。通过学习掌握商务谈判心理，培养良好的商务谈判心理意识，对于正确运用商务谈判的心理技巧有着十分重要的意义。

商务谈判心理是指在商务谈判活动中谈判者产生的各种各样的心理活动，是商务谈判者在谈判活动中对各种情况、条件等客观现实的主观能动的反映。通俗地说，商务谈判心理就是在商务谈判中，谈判双方会有一个知、情、意的心理过程，同时在谈判中谈判双方会表现出不同的需要、动机、能力、气质、性格等。

二、商务谈判心理特征

商务谈判心理与其他心理活动一样都有自己的特征，主要表现在以下三个方面。

（一）内隐性

商务谈判心理的内隐性是指谈判者的心理藏之于脑、存之于心，是别人无法直接观察到的。一方面，心理活动是人脑的精神活动；另一方面，在商务谈判中，谈判者出于自我保护和迷惑对手等目的，往往倾向于掩饰自己的心理活动和真实想法。这就决定了商务谈判心理具有一定的内隐性。尽管如此，由于人的行为与心理有密切的联系，因此，我们依然可以通过外显行为来推测谈判者的内在心理。例如，在商务谈判中，谈判双方如果对谈判比较满意时，态度就会比较温和，相反则会表现出粗暴、不友好的态度。

（二）个体差异性

商务谈判心理的个体差异性是指因谈判者个体的主客观情况不同，如先天遗传、后天环境或文化教育背景的不同，使谈判者之间的心理状态存在着一定的差异。商务谈判心理具有很强的个体差异性。因为个体差异性的存在，要求人们在研究商务谈判心理时要具有辩证思维能力，既要注重探索商务谈判心理的普遍特点和规律，又要注意把握不同个体心理的特殊性，做到具体问题具体分析。

（三）相对稳定性

商务谈判心理的相对稳定性是指谈判者的谈判心理现象产生后往往具有一定的稳定性。首先，影响谈判者心理状态的某些因素是由遗传因素决定的，具有相对稳定性。如谈判者的气质，尽管其会受到谈判者所处环境的影响而发生一定改变，但在很大程度上依然由遗传因素决定，因此不会在短时间内有较大的改变。其次，谈判者心理状态虽然会因外部环境的刺激而发生改变，但具有相似成长境遇或有相同群体特征的谈判者对同一种情形、状态的心理反应和行为模式具有相似性。但是人是一直在发展变化的，因此这种稳定性不是绝对的，而是相对的。例如，商务谈判人员的谈判能力会随着谈判经历的增多而有所提高，但在一段时间内是相对稳定的。正是由于商务谈判心理具有相对稳定性，因此，我们可以通过分析谈判对手过去的谈判表现，进一步去了解谈判对手。

第二节　商务谈判需要

案例7-2　荷伯买矿

荷伯代表一家大公司去俄国购买一座煤矿。矿主是一个强硬的谈判者，开价要2600万美元。荷伯还价1400万美元。

"你在开玩笑吧？"矿主粗声说。

荷伯说："不，我不是开玩笑。但是请把你的实际售价告诉我们，我们好进行考虑。"

矿主的态度十分强硬，坚持2600万美元的原始报价不变。

在随后的几个月里，买方的出价分别为：1800万、2000万、2100万、2140万。虽然荷伯已几次做出让步，将价格提到2140万美元，但是卖主始终坚持2600万美元，拒绝退让，因此谈判陷入僵局。显然，在此情况下，只谈价格不可能取得创造性结果，因为缺少有关对方需要的信息，很难重拟谈判内容。

为什么卖主不接受这个显然是公平的还价呢？在谈判场上身经百战的荷伯忽然意识到，双方对峙的背后肯定隐藏着其他的原因，只有挖掘出这一隐藏的需求信息，才能打破僵局，使谈判进行下去。于是，荷伯非常诚恳地与那位矿主交流思想，邀请他去打网球，还一顿接一顿地跟他吃饭。每当荷伯与那位矿主在一起时，他都会向矿主解释公司做的最后报价是合理的，但卖主总是不说话或是说别的。一天晚上，他们一起吃饭时，那位矿主终于对荷伯的反复解释搭腔了，他说："我兄弟的煤矿卖了2400万美元，还有一些附加条件。""哈哈！"荷伯心里明白了，"这就是他固守那个数字的理由。矿主不只要卖掉煤矿，还有别的需要——要与他的兄弟攀比，他要超过他的兄弟。我们显然是忽略了这个问题。"掌握了这一信息后，荷伯就跟公司的有关经理碰头。他说："我们首先得搞清矿主的兄弟究竟得到多少钱，然后我们才能商量具体的建议。显然我们应注重他的这个重要需要，这跟市场价格并无关系。"公司的领导们同意荷伯就按这个思路进行。荷伯先去了解矿主兄弟的矿究竟卖了多少钱，他的附加条件是什么，然后对矿主提出买方的建议，而这一建议必须满足卖主的多维性需要。不久，谈判达成协议。最后的价格没有超出公司的预算，但是付款方式和附加条件使卖主感到自己做得远比他的兄弟强。

思考：为什么卖主不接受这个显然是公平的还价呢？

一、需要与商务谈判

（一）需要含义

需要是人缺乏某种东西时产生的一种主观状态，是人对客观事物的某种欲望，也是人的自然和社会客观需求在头脑中的反映，是人们最基本、最典型的心理现象。寒冷的人渴望温暖，疲惫的人盼望休息等，这些都是需要。

（二）商务谈判需要含义

商务谈判需要是指谈判者对谈判中客观事物需求的反映，即谈判者通过谈判所希望达到的利益和需要。在谈判中，谈判双方都有一定的需要，这些需要驱使人们进行谈判，因此，谈判活动是建立在需要的基础上。

（三）商务谈判需要特征

1. 需要具有对象性

对象性是指需要总是指向一定的对象，包含着一定的具体内容。例如，想要签成一份合同，想要购买一批物资。

2. 需要具有选择性

选择性是指通过以往需要获得满足的经验，使人们可以对需要的内容进行选择，即所谓的"货比三家"。例如，购买一批物资，购买的方式有多种选择，既可以网上购买，也可以到店购买；想要买哪家的，则选择性更大。

3. 需要具有连续性

人们的需要经常是不断出现的。当一个需要出现并得到满足，随之又会产生新的需要，如此循环往复。例如，谈判双方根据需要进行合作，经过反复磋商，达成了双方都较为满意的结果，当双方在履行合约后，可能会产生再次合作的欲望，这样周而复始，交易的规模也就越来越大。

4. 需要具有相对满足性

相对满足性是指人的需要在某一具体情况下所达到的满足标准。需要的目的是以满足结束的，但满足又是相对的。例如，一个产品滞销的企业，在一次交易中销售出一大批产品，这是值得高兴的事；但是对于一个产品畅销的企业来说，这次交易可能是微不足道的。

5. 需要具有发展性

人的需要是没有止境的，它会出现、满足、再出现。人的需要是发展上升的，一方面表现为标准的不断提高，另一方面表现为需要的内容不断变化。

（四）商务谈判中的需要心理——马斯洛需求层次理论

1. 马斯洛需求层次理论内涵

人的需要丰富多样且不断发展，但其产生具有多层次性。美国著名心理学家、人格理论和比较心理学家亚伯拉罕·哈罗德·马斯洛（Abraham Harold Maslow，1908—1970年）提出了人类的需求层次理论，又称需要层次理论，强调人的需要存在层次之分，满足各层次需要是全部发展的基本原则。马斯洛将人类需求分为五个阶梯式层次，由低至高依次为：生理需要、安全需要、社交需要、获得尊重需要和自我实现需要。

（1）生理需要

生理需要即生存需要，是人维持自身生存的基本需要，如衣、食、住、行等。

（2）安全需要

安全需要主要包括人的安全感、稳定感和秩序感，是生理需要得到基本满足后产生的较低层次的需要。

（3）社交需要

社交需要表现为追求人际关系的需要，包括友爱和归属两方面，是中等层次的需要。

（4）获得尊重需要

获得尊重需要即人们期望实现自身潜能，取得成就，赢得他人尊重，是较高层次的需要。获得尊重需要包括内部尊重（自尊）和外部尊重（地位、威信等）。马斯洛认为，尊重需要得到满足，它能使人对自己充满信心，对社会满腔热情，体验到人的个人价值和社会价值。

（5）自我实现需要

自我实现需要是指人期望发挥潜能，实现个人理想抱负的需要，是最高层次的需要。马斯洛认为，每个人在社会上都担任一定角色，担任什么角色就应该干什么事情。演员就应该演戏，画家就必须绘画，音乐家离不开音符……只有这样，人们才能感到最大的快乐、取得最大的成就。

2. 马斯洛需求层次理论特点

马斯洛需求层次理论的特点包括：一是当基本需要得到相对满足后，高层次需要便逐渐凸显，成为驱动行为的关键因素。正如古人所言："仓廪实而知礼节，衣食足而知荣辱。"二是随着需要层次的上升，满足这些需要的难度也逐渐加大，有些人甚至一生都无法实现自我价值。三是同一时间,可以存在多种需要,从而有多种激励因素,但一般会以一种需要为主导。四是需要是动态变化的。一旦某一需要得到满足,它就不能再作为激励力量。

案例 7-3　墨西哥人的愤怒

曾经,美国想购买墨西哥的天然气,双方因此进行谈判。美国希望以便宜的价格购买,美国能源部长拒绝承认美国石油工会与墨西哥所达成的涨价协议。由于当时没有其他买主,这笔买卖只有美国人愿意与墨西哥人做,所以,美方认为对方将会同意降低价格出售。但是墨西哥不仅渴望以较高价格出售自己的天然气,而且期望得到美国的尊重,并强烈希望受到公正、平等的待遇。双方经过多次磋商,美方仍然不放弃高压政策,以致引起墨西哥人极大的愤慨。他们决定,为了维护尊严,即使把天然气烧掉,也不愿意低价卖给美国,导致这场交易完全失败。其实,墨西哥人需要的不仅仅是增加天然气价格,还有地位平等、受到尊重,而美国人恰恰忽略了这一需要,导致谈判以失败而告终。

思考:如果想要从墨西哥购买天然气,美国人应该怎么做?

二、商务谈判中的需要层次

需要是商务谈判的基础和动力,正是存在着需要,才促使双方坐下来进行谈判,以达到满足各自需要的目标。商务谈判作为一个比较特殊的社会活动,其需要不仅表现为谈判组织的需要,也表现为谈判者个人的需要。

(一)企业在商务谈判中的需要

1. 生存需要

企业在商务谈判中的生存需要,即获取市场、利润、技术、人力资源等需要。这些需要是企业生存和发展的基石。对此,谈判前要理清双方实质性需求点在什么地方,将该点设为主要谈判目标。

2. 安全需要

企业在商务谈判中的安全需要,即企业在谈判中对于产品性能安全、信用安全、技术安全等方面的需要。企业往往更倾向于和熟悉的客户打交道,正是出于安全需要。

3. 社交需要

企业在商务谈判中的社交需要,即企业希望在友好合作的气氛中达成协议、实现双赢或维系长期合作伙伴关系的需要。企业层面的社交往往是通过双方谈判当事人来实现的,如通过向对方赠送礼物、带领对方游览和参观、宴请对方等,增进双方企业及谈判人员的相互了解，建立友好合作的氛围，创造良好的谈判条件。同时，在实质谈判中，双方为维系长期合作伙伴关系也会彼此做出让步。企业希望加入某一行业组织成为组织内一员也属于社交需要，这可以通过加入行业协会等方式实现。

4. 获得尊重需要

企业在商务谈判中的获得尊重需要，即企业追求声誉、信誉、行业地位、彰显实力、特别待遇等方面的需要。

5. 自我实现需要

企业在商务谈判中的自我实现需要，即企业除了追求利润目标外，还应追求社会责任，如创新技术、关注慈善、环保等方面的需要。

（二）谈判者在商务谈判中的需要

1. 生存需要

在商务谈判过程中，谈判者的生存需要涉及衣、食、住、行四个方面。即便谈判过程紧张且激烈，但若满足住宿、就餐、出行等基本生存需要的程度越高，谈判效率就越高；反之，若生存需要得不到满足，将严重影响谈判者的精力和情绪，会削弱谈判技巧的发挥，从而直接影响谈判成果。因此，东道主方应高度重视为对方提供住宿、餐饮、交通等方面的支持与协助，以减轻对方在陌生环境下可能产生的不适与压力，以及由此引发的急躁、焦虑等情绪，为目标达成营造一个友好、信任、合作的环境。

2. 安全需要

在商务谈判过程中，谈判者往往具有较高的安全需求。除了确保谈判者的人身及财产安全外，更重要的是在具体谈判项目上为其营造安全、稳定、可靠的氛围。在客场谈判时，由于对当地风俗习惯、社会治安、交通状况等方面的不了解，谈判者往往会有不安全感。因此，作为东道主的一方，应尽可能在谈判间隙提供陪伴，让对方逐渐将你视为可接受且可信赖的人，以满足其安全需求。

3. 社交需要

在商务谈判过程中，谈判者同样追求友谊，也期望在具有归属感的组织中工作。商务谈判活动本身就是满足人与人之间交往、友谊及归属需求的一种典型行为。因此，在谈判过程中，谈判者应秉持友好合作的态度，把握一切机会促进与对方的友谊，为长远交往奠定基础。通过向对方团队赠送礼品、举行宴会、开展游览观光等活动，可以增进双方的心理契合度。对于己方谈判团队，谈判者应互相支持、协同配合，使团队成员均能感受到来自团队的关爱，从而建立深厚的归属感，提升团队凝聚力。

4. 获得尊重需要

在商务谈判过程中，务必遵循礼貌之道，避免使用侮辱性语言，切勿对谈判者进行人身攻击。谈判中的争议应聚焦于问题本身，而非涉及个人。尊重谈判者，维护其自尊心和人格尊严，是谈判的基本素养。在国际商务谈判中，我们更应牢记身为中华民族一份子的使命，积极维护民族尊严。面对强大的谈判对手，既要保持自信，又要不失尊严。在任何情况下，都不能以牺牲尊严为代价来换取交易的成功。

5. 自我实现需要

自我实现需要是指人们期望在自身能力所及的范围内从事工作，以实现个人理想和抱负。在商务谈判过程中，涉及项目负责人、专业人员等不同角色，每位参与者均需恪守职责，以便达成谈判目标。谈判双方均致力于实现目标，一方面，通过实现己方谈判目标来满足自我实现需要；另一方面，在己方获得较多利益而对方仅获得较少利益的情况下，通过赞美的方式让对方在面子和内心得到平衡，进而满足对方的自我实现需要。

三、商务谈判中的需要分析

商务谈判必须让双方的需要都得到满足，因此，商务谈判必定是以需要作为谈判的出发点。谈判者在商务谈判中要对谈判双方的需要进行分析研究，把握其行为的规律性，以掌握谈判的主动权。

（一）影响商务谈判需要的因素

一般情况下，谈判者当前的主导需要、需要的迫切性、需要满足的可替代性等因素都影响着谈判的行为。

1. 主导需要

主导需要是任何人或组织在某一时期内占主导地位的需要，是需要问题的主要矛盾所在。一般来说，谈判者总是希望主导需要得到满足。在商务谈判中，谈判者应注意分析和预测对手在不同时期、不同条件下的主导需要，并据此制定满足其主导性需要的策略。适当地满足对方的主导需求，使谈判能有效地、适时地推进。例如，在房屋买卖时，考虑到客户的主导需要是交易上的安全需要，那么，作为卖方可以向买方全面展示房屋的相关信息、提供公司相关资质和资金信用等方面的证明。

2. 需要的迫切性

正所谓"饥者不择食"，一般来说，当某种东西对需要者来说非常有价值而急需得到时，需要者往往会不惜代价得到它。例如，一方如果在短期内迫切需要某商品，那么其优先考虑的是能不能尽快获得这些东西，非常关注的是供货状况、交货期，而不是价格的高低。人或组织在谈判中的需要越是迫切，就越容易在谈判中处于劣势。

3. 需要满足的可替代性

如果谈判者在谈判中唯一的需要受制于唯一的谈判对象，那么需要满足的可替代性就较弱，谈判对方达成协议的可能性也就越大。反之，需要满足的可替代性较强，达成协议的可能性也就越小。谈判时，谈判人员可以通过分析这一因素，对谈判对手的谈判态度和成交欲望做出判断，选择谈判策略，但在处理具体问题时要谨慎、灵活。

（二）商务谈判需要的策略

尼尔伦伯格在《谈判的艺术》一书中，把谈判需要理论的应用按照使谈判成功的控制力大小排列，归纳出以下六种基本策略。

1. 谈判者顺从对方的需要

这是谈判者在谈判中站在对方的立场上，设身处地替对方着想，从而使谈判成功的一种策略。这种策略最易导致谈判成功。马斯洛将需要划分为五个层次，需要的层次越高，谈判成功的难度就越大，谈判者对谈判能否成功的控制力也就越小。如果谈判者只为谈判对方的生存需要着想，对方为使自己生存下去必然对谈判欣然许诺，一拍即合。如果谈判者为对方高层次的需要着想，由于谈判对方对高层次需要的迫切性小于生存需要的迫切性，谈判成功的难度自然增加。

2. 谈判者使对方服从其自身的需要

通过使对方服从其自身需要的策略取得的谈判成功，谈判双方均能获益。例如，商店营业员普遍对顾客使用这种策略，采取各种方法满足顾客需要，从而成功地推销商品。

3. 谈判者同时服从对方和自己的需要

这是指双方基于共同利益，为满足各方共同需要而进行的谈判，采取的策略符合双方利益。在商务谈判中，这种策略广泛应用于建立各类联盟、共同控制生产或流通。

4. 谈判者违背自己的需要

这是谈判者为了争取长远利益的需要，抛弃某些眼前或无关紧要的利益和需要的谈判策略。例如，某些企业有意识违背自身收入增长的需要，采取薄利多销的经营手段吸引顾客。

5. 谈判者损害对方的需要

这是谈判者只顾自己的利益，不顾他人利益，尔虞我诈、你死我活的一种谈判策略。在谈判中采用这种策略的一方往往处于强者地位。

6. 谈判者同时损害对方和自己的需要

这是指谈判双方为实现特定目标，舍弃双方利益需要而采取的手段，实则为双方自损之道。例如，在商品交易中，竞争双方展开价格战，不惜冒破产风险，纷纷降低价格以击败对手，该做法正是运用了此类策略。

案例 7-4　卡耐基的讨价还价

有一段时间，卡耐基每个季度都有 10 天租用纽约一家饭店的舞厅来举办系列讲座。后来，在某个季度开始的时候，他突然接到这家饭店的一封要求提高租金的信，而且对方要求将租金提高 2 倍。当时举办系列讲座的票已经印好了，并且已经都发出去了，卡耐基当然不愿意支付提高的那部分租金。几天后，他去见饭店的经理，说："收到您的通知，我有些震惊。但是，我一点也不埋怨你们。如果我处在你的位置，可能也会写封类似的通知。作为一个饭店的经理，你的责任是尽可能多地为饭店谋取利益。如果你不这样，就可能被解雇。如果你要提高租金，那么，让我们拿一张纸写下这样做将给你带来的好处和坏处。"

卡耐基拿过一张纸，在纸的中间画了一条线，左边写"利"，右边写"弊"。他在"利"的一边写下了"舞厅，供租用"，然后说："如果舞厅空置，那就可以出租供舞会或会议使用，这是非常有利的。因为这些活动给你带来的利润远比办系列讲座的收入多，如果我在一个季度中连续 20 个晚上占用你的舞厅，这当然意味着你失去了一些非常有利可图的生意。现在，让我们考虑一下弊。首先，你并不能从我这获得更多的收入，而且只会获得的更少。实际上你是在取消这笔收入，因为我付不起你要求的价格，所以我只能被迫改在其他的地方办讲座。其次，对你来说，还有一弊。这个讲座吸引了很多有知识、有文化的人来你的饭店。这对你来说是一个很好的广告，是不是？实际上，你花 5000 美元在报纸上登广告，可能也引不了比我这讲座更多的人来这个饭店。这对于饭店来说是很有价值的。"

卡耐基把这两项"弊"写下来，然后把纸交给经理，说："我希望你能仔细考虑一下，权衡一下利弊，然后再告诉我你的决定。"

第二天，卡耐基收到一封信，通知他租金将只提高至原来的 1.5 倍，而不是 2 倍。

思考：卡耐基为什么会成功？

第三节　商务谈判心理运用

案例 7-5　持久战的胜利

中国加入世界贸易组织对诸多国家的进出口贸易产生了巨大的影响，其中包括欧盟国家。中国向来就是纺织品产业的行家，借着世界贸易的开放，对外输出的产品也顺畅了许多。这自然对其他国家自产纺织品的企业造成了不小的冲击。于是，欧盟贸易组织为了保护国内的纺织品经济不受冲击，对中国出口的产品配额进行了限制。

就这样，2005年8月，欧盟各国海关共囤积羊毛衫和毛裤8000万件。如此巨大的数量，一时间无法让各海关清关，只能报告欧盟委员会，让欧盟委员会想办法解决。

经过欧盟委员会的评估鉴定，如果这批货物不能顺利进关，将会给国内的进口商造成巨大的损失，保守估计在3.8亿欧元，这也间接使国家少征收1.4亿欧元的关税、营业税等。于是，欧盟决定与中方贸易组织进行一次谈判，以求尽快解决这8000万件产品的问题。中方清楚，现在的局势很明显，产品迟一天入关，欧盟进口商的损失就多一些，进而欧盟各国的税收就会减少。于是，中方谈判代表决定保持一种平和的心态，冷静地面对此次谈判。

欧盟首先提议，中方可提前使用明年的配额指标，以确保产品进关。可是中方很清楚，欧盟之前的限额条件很严苛，这次谈判正是一次争取高配额的机会。于是，中方的谈判代表决定打持久战，迟迟不给出具体的答复。

正像事后中方谈判代表所说："我们就是抱着隔岸观火的心态，等待时机的出现。"也正如中方所料，欧盟贸易组织不能眼睁睁看着即将到手的关税溜走，万分焦急中，终于向欧盟各国政府提交了增加中国纺织品配额的计划书。

各国政府基于税收和进口商的利益免受损失等方面的考虑，最终纷纷答应了欧盟贸易组织的申请。而中方也因为谈判中保持平和的心态，最终等到了增加产品配额的好时机。

思考：中方谈判人员是如何在此次商务谈判中捕捉对方心理的？

一、心理学运用在商务谈判中的意义

（一）有助于培养谈判者良好的心理素质

谈判者良好的心理素质是谈判取得成功的重要基础条件。要想在谈判中占据优势，谈判者需要加强对责任心、耐心等心理素质的培养，以更好地把握谈判的心理适应，提高谈判成功的概率。具备优秀心理素质的谈判者无疑将在谈判场上更加游刃有余，取得更好的谈判成果。

（二）有助于揣摩谈判对手心理，实施心理诱导

培根在《谈判论》中强调："与人谋事，则需知其习性，以引导之；明其目的，以劝诱之；谙其弱点，以威吓之；察其优势，以钳制之。"因此，通过观察、分析谈判对手的言行举止，可以让己方深入探究其心理活动状况，准确把握时机进行心理引导，制定针对性强的谈判策略，掌握谈判主导地位，进而引导谈判对己方有利，从而推动谈判成功。

（三）有助于恰当地表达和掩饰己方心理

了解商务谈判心理，有助于表达己方心理，可以有效地促进沟通。如果对方不清楚己方的心理要求或态度，必要时己方可以通过各种合适的途径和方式向对方表达，以有效地促使对方了解并重视己方的心理要求或态度。

掩饰己方心理，意在掩盖己方在商务谈判中不愿为对手所知的真实情绪、需求及动机。这些信息往往关乎谈判的核心机密，一旦泄露，将失去主动权。因此，谈判者需根据对谈判心理的认识，在言辞、举止、谈判策略等方面进行调控，适度掩饰自身的心理动机与情绪状态。

（四）有助于营造所需的谈判氛围

为了确保谈判能够顺利达成预期目标，营造适当的谈判氛围对于谈判者的情绪和态度具有显著影响，从而推动谈判进程。谈判者通常需要构建友好和谐的谈判氛围以促进双方谈判的顺利进行；然而在必要时，也应当有意地营造紧张或非和谐的气氛，以抵制对方的压迫，并对对方施加压力，迫使对方做出妥协。商务谈判活动实质上是双方心理较量的过程。在谈判中，具备较强心理素质、情绪控制能力以及精准把握对方心理状态的谈判者，往往更容易取得谈判成功。因此，加强商务谈判心理研究具有重要意义。

二、商务谈判心理过程

（一）商务谈判心理过程含义

商务谈判心理过程主要是认知过程、情感过程和意志过程三个过程。在商务谈判中，认知过程是指谈判者在商务谈判中收到各种信息，经过头脑的加工处理转换成内在的心理活动，进而支配人的行为的过程，主要包括感觉、知觉、记忆、思维、想象、言语等；情感过程是指谈判者在对商务谈判过程中客观事物认识的基础上所产生的满意、不满意、喜爱、厌恶、憎恨等主观体验；意志过程是谈判者有意识地克服各种困难以达到一定目标的过程，在意志过程中产生的行为就是意志行为。其中，认知是产生情感、意志的基础；行为是在认知的基础上和情感的推动下产生的，它能提高认识、增强情感、磨炼意志；行为控制、调节情感，提高认知。

（二）商务谈判心理过程特征

1. 复杂性

商务谈判的心理过程是相当复杂的，谈判者的心理策略和反应在不同阶段会有很大的变化。同时，商务谈判的过程并非总是顺利的，而是充满挑战和起伏。在谈判中，双方的心理优势和劣势以及主动与被动地位经常发生变化。因此，作为谈判者，在面对复杂的谈判时，应保持心态稳定，并努力掌握心理上的主动权。

2. 策略性

在商务谈判过程中，为实现利益最大化，谈判者需运用恰当的谈判策略。实际上，擅长运用各类心理策略的谈判者更容易在谈判中占据主动地位，进而取得优势。通过运用心理策略，谈判者可以影响对方的思维和决策，使谈判结果更加有利于自己。

3. 隐蔽性

大部分谈判者的心理活动往往难以察觉，他们能够以沉稳的心态应对各种挫折与困难。这种优秀的心理素质在商务谈判中，特别是在长时间且任务艰巨的谈判中，往往是取得胜利的关键。当然，除了掩饰己方的心理活动外，擅长洞察对方心态也至关重要。如果在谈判开始之前，能对对方心理进行充分分析，并在谈判过程中能很好地隐藏自己的心理活动，同时运用恰当的心理策略，将有利于谈判成果的实现。

（三）商务谈判中的心理效应

在商务谈判过程中，由于受到多种主客观条件的制约，谈判者在对客观进行反映时，往往会存在各种偏差，这些偏差对其认知的准确性产生影响。产生偏差的心理效应主要包括以下三种类型。

1. 首因效应

首因效应是指人们初次交往中留下的第一印象。许多情况下，人们对某人的看法、见解、喜欢与不喜欢，往往来自第一印象。如果第一面感觉良好，很可能会形成对对方的肯定态度；否则，很可能就此形成否定态度。

正是由于首要印象的决定作用，比较优秀的谈判者都十分注重双方的初次接触，力求给对方留下深刻印象，赢得对方的信任与好感，增加谈判的筹码。

2. 晕轮效应

晕轮是太阳周围有时会出现的一种光圈，远远看上去，太阳好像扩大了许多。晕轮效应就是以偏概全的主观印象，是指人对某事或某人好与不好的印象会扩大到其他方面。这个和我们个人的经验、见识都有关系。在谈判中，晕轮效应的影响有好有坏。如果对方觉得你不错，就会更愿意接受你的提议；但如果对方觉得你不怎么样，就会对你提的任何建议都持怀疑态度，哪怕是对双方都有好处的事情也会不信任你。

3. 刻板效应

刻板效应是指在人们的头脑中会存在着对某类人进行概括的固定印象，以此固定印象作为判断和评价他人依据的心理现象。这种效应往往会导致对个体差异的忽视，从而产生偏见和误解。在谈判中，刻板效应的影响不容忽视。通过增加对方的感知信息和改变其兴趣、注意力，我们可以打破刻板印象的束缚，以更公正、客观的方式进行沟通和交流。

在商务谈判时，应尽量避免心理效应的消极作用，充分利用其积极影响。

案例 7-6　心理学家的实验

1957 年，美国社会心理学家洛钦斯以实验证明了首因效应的存在。他用两段杜撰的故事做实验材料，描写的是一个名叫詹姆的学生的生活片段。一段故事中把詹姆描写成一个热情并且外向的人，另一段故事则把他描写成一个冷淡而内向的人。两段故事分别列于下方。

故事一：詹姆走出家门去买文具。他和他的两个朋友一起走在充满阳光的马路上，他们一边走一边晒太阳。然后詹姆走进一家文具店，店里挤满了人，他一边等待着店员对他的注意，一边和一个熟人聊天。他买好文具在向外走的途中遇到了一个朋友，就停下来和朋友打招呼，然后告别了朋友向学校走去。在路上，詹姆又遇到了一个前天晚上刚认识的女孩子，他们说了几句话后就告别了。

故事二：放学后，詹姆独自离开教室走出了校门。詹姆走在回家的路上，路上的阳光非常耀眼，他走在马路阴凉的一边，突然看见迎面而来的是前天晚上遇到过的那个漂亮女孩。詹姆没有和那个女孩打招呼，而是穿过马路进了一家饮食店。店里挤满了学生，詹姆注意到那儿有几张熟悉的面孔，他安静地等待着，直到引起柜台服务员的注意之后才买了饮料，然后坐在一张靠墙边的椅子上喝着饮料，喝完之后就回家去了。

洛钦斯把这两段故事进行了排列组合：第一种是将描述詹姆性格热情外向的材料放在前面，描写他性格内向的材料放在后面；第二种是将描述詹姆性格冷淡内向的材料放在前面，描写他性格外向的材料放在后面；第三种是只展示那段描写热情外向的詹姆的故事；第四种是只展示那段描写冷淡内向的詹姆的故事。

洛钦斯将不同组合的材料，分别让水平相当的中学生阅读，并让他们对詹姆的性格进行评价。结果表明，第一组被试者中有 78% 的人认为詹姆是个比较热情而外向的人；第二组被试者中只有 18% 的人认为詹姆是个外向的人；第三组被试者中有 95% 的人认为詹姆是个外向的人；第四组被试者中只有 3% 的人认为詹姆是个外向的人。

该研究证明了第一印象对认知的影响。在首因效应中，对情感因素的认知常常起着十分重要的作用。人们一般都喜欢那些流露出友好、大方、随和情感的人，因为在生活中，我们都需要他人的尊重和注意。这个特点在小孩子身上表现得最为明显。小孩子都喜欢第一次见了他就笑呵呵的人，如果再给予相应的赞扬，那么小孩子就会更加高兴。

思考：在商务谈判中，如何给对方一个好印象？

三、商务谈判中的气质

在商务谈判中,对方的需要、动机等往往深藏不露,直接洞察颇具难度。然而,通过观察人的表情、言语、行为等外在表现,我们能够揭示其内在特质,这正是气质理论所探讨的领域。气质作为一种稳定的心理特征,体现在心理活动的强度、速度、灵活性和指向性等方面。它是人的个性心理特征之一,受个体生物遗传因素制约,更改起来通常较为困难。因此,商务谈判者的气质对谈判方式、风格及成败产生较大影响。古希腊著名医生希波克拉特提出了四种体液的气质学说,将气质类型划分为四种基本类型:胆汁质、多血质、黏液质、抑郁质。

(一)胆汁质

胆汁质气质类型的心理特征表现为:率真热情、精力旺盛、情绪波动较大、脾气急躁、反应敏捷、心境变化剧烈,具有外向性。

具有此类气质的谈判者被称为兴奋型选手,在谈判过程中的表现为:语速较快、声音洪亮,常伴有夸张的肢体语言;对于对方提出的问题和条件,通常能迅速做出回应;热衷于谈判,但耐心不足;在遇到纠纷时,可能会争论得面红耳赤;有掌控对手的冲动,而不太考虑是否切实可行;在商务谈判中,往往坚持己见,但容易忽略细节;不喜欢模棱两可,如果希望达成交易,会明确表达意愿;一旦对方对己方的商品或技术产生兴趣,能迅速达成合作意向并迅速签订合同;在谈判环境不佳或受到对方怠慢时,可能会产生烦躁和强烈的不满,甚至可能出现不理智的行为,如冲动地签订合同。

(二)多血质

多血质气质类型的心理特征表现为:敏感但持续性不足、注意力容易分散、活力充沛、动作敏捷、乐于社交、注意力容易转移、兴趣和情绪多变,具有外向倾向。

具有此类气质的谈判者被称为活泼型选手,在谈判过程中的表现为:表情丰富,语言富有表达力和感染力,易于与他人建立好感;由于善于交际,能通过多种渠道获取谈判信息;具有较强的环境适应能力,易于与谈判对手沟通,对新事物持开放态度,但容易受外界诱惑而显得轻浮;在谈判过程中,毅力相对较弱,若谈判遇到挫折,热情将迅速减退。由于兴趣和目标容易受过多选择的影响而转移或无法抉择,他们喜欢承担事务,在谈判桌上容易答应超出自身能力范围的事项。活泼型选手喜欢分享信息,若公司机密落入他们之手,将对公司构成极大风险。

(三)黏液质

黏液质气质类型的心理特征表现为:反应缓慢,思考问题全面且沉默寡言,善于自我克制,情绪不易外露,注意力稳定且不易转移,具有内向倾向。

具有此类气质的谈判者被称为安静型选手,在谈判过程中的表现为:冷静,不易受对方宣传或劝说的影响;倾向于通过自我观察和比较来做出决策;对新事物持谨慎态度,因循守旧,表现出固执、自负、缺乏灵活性和妥协不足;在交易中,较少做出让步,讨价还价的余地有限;对熟悉的工作充满热情,坚定执行已做出的决定,而不易适应新工作与环境;严格遵循既定的谈判程序和制度,避免空泛的讨论;在面对不愉快的事情时,能够保持冷静,谈判过程中常做充分且具体的准备,注重细节,对每个环节都会反复推敲。若谈判对手准备不足,可能会引起他们的反感和不满。

(四)抑郁质

抑郁质气质类型的心理特征表现为:充满想象力、疑心重,敏感且胆怯,情绪体验深刻且稳定但不轻易显露,有时显得拘谨、易感伤、孤独,善于观察琐细事物,容易产生恐惧情绪。

具有此类气质的谈判者被称为抑制型选手,在谈判过程中的表现为:思虑周全,对周边环境变化高度敏感,能够捕捉到对手细微的情感、语气、语调等反应;在谈判中常显信心不足,态度暧昧,语言表达模糊不清,对于对方的观点虽同意却不直接表达;在商务谈判的关键时刻,决断力不足、优柔寡断,既缺乏进攻的主动性,又对他人宣传或介绍持怀疑态度;在谈判受挫时,多愁善感,挫折感强烈,若谈判未能达成预期成果,会感受到巨大痛苦,容易陷入消沉。

四、影响谈判者心理的因素

在商务谈判中,影响谈判者心理状态的因素有多个方面,但主要是以下五个方面。

(一)谈判规模和谈判性质

在商务谈判中,谈判规模和重要性往往会成为谈判者心理压力的重要来源。当谈判的规模较大、涉及的利益相关方众多且谈判结果对双方都有重大影响时,对谈判的目标期望值往往会变得较高。这种情况下,谈判者往往会承受巨大的心理压力。过大的心理压力让谈判者可能会出现焦虑情绪,导致谈判者在谈判过程中无法保持冷静,进而影响他们正常发挥谈判能力。

在面临大规模、高期望值的谈判时,谈判者应学会调整心态,减轻心理压力,从而在谈判过程中充分发挥自己的能力。

(二)谈判环境

谈判环境可分为谈判场地环境与社会环境两个方面。谈判场地环境通常包括谈判室的灯光、温度和湿度等。若谈判场地环境不佳,可能导致谈判者精力分散、产生急躁或反感等情绪。社会环境主要指商务谈判在政治、经济、文化、科技等特定环境中展开。

这些社会环境会直接或间接地对谈判者的心理状态产生影响。

（三）谈判双方的实力

在双方谈判实力存在较大差距的情况下，无论是相对强势的一方还是相对弱势的一方，其谈判心理均会受到一定程度的影响。当谈判对手实力较强、具备较大谈判优势时，谈判者可能会对实现期望值缺乏信心，面对谈判困难时主动性及积极性不足，现场表现出的精神状态欠佳，言行果断性不足，甚至陷入束手无策的境地。反之，当谈判对手实力较弱时，谈判者容易产生麻痹大意的心态，对预期困难准备不足，一旦遇到困境，尤其是出乎意料的情况，可能会出现情绪急躁、言行失态，从而降低谈判成功率。

当谈判双方实力相当之际，谈判者容易产生想赢、怕输的心理，担忧自身在谈判过程中的表现不佳，进而影响谈判预期值，甚至担心无法达成期望。这种心理压力可能导致谈判者产生巨大的心理负担，进而影响谈判效果。

（四）谈判进程和谈判时间

在商务谈判中，在谈判双方不停的主、被动转换中会呈现出暂时的冷场、僵持、激烈等不同气氛，这些都将直接干扰和影响谈判者的情绪。在谈判取得主动时，谈判者容易兴奋、放松警惕，给对方以可乘之机，致使己方情绪发生较大波动而影响谈判效果。在谈判处于被动时，谈判者更加谨小慎微，谈判者相互之间产生消极情绪，造成谈判准备和临场的配合不好，反而越谈越被动。

谈判进程越趋向结束，谈判越接近预期的最后时限，谈判气氛就越紧张，谈判者思想过于集中、思路容易僵化，往往会出现意想不到的失误。这会导致谈判者行为上的犹豫、缺乏胆识，心理压力持续增大。

（五）谈判中的失礼行为

谈判中，一方失礼的言语、傲慢的举止会激怒对方，从而影响其谈判水平的正常发挥。而谈判者，尤其是主导者受对方干扰出现较多失误时，整个谈判团队的情绪往往会受到干扰，造成谈判气氛失控、团队配合不协调，在谈判中处于不利地位。

在一场谈判中，谈判者会受到各方面的影响，从而面临巨大的心理压力。所以，做好一场谈判，需要谈判人员付出巨大的努力，需要谈判者加强自身的心理素质培养，这样才能更好地应对谈判中的困难和挫折。

五、商务谈判心理挫折

（一）心理挫折含义

挫折是人们在从事任何活动过程中不可避免会遭遇的各种问题和困难。心理挫折主要源于个体在追求目标过程中遭遇的自认为难以克服的阻碍和干扰，从而引发的一种情绪性心理状态，表现为焦虑、紧张、愤懑或沮丧、失意。在商务谈判过程中，心理挫折可能导致谈判者情绪低落、愤怒，甚至产生对谈判对手的敌意，进而诱发谈判破裂。

由于每个人的心理素质、性格、知识结构、背景及成长环境等诸多方面存在差异，他们对挫折的应对方式和反应程度也各不相同。例如，在商务谈判过程中，当面临困难时，有些人会因此激发更大的决心，全力以赴解决问题；而有些人则可能感到沮丧、失望，甚至丧失信心。

（二）心理挫折行为表现

心理挫折虽然是人类内心的一种体验，但对个体行为的影响力不容忽视，并通过实际行动得以体现。在面对挫折时，大部分人会表现出以下四种行为反应。

1. 攻击

在人们感到挫折时，生气和愤怒是最常见的心理状态，在行动上可能表现为攻击，如语言过火、情绪冲动、易发脾气、挑衅动作等。例如，一个人去一家不议价商店买东西，非让老板给她降价，老板不同意，她就挑出商品的瑕疵硬要老板降价，这时老板被激怒，说出一些过激的话，如"你买就买，不买就算了""我不卖了，你到别的地方买去"，甚至做出一些过激的动作如推搡等。攻击行为可能直接指向阻碍人们达到目标的人或物，也可能指向其他的替代物。

2. 退化

退化行为是一种年龄与行为不符的幼稚表现，源于个体在面对挫折时的心理压力和应对方式的选择。例如，像孩子一样哭闹、耍脾气，目的是威胁对方或唤起别人的同情。要克服这种行为，我们需要正视问题、积极寻求帮助、勇敢面对挑战，并通过不断努力和成长来提升自己的心理素质。

3. 畏缩

畏缩是人受到挫折后失去自信、消极悲观、孤僻离群、易受暗示、盲目顺从的行为表现。在这时，人的敏感性、判断力都会下降，最终影响目标的实现。例如，一位刚毕业的律师与一位有名的律师打一场官司，这位刚毕业的律师很容易产生心理挫折，缺乏应有的自信，在对簿法庭时，无论是他的谈判能力还是思辨能力，甚至是语言表达能力都会受到影响，这实际上就为对手的胜利提供了条件。

4. 固执

固执是一个人明知从事某种行为不能取得预期的效果，但仍不断重复这种行为的行为表现。人们在遭受挫折后，为了减轻心理上所承受的压力，或想证实自己行为的正确以逃避指责，在逆反心理的作用下，往往无视行为的结果而不断重复某种无效的行为。

这种行为会直接影响谈判者对具体事物的判断、分析，最终导致谈判的失败。

在商务谈判中，任何形式的心理挫折、情绪激动都必然分散谈判者的注意力，造成其反应迟钝、判断能力下降。而这一切都会使谈判者不能充分发挥个人潜能，从而无法取得令人满意的谈判结果。

（三）商务谈判中产生心理挫折的原因

在商务谈判中，产生心理挫折的因素是复杂多样的，主要分为主观因素和客观因素。

1. 主观因素

在商务谈判中，心理挫折作为一种主观的心理状态，其产生受到诸多主观因素的影响，主要包括以下四个方面。

第一，谈判者自身的知识储备。对于特定谈判任务，谈判者一般都会进行一定的知识储备，而这种知识储备的丰富程度会影响谈判者对谈判情形、结果所做出预期的准确性，也会影响谈判者在谈判进程中随机应变的能力。当知识储备不足或逻辑梳理不清时，会大大降低谈判者对谈判进程的把握能力，进而造成心理挫折的产生。

第二，谈判者的经验积累。经验是在对过往谈判经历进行总结的基础上形成的固有看法。丰富的经验可帮助谈判者在应对不同类型的挑战时提高自信度，但经验匮乏的新手容易遭遇心理挫折。

第三，谈判者的能力因素。谈判者的语言表达、逻辑推理、换位思考等能力因素会影响其在谈判桌上的表现。能力较强的谈判者面对挑战容易做到从容不迫；但能力欠缺的谈判者却容易对谈判形势失去控制，产生心理挫折。

第四，谈判者的心理素质。谈判者的心理素质也会影响谈判者在谈判过程中的表现。具备耐心、理性、乐观心理素质的谈判者不易遭受心理挫折，面对暂时性的失利有足够的勇气继续寻求解决路径；但缺乏上述心理素质的谈判者在面对局部挫败时容易产生较强的挫败感，即陷入心理挫折。

2. 客观因素

第一，谈判对象的特点。若谈判对象和风细雨、通情达理，则能更好地促进谈判的推进；但若谈判对象咄咄逼人、强词夺理，则容易给已方谈判者造成意想不到的难度，从而提高心理挫折产生的可能。此外，谈判对象的层级、地位、背景等因素也会对谈判进程产生影响，若不加以审慎对待，则容易给已方谈判人员造成心理挫折。

第二，谈判环境的复杂程度。谈判作为一种社会交往活动，通常面临诸多场内、场外环境因素，这些环境因素在谈判进行过程中往往难以被改变和调整。如谈判议程设置的公正合理性、谈判场所安排和选择的适当性、来自场外各层级领导和有关方面的压力等，都有影响谈判进程的可能。复杂的谈判环境容易对谈判的顺利进行造成意外的打击，这些"横生"出的"枝节"会给谈判者造成心理挫折。

第三，谈判内容的困难程度。对于商务谈判的谈判者而言，谈判内容的难度越高，其达到预设谈判目标的阻碍就越大，其陷入心理挫折的可能性也就越强。对于跨文化的国际谈判、跨领域学科的专业谈判、身份地位悬殊的非均势谈判都会给谈判者造成额外的难度，使其遭受心理挫折。

（四）商务谈判心理挫折的防范机制

在商务谈判中，不管是己方人员还是对方人员产生心理挫折，都不利于谈判的顺利开展。因此，谈判者对商务谈判中主观和客观因素导致的挫折要有心理准备，应做好对心理挫折的防范，对己方所出现的心理挫折应有有效的办法及时加以化解，并对谈判对手出现心理挫折而影响谈判顺利进行的问题有较好的应对办法。

1. 针对主观因素采取措施

从商务谈判者的角度来看，一是应在谈判开始前做好信息搜集整理工作。这种信息搜集整理应尽可能放宽视野，并形成系统化的文本，对谈判中可能涉及的领域和问题多做准备。二是应在日常工作中注意锻炼自己的语言表达、逻辑推理、换位思考等能力。三是应着力锤炼自己的心理素质，做足心理上的准备工作。想要做到这一点，可通过自我反思调整和有目的性的练习等方式进行。四是要注重对于先前谈判经验的了解和积累，可有针对性地向组织内参与过多次谈判的同事虚心求教，也可阅读案例式的谈判材料。

从进行商务谈判的公司或组织的角度来看，可在商务谈判开始前根据谈判人员的性格特点、能力水平、经验程度对谈判人员的构成进行有针对性的调整和安排，并组织多次模拟演练，让谈判参与者对谈判中可能出现的意外情况做好心理准备。

2. 针对客观因素采取措施

针对造成商务谈判心理挫折的客观因素，可在谈判正式开始前，利用人脉关系和其他消息渠道对谈判对手的个人风格和特点进行深入而细致的了解，做到有备无患；可在有条件的情况下，事先到谈判场所进行"踩点"，对可能对谈判进程造成影响的场外因素进行排查，发现问题应立刻向谈判东道主提出，并要求先行解决；可针对难度较大的谈判做先期专题培训，或根据谈判所涉及的领域安排专业人士进入谈判团队。

六、谈判者素质培养

（一）谈判者心理素质

谈判者是商务谈判的主体，谈判者的心理素质影响着整个谈判的顺利进行。可以说，谈判者的心理素质是事关谈判成败的关键。

1. 责任心

责任心是指个人对自己和他人、对家庭和集体、对国家和社会所负责任的认识、情感和信念，以及与之相应的遵守规范、承担责任和履行义务的自觉态度。在商务谈判中，谈判者要以高度负责的态度将极大的热情和全部的精力投入谈判中，同时对集体和国家具有责任心。在商务谈判中，有些谈判者不能抵御谈判对手变化多端的攻击，为了个人私欲，通过向对手透露情报资料，甚至与对方合伙谋划等方式，使己方丧失有利的谈判地位，使国家、集体蒙受巨大的损失。因此，谈判者必须有正确的价值观，有强烈的责任感，充分调动一切积极因素，本着对自己负责、对集体负责、对社会负责、对国家负责的原则，发扬斗争精神，克服一切困难，顺利完成谈判。

2. 耐心

商务谈判情况复杂多样，过程曲折艰辛。因此，商务谈判人员需具备抵抗挫折和持久作战的心理素质。耐心是谈判成功的心理基石。耐心能促使我们更加深入地倾听对方，获取更多信息。同时，耐心有助于我们克服自身弱点，提高自我控制能力，更有效地掌控谈判局面。耐心也是对付意气用事的谈判对手的策略武器，能起到以柔克刚的良好效果。此外，在僵局面前，一定要有充分的耐心，以等待转机。具有耐心也是谈判者心理成熟的标志，它有助于谈判人员对客观事物和现象做出全面分析和理性思考，有助于谈判者做出科学决策。需要指出的是，耐心不同于拖延。在谈判中，人们常常运用拖延战术打乱对方的战术运用，或借以实施己方策略。耐心主要是指人的心理素质，从心理上战胜对方。在谈判活动中，谈判者要自始至终保持耐心，其动力来源于对利益目标的追求。人们的意志、对谈判的信心以及对追求目标的勇气都是影响耐心的重要因素。

3. 诚心

商务谈判中需要谈判双方都真心诚意对待对方，这是谈判双方合作的基础，也是影响、打动对手心理的策略武器。谈判需要诚心，诚心应贯穿谈判的始终，受诚心支配的谈判心理是保证实现谈判目标的必要条件。做到有诚心，即是在具体的活动中，对于对方提出的问题，要及时答复；对方的做法有问题，要适时恰当地提出；自己的做法不妥，要勇于承认和纠正；不轻易许诺，承诺后要认真践诺。

谈判作为一种交往活动是人类自尊需要的满足，要得到别人的尊重，前提是要学会尊重别人。谦虚恭让的谈判风格、优雅得体的举止和豁达宽广的胸怀是一名优秀谈判者所必需的。在谈判过程中，以诚心感动对方，可以使谈判双方互相信任，建立良好的交往关系，有利于谈判的顺利进行。

4. 自尊心

自尊心是谈判者正确对待自己和正确对待谈判对手的良好心理。谈判者应具备自尊心,维护民族尊严和人格尊严,面对强大的对手不能奴颜婢膝,更不能以出卖尊严换取交易的成功。同时,谈判者还要尊重对方的意见、观点、习惯和文化观念。在商务谈判中,只有互相尊重、平等相待,才可能保证合作成功。

(二)谈判者综合能力

1. 六大思维能力

六大思维能力主要是指辩证思维能力、战略思维能力、历史思维能力、系统思维能力、创新思维能力、底线思维能力等科学的思想方法。辩证思维能力,就是发现矛盾、分析矛盾、解决矛盾,把握本质、遵循规律、指导实践的能力。战略思维能力,就是强调思维的整体性、全局性、长期性,高瞻远瞩、统揽全局,善于把握事物发展总体趋势和方向的能力。历史思维能力,就是以史为鉴、知古鉴今,善于运用历史眼光认识发展规律、把握前进方向、指导现实工作的能力。系统思维能力,就是指由相互联系、相互作用的若干要素组成的具有稳定结构和特定功能的有机整体。创新思维能力,就是破除迷信、超越过时的陈规,善于因时制宜、知难而进、开拓创新的能力。底线思维能力,就是根据我们的需要和客观的条件,划清并坚守底线,尽力化解风险,避免最坏结果,同时争取最大期望值的一种积极的思维。在商务谈判中,应灵活运用以上思维能力。

2. 应变能力

任何有充分准备的谈判都可能遭遇意外情况。复杂的谈判环境要求谈判者具备沉稳、机智和灵活的应变能力,以便在主客观条件瞬息万变之际,把握机遇、规避风险、掌控谈判局势。应变力指的是谈判者擅长与他人沟通交流,拥有良好的人际关系,并能激发其他谈判人员的积极性,协调他们的意志,统一行动,根据谈判态势适时调整谈判策略和部署的心理素质。在谈判过程中,谈判人员需善于观察、临危不惧,及时捕捉对方动态,洞察对方底线,并灵活应对。

3. 抗压能力

谈判是一个较量的过程。在谈判中,谈判双方都会面临来自各方面的压力,如谈判过程中的不确定性、为争取更大的利益等方面的压力。因此,一个具备高抗压能力的谈判人员,能够在压力面前保持冷静和理智,进而提高谈判的成功率。

4. 感受力

尼尔伦伯格在《谈判的艺术》一书中有这样的描述:"老练的谈判家能把坐在谈判桌对面的人一眼望穿,断定他将做什么行动和为什么行动。"合格的谈判者要随时根据谈判中的情况变化及有关信息,透过复杂多变的现象,抓住问题的本质,迅速分析、综合判断,并采取必要的措施,果断地提出解决问题的具体方案。

本章小结

本章详细介绍了商务谈判心理的概念及相关知识。首先,阐释了马斯洛需求层次理论,并以此为指导明确了商务谈判不同层次的心理需求;其次,论述了商务谈判的心理过程、心理挫折;最后,介绍了商务谈判人员心理素质培养、提升的措施。

课后习题

一、名词解释

1. 商务谈判心理
2. 商务谈判需要

二、简答题

1. 简述商务谈判的心理效应。
2. 简述影响谈判者心理的因素。
3. 简述马斯洛需求层次理论。

课后习题答案

一、名词解释

1. 商务谈判心理是指在商务谈判活动中谈判者产生的各种各样的心理活动,是商务谈判者在谈判活动中对各种情况、条件等客观现实的主观能动的反映。通俗地说,商务谈判心理就是在商务谈判中,谈判双方会有一个知、情、意的心理过程,同时在谈判中谈判双方会表现出不同的需要、动机、能力、气质、性格等。

2. 商务谈判需要是指谈判者对谈判中客观事物需求的反映,即谈判者通过谈判所希望达到的利益和需要。

二、简答题

1. 在进行商务谈判时,由于受到各种主客观条件的限制,谈判者在反映客观时总会产生各种偏差,这些偏差会影响其认知的准确性。产生偏差的心理效应主要包括以下三种类型:一是首因效应,是指人们初次交往中留下的第一印象,也可以说是第一印象对今后交往关系的影响,是一种"先入为主"的效果;二是晕轮效应,就是以点概面或以偏概全的主观印象,是指人对某事或某人好与不好的印象会扩大到其他方面;三是刻板效应,是指在人们的头脑中会存在着对某类人进行概括的固定印象,以此固定印象作为判断和评价他人依据的心理现象。

2. 在商务谈判中,影响谈判者心理状态的因素主要有:谈判规模和谈判性质;谈判环境;谈判双方的实力;谈判进程和谈判时间;谈判中的失礼行为。

3. 马斯洛需求层次理论指的是人的需要是有层次的。马斯洛将人类需要像阶梯一样从低到高按层次分为五种。

（1）生理需要，即生存需要，是人维持自身生存最基本的需要。

（2）安全需要，主要是指人的安全感、稳定感和秩序感，要求保障自身安全的需要。它属于较低层次的需要。

（3）社交需要，是人追求社会交往中人际关系的需要，是中等层次的需要。它表现为两个方面的内容：一是友爱的需要，即对朋友、爱人和家庭的渴望；二是归属的需要，即人都有一种归属于一个群体的感情，渴望成为群体中的一员，渴望交流感情，渴望关怀与爱护。

（4）获得尊重需要，属于人类较高层次的需要，是指人们希望实现自己的潜在能力，取得成就，对社会有较大贡献，能够得到别人尊重。尊重的需要可分为内部尊重和外部尊重。内部尊重就是人的自尊，是指一个人希望在各种不同情境中有能力胜任、能充满信心、能独立自主。外部尊重是指一个人希望有地位、有威信，希望受到别人的尊重、信赖和高度评价。

（5）自我实现需要，是指人希望发挥自己的潜能，实现个人理想抱负的需要。这是人类需要的最高层次。

第八章 不同国家文化背景下的商务谈判

学习目标

1. 了解现代国际关系的基本原则与特点。
2. 了解不同国家的文化差异。
3. 初步了解不同国家文化差异对谈判的影响及应对对策。
4. 了解不同国家的谈判风格。

第一节 现代国际关系基本原则与特点

案例 8-1 看人下菜的船长

几个商人在一条船上开国际贸易洽谈会,突然船开始下沉。"快去叫那些人穿上救生衣,跳下船去。"船长命令大副。几分钟后,大副回来了。"那些家伙不肯跳。"他报告说。于是,船长亲自出马。不一会儿,船长回来告诉大副:"他们都跳下去了。""您用了什么方法?"大副忍不住问道。"我告诉英国人跳水是有益于健康的运动;告诉法国人那样做很时髦;告诉德国人那是命令;告诉意大利人那样做是被禁止的;告诉苏联人这是革命的……""你是怎么说服那帮美国人的呢?""这也很容易。"船长说:"我就说已经帮他们上了保险。"

思考:这个笑话说明了什么?

一、现代国际关系基本原则

《联合国宪章》在序言中阐述了"大小各国平等权利"的信念,并规定了各会员国应当遵循的七项原则。其中第一项为:"本组织系基于各会员国主权平等之原则。"

主权平等既是现代国际关系的基本准则,也是国际交往礼仪的基本原则。主权平等包含两方面的含义:一方面,每个国家都享有平等权利,不受他人侵犯;另一方面,每个国家都有尊重别国主权的义务，不得借口行使自己的主权而侵犯他国的主权。国家不论大小，都应当具有独立自主处理自己国家内外事务、管理自己国家的权利。国家与国家相互之间是平等的，所有国家都是国际社会的平等成员。

二、现代国际关系特点

1. 以相互尊重、主权平等为基础

现代的国家关系应当是完整的主权国家之间的关系。这与封建割据、闭关自守的封建国家之间的关系、宗主国同殖民地附属国之间的关系不同。国家不论大小强弱，主权应当一律平等。

2. 国家之间交往密切

除双边关系发展外，国家间多边往来大量增加的趋势十分明显。因而，在国际商务谈判与礼仪做法上提出了许多新问题，产生了新的做法。

3. 国际礼仪的内涵更加丰富

国家间包括政治外交、经济贸易、文化教育、军事国防以及民间往来等各方面、多层次的国际往来，都通过一定的礼仪形式来进行活动。特别是国际经济贸易的发展，许多公司都设有专职礼仪人员或公关部门。

4. 礼仪活动更加讲求实效

国际礼仪活动的形式更加多样，具体安排更加灵活。例如，领导人之间的实质性会谈更加受到重视；日程安排更加紧凑合理，举行宴会虽讲究礼仪但不铺张；参加宴会的人数有所压缩；宴会上发表正式讲话的次数有所减少；动员群众参加的大规模场面减少；互访代表团人数减少；生活接待更加注意安全、舒适、方便等。

5. 外交礼仪简化成为趋势

由于国际交往和活动急剧增多，繁文缛节势必成为人们不堪负荷的重担，往往分去人们的许多时间和精力。因此，外交礼仪简化在国际上成了一种必然趋势。

第二节　文化习俗与谈判风格

一、不同国家的文化差异

（一）文化概述

1. 文化含义

广义的文化指人类在社会实践过程中所获得的物质、精神的生产能力和创造的物质、精神财富的总和。狭义的文化指精神生产能力和精神产品，包括一切社会意识形式（即自然科学、技术科学、社会意识形态），有时也专指教育、科学、艺术等方面的知识与设施。

2. 跨文化沟通

爱德华·霍尔（Edward T. Hall）在1959年首先使用跨文化沟通这个词语。跨文化沟通通常是指具有不同文化背景的人之间发生的沟通行为。地域不同、种族不同等都会导致文化差异。

（二）文化差异产生的原因

1. 心理程序差异

荷兰研究专家吉尔特·霍夫斯泰德（Geert Hofstede）认为：文化是在一个环境中的人们的心理程序，它不是一种个体特征，而是具有相同教育和生活经验的许多人所共有的心理程序。霍夫斯泰德在1967—1973年进行了一项关于多国文化差异的研究。他调查分析了分布在全球50多个国家的IBM公司的上万名员工，经过分析得出这些人在对同一事情的看法上存在很大差异。这些差异可以分为五个维度：权力距离、个人主义与集体主义、男性度与女性度、不确定性规避、长期取向与短期取向。

（1）权力距离

权力距离是指在一个组织当中，权力的集中程度和领导的独裁程度，以及一个社会在多大程度上可以接受组织当中这种权力分配的不平等，在企业当中可以理解为员工和管理者之间的社会距离。霍夫斯泰德用权力距离作为文化尺度来衡量社会机构和组织内权力分配的不平等程度。一种文化究竟是大的权力距离还是小的权力距离，必然会从该社会内权力大小不等的成员的价值观中反映出来。因此，研究社会成员的价值观，可以判定一个社会对权力距离的接受程度。

例如，美国是权力距离相对较小的国家，美国员工倾向于不接受管理特权的观念，下级通常认为上级是"和我一样的人"。在这样的背景下，员工与管理者之间更平等、关系更融洽，员工也更积极主动去学习，追求进步和超越自我，实现个人价值。在权力距离较大的环境下，上级所拥有的特权被认为是理所应当的，这种特权大大地有助于上级对下属权力的实施。这对员工与管理者之间和谐关系的创造、员工在企业中不断地学习和进步是十分有利的。

（2）个人主义与集体主义

个人主义是指一种松散结合的社会结构。在这一结构中，每个人重视自身的价值与需求，依靠自己的努力来获取利益。集体主义则是指一种紧密结合的社会组织。其中，人们往往以"在群体之内"和"在群体之外"来区分，他们期望得到"群体之内"人员的照顾，但同时也以对该群体保持绝对的忠诚作为回报。

例如，美国是崇尚个人主义的社会，强调个性自由及个人成就，因而开展员工之间个人竞争，并对个人表现进行奖励，是有效的人本主义激励政策。中国和日本都是崇尚集体主义的社会，员工对组织有一种感情依赖，容易构建员工和管理者之间和谐的关系。

（3）男性度与女性度

男性度与女性度（男性化与女性化）是社会上居于统治地位的价值标准。男性度指数高的国家，在谈判过程中，男性通常占有主动权和主导权，一般处于支配地位，性别角色区分明显。这类国家的社会性格大多倾向于刚强型，更喜欢竞争，更重视地位和金钱。而女性度指数高的国家，社会性格更偏向柔和，商务谈判人员会采取更加婉转的方式来解决谈判时出现的问题，社会层面上则更倾向于建立相对稳定的人际关系，更注重人与人之间和谐交往。

例如，美国是男性度指数高的国家，企业当中重大决策通常由高层做出，员工由于频繁地变换工作，对企业缺乏认同感，因而员工通常不会积极地参与管理。中国是一个女性度指数高的国家，注重和谐和道德伦理，崇尚积极入世的精神。

（4）不确定性规避

霍夫斯泰德用这一文化因素来衡量人们受不确定性影响的程度，以及避免无组织状态的程度。规避不确定性的途径包括：为人们提供更大的职业稳定性，订立更多的正规条令，不允许出现越轨的思想和行为，追求绝对真实的东西，努力获得专门的知识等。不同民族、国家或地区，规避不确定性的迫切程度是不一样的。规避程度高的国家的人常常坐立不安，喜怒形于色，生活、工作节奏快，文化对法律规章的需要是以感情为基础的；规避程度低的国家的人容许同时存在不同的观念。

例如，日本是不确定性规避程度较高的社会，因而在日本，"全面质量管理"这一员工广泛参与的管理形式取得了极大的成功，"终身雇佣制"也得到了很好的推行。与此相反，美国是不确定性规避程度低的社会，同样的政策在美国企业中则不一定行得通，如在日本推行良好的"全面质量管理"，在美国却几乎没有成效。

（5）长期取向与短期取向

这一维度的研究是从对世界各地23个国家的学生的研究中得出，使用的是由中国学者设计的调查问卷，可以说是注重德行而不是真理。这一维度表明一个社会的决策是受现在或将来的影响程度大还是受传统和过去发生事情的影响程度大，也能表示某一文化对某种关系的保持或目标收益愿意付出的时间长短的衡量。在这一维度中，长期取向是儒家观念的集中表现，注重坚韧、不屈不挠、节约的价值观；短期取向注重尊重传统，履行社会责任的价值观。

长期观和短期观侧重于区分对目标的长期投入或短期投入。以美国和日本为例,美国喜欢把经商比喻为打猎,日本则把经商比喻为种植水稻。从中可以看出,美国侧重于短期投入,追求立竿见影的效果;日本则侧重于长期投资,以获得长期发展。

在现实交流中,这五个维度往往不会单独出现,而是交叉混合在一起,这和文化的一体性和交融性有着密切的关系。通过对这五个维度的综合分析,霍夫斯泰德证实了不同国家的文化确实存在很大的差异性,而这种差异潜移默化地影响着人们的思想行为,不会轻易被改变。

2. 风俗习惯差异

风俗习惯指的是个人或集体的习性、礼节和传统风尚,是特定社会文化区域内生活的历代人民群众共同遵守的行为规范或行为模式。风俗习惯一般包括传统礼仪、民族风俗、节日习俗等方面。在习惯上,人们通常将由于不同的自然条件原因所造成的行为规范差异称为"风",而将由于不同的社会文化因素所造成的行为规则差异称为"俗",这就是所谓的"百里不同风,千里不同俗"。

在国际商务谈判中,各国的风俗习惯会增加谈判的困难,这主要是因为谈判双方来自不同的国家,受到来自不同国家、地区的风俗习惯影响。谈判过程中,免不了要接触到对方的风俗习惯,要是在谈判前没有充分地了解对方的习俗,可能会对谈判结果产生一定的影响,甚至造成谈判失败。例如,在与英国人谈判时,见面礼仪是握手,而且戴帽子的男人和英国人握手时,需要先脱下帽子再握手以表示对对方的尊重;另外,不能系条纹领带,要严格遵守时间。在与德国人谈判时,需要注意的是,德国人时间观念很强,一旦约定时间,迟到或者过早抵达都会被视为不礼貌;在商务谈判活动中,德国人认为礼服是必不可少的,而且将手放到口袋里是不礼貌和没有素养的行为。

在一些大型的国际商务谈判中,除了会议谈判这一内容,有些国家尤其重视在谈判过程中互赠礼物。在接收礼物时,中国人通常会说几句客套话,且没有当面打开的习惯;而西方人则会当面打开并用真诚的夸赞来表达对礼物的喜爱。因此,在国际商务谈判中对谈判方的风俗习惯了解得越多,越能规避因风俗习惯产生的冲突,这对谈判活动的顺利进行有极大的促进作用。

3. 思维方式差异

在商务谈判中,双方谈判者的思维方式、思维特点存在差异。这种差异不仅表现在为人处世、文化素养方面,也表现在思维过程上。就拿中国和欧美等西方国家的思维方式差异来说,中国人偏向于形象思维,西方人偏向于抽象思维。形象思维指的是人在头脑里对记忆表象进行分析综合、加工改造,进而形成新的表象的心理过程。它是思维的一种特殊形式,即通常的想象。而抽象思维或逻辑思维是运用概念进行判断、推理的思维活动。这种思维方式需要遵循逻辑规律。

中国人在解决问题时更多的是从伦理道德方面进行思考,喜欢妥协和辩证统一,崇尚集体主义,讲求诚信的重要性,这些都与中国传统文化有所关联。而西方人会较多的从法律视角来思考问题,注重逻辑推理,倾向个人主义,讲求对立性、分析性。由此可见,在国际商务谈判中,各国在思维方式上的差异也是影响谈判成功的一个重要因素,因此,在了解对方的前提下,也应该进一步了解对方的思维方式,才能使谈判活动顺利地进行下去。

4. 价值观念差异

不同国家和地区的人们因其文化背景的差异,价值观念也存在一定的差异。价值观是主导人类行为的关键因素之一,是一个国家的文化核心组成,体现在该国家人民行为举止的方方面面。价值观指的是基于人的一定思维感官之上而做出的认知、理解、判断或抉择,也就是人认定事物、辩定是非的一种思维或取向,从而体现出人、事、物一定的价值或作用。

在国际商务谈判中,谈判双方的价值观念直接关系到谈判的结果。最显而易见的莫过于东、西方的集体主义和个人主义。东方文化的底蕴内涵是集体主义,其中,中国人的集体观念更强,在集体利益面前可以牺牲个人利益,国家利益和集体利益高于一切。而西方文化主张个人主义,强调个人至上,更看重自由、人权和个人的利益。因此,谈判双方都应该在谈判开始前对对方的价值观有充分的了解,为谈判成功奠定基础。

5. 时间观念差异

时间观是人们对时间概念的一种科学认识或哲学认识。循环型时间观的人认为,时间是一个循环,一切事物的发展过程都是循环往复的,现代发生的事,若干年以后还会重复发生。直线型时间观是指有明确的过去和未来的不对称性观念,简单来说就是过去的已经过去,未来的还未到来,并且两者永远不可能重复。

不同的文化背景衍生出不同的时间观念,各国在时间观念上的不一致往往会阻碍商务谈判的进行。例如,中西方的时间观念是存在较大差异的。中国的时间观属于循环型时间观,利用发展的眼光看待事物,参加活动时会提前到达来表示对对方的尊重。而大多数西方国家的时间观是直线型时间观,守时观念强烈,一般会准时到达约定地点,认为迟到是非常不礼貌的。

6. 人际关系差异

人际关系指的是人们在生产生活中所建立的一种社会关系,表现为人们心理上的距离远近、个人对他人的心理倾向及相应行为。受不同文化的影响,各个国家对人际关系的重视程度存在较大的差异。人际关系的差异往往会导致交际行为、交际方式等的差异，进而妨碍跨文化交际的进行。在人际关系方面的差异，可以分为人际关系型的文化和非人际关系型的文化。作为人际关系型文化的国家，一般来说，非常重视人际关系的作用；而拥有非人际关系型文化的国家，不看重人际关系在商务活动中的作用。例如，中国人会在商业活动开始之前花很多时间到非正式场合去了解对方，只有和对方相处融洽并彼此信任后才会开展后续的商务合作。而美国人不注重搞人际关系，在处理工作上通常对事不对人，注重眼前利益。

二、谈判风格的类型

谈判风格主要是指在谈判过程中，谈判人员通过言行举止、处事方式、习惯爱好等方面表现出来的特点。

由于文化背景不一样，不同国家、地区的谈判者具有不同的谈判风格。在商务谈判过程中，不仅要去深入了解当地的文化习俗，更要了解对方的谈判风格。例如，对于中国人来说，大多数中国人在表达情绪时较为委婉，在和别人交往过程中客套、谦虚；而对于美国人来说，他们擅长表达自己，喜欢直接表达自己的诉求，其个性也大多数比较外向，具有很强的法律意识与观念，在利益方面更为直接。各个国家的文化背景使得各国的谈判风格大为不同，而这一差异在谈判过程中往往会引起不必要的误解。例如，如果谈判双方是中美两国，中国人谦虚的性格会让美国人认为中国人拐弯抹角。因此，在谈判前，谈判双方应重视对方的谈判风格，让谈判进行得更加顺利。

通常，谈判风格的类型分为支配型、表达型、亲切型和分析型。

1. 支配型

支配型的人通常做事果断，不易情绪化，情感度较差，表达能力强，在遇到冲突时，会采取必要的措施来确保自己的个人要求被满足，以自己的利益为主。与这一类型的对手谈判时，采取弱者政策为宜。

2. 表达型

表达型的人做事果断，容易情绪化，情感度高，表达能力强，在工作中充满激情，有创造力，但条理性较差，组织性差，并且不能确保任务的完成。与这一类型的对手合作时，要激发他们的积极情绪，并时常与其进行交流，确认工作的完成进度。

3. 亲切型

亲切型的人做事犹豫，容易情绪化，情感度很高，表达能力差，善于保持良好的人际关系，在相处过程中充满耐心，在处理冲突时往往更重视维持人与人之间的关系。对于这一类型的对手，可以多谈论谈判以外的事情，建立良好的人际关系。

4. 分析型

分析型的人做事犹豫，容易情绪化，做事很有组织性，表达能力差，情感度低，认为完成任务需要足够多的数据。

三、应对文化差异的对策

在商务谈判活动中，如果谈判者生活在相同的文化背景下，用同样的语言沟通交流，可以减少麻烦和障碍的出现。而在国际商务谈判中，文化差异使谈判过程中的沟通交流显得更为困难。但是，国际商务谈判的最终结果都是为了谈判双方的合作共赢，所以不管双方在文化背景上存在多大的差异，各国的谈判人员都应该正视文化差异，互相理解，减少文化差异带来的障碍。

国际商务谈判涉及面广，谈判者首先要充分了解各国的文化差异，正确地对待文化差异。作为一名商务谈判人员，必须具备广泛的世界文化背景知识，充分了解不同国家、地区间存在文化的差异。在国际商务谈判中，无论谈判双方有着怎样不同的背景，最终的目的都是为了达到共赢，因此，在谈判过程中不应局限于如何缩小因语言差异而带来的在理解上可能存在的误差或矛盾，还应考虑不同文化因素可能对商务谈判造成的影响，从而提高谈判成功的可能性。应对文化差异的具体对策有以下五个方面。

（一）正确认识文化差异性

文化差异是客观存在的，它随着经济全球化的发展进程越发明显。我们应该正确认识文化的差异性。在商务谈判过程中，我们不能以自己的文化标准去要求对方，而应了解谈判双方在不同的文化背景下，在语言、风俗习惯、思维方式等方面存在的差异。树立正确的文化差异意识，我们应做到以下三点：第一，相互理解，彼此尊重，重视并尊重文化差异，客观公正地对待文化差异。第二，应立足于对方的视角看待问题，尝试理解对方的观点看法，并了解其对待问题的逻辑思维及解决方法。第三，适应文化差异的出现，求同存异，培养自己应对跨文化沟通的能力，努力消除文化差异带来的消极影响，及时调整自己的谈判方式，促进谈判的顺利进行。

（二）谈判前做好准备工作

知己知彼，百战不殆。谈判是否成功往往离不开充足的准备工作。进行商务谈判的准备工作是十分复杂的事，而国际商务谈判往往会更加困难。在谈判之前，谈判者要全方位地了解谈判对象所处的文化背景，根据对方在谈判时做出的相应手段，了解其要达到的谈判目的。谈判前应做好的准备工作包括以下四点：一是对谈判对象文化背景及存在的文化差异的了解；二是对谈判工作时间、地点、参会人数等信息的核对；三是对谈判过程中突发状况的应对；四是对谈判结果的预估等。

在进行谈判前的准备工作时，必须考虑到谈判双方的文化差异，这样才能实现对谈判对象的深入了解。只有做好充足的前期准备工作，才能灵活地处理在谈判过程中出现的问题，避免谈判中出现重大的冲突问题，为谈判带来积极影响。针对不同国家的谈判风格，基于对谈判对象的了解，采取相应的措施，进而在谈判过程中运用不同的谈判策略。通过对方的文化习俗及谈判风格对谈判话术及技巧进行调整，让对方感受到尊重与诚意，从而形成良好的谈判氛围，以提高谈判成功率。

（三）避免语言沟通障碍

在国际商务谈判活动中，语言及非语言的恰当运用对商务谈判的结果有显著影响。所有的语言都离不开民族文化的影响，地区间文化习俗的差异形成了各地不同的语言交流方式，文化的传承与发扬离不开语言，语言也是文化的表现形式和载体之一。因而，在国际商务谈判的过程中，不同的语言表达方式可能会带来交流障碍，甚至造成矛盾冲突。谈判语言的准确应用有助于谈判的顺利进行，因此，在商务谈判中应灵活、恰当地运用商务语言，根据对方的实际情况准确合理地使用语言，尽可能简洁明了地表达自己的意愿，避免使用有歧义的词汇和语句，采取礼貌、委婉、赞美和文雅的语言策略，给谈判对象留有良好印象以促进谈判成功。

非语言的交流方式也是谈判过程中出现沟通障碍的因素之一。非语言沟通与语言沟通相比有很大的区别，非语言沟通不仅效率低、耗费时间长，而且不能及时准确地反馈信息。但是，非语言沟通通常不是一个人能轻易控制的，它更能表达对方的首要观点。因此，在进行国际商务谈判前，必须深入了解不同国家非语言表达中的差异，准确把握谈判对象非语言沟通表达的意思，避免造成不必要的麻烦。例如，在中国和美国等国家，大家都认为"OK"这个手势代表的是好的、没问题，而在巴西和德国是一种极具侮辱意味的冒犯性手势。所以，在开展商务谈判前应对他方的非语言表达方式进行了解，不能以自己的文化标准要求对方，要善于观察，并以恰当的方式应对他方，推动谈判的顺利进行。

（四）培养跨文化谈判能力

国际商务谈判涉及不同国家、不同民族、不同文化的谈判主体，跨文化谈判是一种属于不同文化思维形式、感情方式及行为方式的谈判。由于文化的差异，跨文化谈判经常会产生误解，因此，培养跨文化谈判的能力十分重要。掌握不同国家和地区的谈判技巧，学习并理解其他文化，深入了解他们的文化和思想，耐心解决双方的冲突矛盾，学习对方的礼仪礼节，学习使用谈判中的通用语言，能够有效地进行跨文化沟通，避免因文化差异造成谈判受阻。在正确的谈判意识的指导下，涉外谈判者必须掌握谈判对手的谈判风格，灵活应变，对症下药，使国际商务谈判向有利于己方的方向发展。

（五）切实提升法律意识

在商务谈判过程中，在遇到不可避免的冲突矛盾时，应当树立法律意识，通晓国际商法和国际商务惯例，熟悉双方外交政策和对外经济贸易政策。我们要做的不只是尊重对方国家的文化习俗，更多的是合理利用法律规章维护己方的合法权益，打造更为公正、和谐的谈判氛围，把国家与民族利益置于最高的位置。

在现代社会，国与国之间在文化、习俗、价值观等各方面往往存在很大的差异，如果在商务谈判过程中遇到问题，双方谈判人员应具备良好的法律意识，通过法律手段落实对自身权利和义务的有效维护，以此为各国贸易往来打下坚实的基础，为国际商务谈判的开展打造公平、公正的环境。

第三节　不同国家谈判风格

虽然全球化之风劲吹，走向融合是大趋势，但是每个民族、每个国家、每个地区仍保有鲜明的民族或国家差异。特别是在国际商务谈判中，能够敏锐地把握这种不同，有助于实现谈判目标的达成。本节将介绍不同国家和地区商务谈判的风格。

一、亚洲商人谈判风格

1. 中国

中国是一个拥有五千多年悠久历史的国家，也是四大文明古国之一，中国人在思想上深受儒家文化影响，重视礼节、礼仪，素有礼仪之邦的美称。中国商人的谈判风格表现为以下方面。

（1）以礼相待，注重礼仪、礼节，为人处世含蓄委婉

中国人与人相处时习惯于以礼相待，无论年龄大小，他们都十分注重待人接物的礼节。中国人说话方式较为含蓄委婉，不喜欢直截了当地表明自己的想法和态度。在商务谈判中，中国商人不喜欢直接、强硬的交流方式，对对方提出的要求常常采取含糊其词、模棱两可的方法作答，或利用反问转移重点。在谈判过程中，中国人很少会直接拒绝对方的建议，常常会给对方留面子，也需要对方给自己留面子。同时，中国人在谈判中会仔细观察对方，避免做出让对方不舒服的回答和行为，让谈判对象看到自己的诚意，从而推动谈判的进行。

（2）重视人际关系的建立

中国商人十分重视人际关系的建立，建立关系是获取安全感和信任的途径之一。中

国人很重视亲戚朋友，他们做生意时往往将关系作为第一要素，注重人际间的感情交流。谈判双方的关系会影响谈判的进行。中国商人通过一些社交活动来建立关系，关系成为他们与他人和社会进行交流的重要渠道。在进行商务谈判时，中国人并不会急于谈判，而是充分地了解对方，尽可能地建立良好的人际关系。

（3）中国人敬时，惜时，守时

中国人崇尚"日出而作，日入而息"。中国人的时间观是与生存联系在一起的，春生、夏长、秋收、冬藏，遵循这种时序，就能生息有序。中国人不主张盲动，讲究时机，"君子谋时而动，顺势而为"。中国人守时，但保留弹性。受集体主义文化影响，在中国，人际关系的重要性往往高于对时间的紧迫感。时间的柔性体现出对他人的情感和社会关系的尊重。不过，随着经济全球化和文化交流的增加，中国人的时间观念也在逐步融合，开始学习和接受西方的准时文化。

（4）善于把握原则性与灵活性

中国人能灵活地解决问题，具有很强的原则性和分寸感。在谈判过程中，中国人通常会列一个原则框架，首先会以意向书的形式与对方达成一致，之后才会洽谈相关的合作细节。中国人在原则问题上寸步不让，如果出现原则问题受到挑战，他们的态度就会发生转变，坚决反对谈判的继续。此外，在具体工作的实施上，中国人能极灵活地处理事务。

2. 日本

（1）谦和有礼，守时合规

日本人深受中国儒家文化的影响，十分重视礼仪和礼节，他们在国际商务谈判中的风格十分谦和，在待人接物方面会把对谈判对手的尊重做到极致。日本商人看重承诺和信用，乐于按照既定的规则行事，对于约定的时间严格遵守。

（2）谨慎耐心，注重长远

耐心是谈判成功的保证，日本人在谈判中的耐心是举世闻名的。日本人的耐心不仅体现在谈判节奏缓慢，更体现在准备充分、考虑周全、洽商有条不紊、决策谨慎小心。日本商人对待谈判中遇到的具体问题，始终能保持极大的耐心，做出任何决定都经过仔细的思考，十分谨慎小心。日本人对谈判的时间概念有独特的理解，他们似乎把会晤和交谈以谋求共识所用的时间看作一种无限资源。因此，在讨论问题时总喜欢做长时间的思考，尤其在回答对方提问或要求时似有一种惊人的耐久力，甚至在较长时间处于沉默思考之中。

（3）行为内敛，看重面子

日本人受到儒家思想的熏陶渐染，形成了内敛含蓄的做事风格。日本人所做的一切，都要受严格的礼仪约束。许多礼节在西方人看来有些可笑或做作，但日本人做起来却一丝不苟、认认真真。与西方商人相比，日本商人很少在谈判桌上毫无保留地阐释自己的所有观点,而是更善于安静聆听,只在必要的时刻抛出具有分量的意见。日本人在做决策前,希望先期进行小范围的会商,然后逐步引导所有人走向共识,以免草率公开的激烈辩论造成面子上的损害。

3. 韩国

韩国是一个自然资源匮乏、人口密度很大的国家。韩国的经济发展水平处于亚洲前列,以贸易立国,近几十年经济发展较快。韩国商人在长期的贸易实践中积累了丰富的经验,常在不利于己方的贸易谈判中占上风,被西方国家称为谈判的强手。韩国商人的谈判风格主要有以下特点。

(1) 注重谈判礼仪和创造良好的气氛

韩国人十分注意谈判地点的选择,一般喜欢选择在有名气的酒店、饭店会晤。会晤地点如果是韩国方面选择的,他们一定会准时到达;如果是对方选择的,韩国商人则不会提前到达,往往会推迟一点到达。在进入谈判地点时,一般是地位最高的人或主谈人走在最前面,因为他是谈判的拍板者。

(2) 重视会谈初始阶段的气氛

韩国人一见面就会全力创造友好的谈判气氛,见面时总是热情打招呼,向对方介绍自己的姓名、职务等。落座后,当被问及喜欢用哪种饮料时,他们一般会选择对方喜欢的饮料,以示对对方的尊重和了解;然后寒暄几句与谈判无关的话题如天气、旅游等,以此创造一种和谐的气氛;而后,才正式开始谈判。

(3) 逻辑性强,做事喜欢条理化,谈判也不例外

在谈判开始后,韩国人往往是与对方商谈谈判的主要议题。谈判的主要议题虽然每次各有不同,但一般须包括下列五个方面的内容,即阐明各自意图、叫价、讨价还价、协商、签订合同。尤其是较大型的谈判,韩国人往往是直奔主题、开门见山。

二、欧洲商人谈判风格

1. 英国

英国是世界上第一个实现工业化的国家,无论在欧洲还是在世界范围内都具有很强的影响力。英国人的性格既有过去大英帝国留下的傲慢矜持,又有本民族谦和的一面,英国是老牌的资本主义国家,人们的观念中等级制度依然根深蒂固,言行持重的英国人不轻易与对方建立个人关系。英国商人的谈判风格具有以下特点。

(1) 重礼仪,讲究绅士风度,沉稳冷静,不轻易与对方建立个人关系

英国商人重礼仪,讲究绅士风度,也很注重谈判对手的修养与风度。英国商人与人接触时,开始总保持一段距离,然后才慢慢地接近。他们不轻易相信别人、依靠别人。

英国商人具有沉稳的做事风格和冷静的气质。谈判过程无论是令人激动还是让人沮丧，他们都会将情绪的波动控制在一定限度内。

（2）严谨细致，重视合同细节

英国商人一般比较守信用，履约率比较高，注意维护合同的严肃性。英国商人很重视合同的签订，喜欢仔细推敲合同的所有细节，这与他们较强的责任感和荣誉感有关。他们一旦认为某个细节不妥，便拒绝签字，除非耐心说服，并提供有力的证明材料。但国际上对英国商人比较一致的抱怨是他们有不太关心交货日期的习惯。所以，在与英国商人签订的协议中，万万不可忘记写进延迟发货的惩罚条款加以约束。

（3）重身份，重等级

在对外交往中，英国人比较注重对方的身份、经历、业绩、背景。组织中的权力自上而下流动，等级性很强，决策多来自上层。所以，与英国商人谈判，在必要的情况下，派有较高身份、地位的人有一定的积极作用。英国商人比较看重秩序、纪律和责任，比较重视个人能力，不喜欢分权和集体负责。

（4）重视规则秩序

英国人把规则看得很重，希望谈判可以在公平公正的规则中进行。同样，受益于对规则的敬畏，他们自己非常守时，也希望谈判对手能按时出席。

2. 德国

德国是欧洲重要的工业国家，工业极其发达，企业标准十分精确、具体，产品质量堪称一流，德国人也以此为豪，其文化中具有较为倔强的民族性格。德国商人的谈判风格主要具有以下特点。

（1）严谨认真，重合同、守信用

德国人有"契约之民"的雅称，非常重视和尊重契约。德国商人做事十分严谨认真，这一点可以从德国工业产品精工细致的口碑中略窥端倪。德国人对待商务谈判中细节条款的态度甚至是苛刻的。在签订合同之前，他们会将每个细节都谈判到，认真研究和推敲合同中的每一句话和各项具体条款，明确双方权利、义务后才签字。

（2）准备周全，认真缜密

德国商人思维缜密，很有系统性和逻辑性，考虑事情周到细致，有计划性，注重细枝末节，力争任何事都完美无缺。在谈判前，他们会收集详细的资料，准备十分周密。无论是在商务谈判开始前还是进行中，德国人都会为下一步工作制订严密的计划和方案，并希望谈判能按照预定的程序和轨迹有条不紊地进行。

（3）重质量、讲效率，稳重严肃，善讨价

德国商人具有极为认真负责的工作态度、高效率的工作程序。他们谈判果断，极注重计划性和节奏紧凑,在交易中不喜欢漫无边际地闲聊,一开始就一本正经地进入正题。德国人对待人与人的关系一般采用较为严肃的态度,但也十分珍视信任关系。他们办事雷厉风行,不喜欢对方"研究研究""考虑考虑"等拖拖拉拉的谈判语言和工作作风。在谈判中,德国商人语气严肃,陈述和报价清楚明白;谈判建议具体、切实,以一种清晰、有序和有权威的方式加以表述。

3. 法国

法国文化以浪漫著称,民族性格乐观、开朗、热情、幽默,极富爱国热情和浪漫情怀。法国商人的谈判风格具有以下特点。

(1) 重视整体,重原则、轻细节

也许是受法国文化中浪漫气息的感染,法国商人在谈判中较少针对细节做苛刻的追问和仔细的探讨,其更关心商务合作的整体意向。法国商人比较注重信用,一旦签约,会比较好地执行协议。在合同条款中,他们非常重视交货期和质量条款。

(2) 善于辩论,个人能力强

法国人有较强的思辨能力。在商务谈判中,法国商人会不遗余力地向外界展示其辩论的能力,对待一个问题,一般会在阐释多种思路后寻求最佳解决方案。法国商人知识面广,能通晓好几个专业。即使是专业性很强的谈判,他们也能一个人独当一面。

(3) 乐观积极,劳逸结合

法国人对自己的国家和文化充满自信,因此,法国商人在谈判中往往保持乐观积极的态度,他们开朗热情的表达方式富有极强的感染力。法国人生活节奏感鲜明,工作时,认真投入,讲究效率;休闲时,痛快玩耍,注意劳逸结合。

4. 俄罗斯

俄罗斯是世界上面积最大的国家,横跨欧亚大陆,拥有极其丰富的自然资源和良好的重工业基础。俄罗斯人以热情好客闻名,他们非常看重个人关系,习惯于照章办事,善用谈判技巧。俄罗斯商人的谈判风格主要有以下特点。

(1) 热情好客,重感情

俄罗斯商人热情好客,注重人际交往关系,愿意与熟人做生意。俄罗斯商人在陌生人面前比较保守,但对朋友或是他们认为是朋友的人会亲密得多。他们的商业关系是建立在个人关系基础之上的,只有建立了个人关系,相互信任和忠诚,才会发展成为商业关系。一旦彼此熟悉,建立起友谊,俄罗斯商人就表现得非常豪爽、质朴、热情。

(2) 言辞较为强硬

俄罗斯人有尚武的传统,刚烈的性格在商务谈判中以强硬言辞的形式表现出来,这种强硬甚至给人一种傲慢的感觉。在某些问题上,俄罗斯商人在摆出自己的原则立场后,便不再予以任何考虑。

（3）行事保守谨慎，习惯于照章办事

受到官僚主义文化的影响，俄罗斯商人在进行商务谈判时会经常请示自己的上级领导，特别是在遇到重要问题时，个人的创造性和表现欲不强，推崇集体成员的一致决策和决策过程等级化。为确保减少自身负有的责任，俄罗斯商人甚至会谨慎地要求每个人做出承诺。在涉外谈判中，他们喜欢按计划办事，一旦对方的让步与他们的原定目标有差距，则难以达成协议。此外，由于俄罗斯人具有较强的官僚思想，俄罗斯政府对待外国企业的态度也比大多数西方国家更为严苛。

三、美洲商人谈判风格

1. 美国

美国是个移民国家，这种背景使美国人受传统束缚较少，并形成了坚毅、乐观、自信、勇于进取的开拓精神。另外，由于美国人深受犹太民族追求商业利益秉性的影响，他们的性格中含有很明显的重实际、重功利的色彩。美国商人在谈判过程中主要表现出以下谈判风格。

（1）热情开朗，随和友善

美国人有很强的自信心和优越感，他们在谈判时总是充满信心，不断发表自己的意见和提出自己的权益要求，往往不太顾及对方而显得气势上咄咄逼人，而且语言表达直率，喜欢开玩笑。他们坦率外露，善于直接向对方表露出真挚、热忱的感情，这种情绪也容易感染别人，对此应充分利用，以创造良好的谈判气氛，并以相应的态度对对方予以鼓励，创造成功机会。从总体上讲，美国人的性格通常是外向的、随意的。

（2）重视效率，珍惜时间

在美国人的观念中，时间也是商品，时间商品的价值常常精确到以分计算。美国商人总会按照预定的时间准时到达谈判地点，且谈判过程中十分重视效率，双方见面后直接进入正题。他们认为，直截了当就是效率，是尊重对方的表现。

（3）直截了当，干脆利落

以美国人的观点来看，做事情直截了当、不含糊其词是尊重对方的表现。美国商人善于使用简洁且具有信服力的语言表达，不会出现拖泥带水的情况，抛出的问题大多都能切中要害。在谈判桌上，美国人精力充沛、头脑灵活，喜欢迅速切入正题，会在不知不觉中将一般性交谈迅速引向实质性洽商，并且一个事实接一个事实地讨论。他们不喜欢拐弯抹角，不讲客套话，并且总是兴致勃勃的，乐于以积极的态度来谋求自己的利益。东方人崇尚谦虚、迂回，自信直率的美国人认为这是虚伪。

（4）聚焦利益，讲究谋略

美国人做交易，往往以获取经济利益为最终目标。为追求物质上的实际利益，他们善于使用策略，玩弄各种手法。美国商人重视可快速获得的利益，因此非常注重细节条款的落实，而较少关注对"大方向"的探讨。在谈判活动中，美国商人十分讲究谋略，会以卓越的智谋和策略成功地进行讨价还价，从而追求和实现经济利益。他们在谈判中更喜欢采用问题导向型的方式，强调实际问题的快速解决。

2. 加拿大

加拿大位于北美洲北部，是个移民国家，在历史上受到英国文化、法国文化和美国文化的多重影响，民族众多，各民族相互影响，文化彼此渗透。由于受多元文化的影响，加拿大人身上既有英国人的含蓄，又有法国人的开朗，还有美国人无拘无束的特点。加拿大商人在谈判风格方面有以下特点。

（1）谦逊友善，乐于助人

加拿大人性格开朗、待人诚恳、与朋友相处时随和亲切，与他们交往让人没有压力。

（2）重视实际情况

加拿大社会拥有很强的数据导向型文化，解决任何问题时都希望能依靠客观的数据和事实做出判断。因此，加拿大商人在谈判中希望谈判对手在对具体问题进行阐释时，能提供数据的支撑。他们认为，只有这样提出的观点才是科学的。

（3）重视短期利益

在谈判过程中，加拿大商人重视短期可获得的利益，因此注重对具体事项合作细节的商讨。他们认为，能准确把握住短期内即可获得的实在利益是激动人心的。

（4）受到移民文化影响

加拿大居民大多是法国人和英国人的后裔，加拿大英国系和法国系商人在性格与商业习惯上有较大的差别。英国系商人较保守、重信用，商谈时较为严谨。法国系商人则没有英国系商人严谨，刚接触时非常和蔼可亲、平易近人，款待也很客气、大方，但在商谈时就判若两人，难以捉摸，十分费力。

3. 拉丁美洲诸国

拉丁美洲是指美国以南的全部美洲国家与地区。拉丁美洲国家与美国、加拿大同属美洲大陆国家，但拉丁美洲国家在历史上受西班牙、葡萄牙文化影响的程度更深，因此在语言、文化、社会风俗方面都与北美国家有一定区别。拉丁美洲商人在谈判风格上主要具有以下特点。

（1）谈判节奏缓慢

拉丁美洲国家经常发生政变，人们都习以为常，即使发生了政变，街上仍旧是平平静静的。在这种环境下生活的人们，养成了一种处事不惊的性格。拉丁美洲商人重视谈判中涉及的细节，希望对细节进行充分而慎重的思考。同时，拉丁美洲商人在谈判过程中会花费大量的时间对谈判对手进行深入了解，因此谈判的时间跨度经常会被大大拉长。

（2）重视长期的朋友关系

在拉丁美洲国家，友谊和关系对于决策的制定往往能产生重要的影响。他们希望与可信赖的长期合作伙伴洽谈，而不是一个短期的投机者。在同拉丁美洲商人进行商务谈判的过程中，感情因素显得很重要。彼此关系相熟、成为知己之后，如果有事拜托他们，他们会毫不犹豫地为你优先办理，并充分考虑你的利益和要求。这样，双方的洽谈自然而然地会顺利进行下去。

四、非洲商人谈判风格

非洲有50多个国家，面积仅次于亚洲，是世界第二大洲。广袤的非洲大陆长期以来给人以贫穷和落后的刻板印象。非洲大陆绝大多数国家政治上已独立，但内部冲突和外部战争连年不断。他们的国情、生活习俗各具特色，影响着非洲商人的谈判风格。非洲商人的谈判风格表现为以下方面。

1. 时间观念淡漠

有一些非洲商人不会严格遵守谈判双方事先约定的时间，他们很少准时到会，即使到了也很少马上开始谈论正事。非洲商人在谈判节奏方面比较缓慢，大多按照自身对事务的把控来推进谈判进程，而非严格按照计划时间表行事。

2. 重视实际利益的获取

非洲商人在谈判中对能带来实际利益的议题更感兴趣，而不会在大的合作意向上耗费太多精力。这一点有些类似于美国、加拿大等国的短期利益导向型思维，具有实用主义倾向。在与非洲商人交往的过程中，适当准备一些礼物可以很好地拉近双方的关系，形成友好的互动。

3. 重视朋友间的信任关系

非洲各国保持着淳朴的民族气质，希望结交更多的朋友，并倾向于相信朋友之间的信任关系。在非洲商人眼中，有时朋友的关系比实际的商业数据更有说服力，更能影响其商业决策。

4. 权力意识强

在非洲，利用采购权吃回扣的事屡见不鲜。去非洲做生意，经常需要以小恩小惠来取得各环节有关人士的信任和友谊，建立关系后才可能使交易进展顺利。因此，同非洲商人洽谈生意时,可以根据他们的喜好,准备一些礼物,既可以博得好感,又可以避免行贿之嫌。

五、大洋洲商人谈判风格

大洋洲包括澳大利亚、新西兰、斐济、巴布亚新几内亚等 20 多个国家和地区。大洋洲居民多是欧洲各国移民,其中以英国和法国的移民后裔居多,其多数国家通用英语。其中,澳大利亚是大洋洲中较发达,也较为重要的国家。以澳大利亚和新西兰商人为主要代表的大洋洲商人在谈判中表现出以下风格特点。

1. 看重事实,注重办事效率

大洋洲商人十分务实、高效,在对待具体商业问题时,希望谈判对手拿出实际的数据和有力的证据作为依托,不愿意相信靠语言和经验得出的判断和构想。

2. 具有较强的时间观念

澳大利亚的普通员工一般都很遵守工作时间,不迟到、不早退,但也不愿多加班,下班时间一到就会立即离开办公室。但经理层的责任感很强,对工作也很热心。

3. 善于表达个人见解

受到西方个人主义价值观的影响,大洋洲商人善于将自己的个人见解表达清楚,在商务谈判中欣赏大胆表达自身想法的人,所以他们在做决定时也表现得较为果断。

本章小结

本章介绍了与商务谈判相关的文化模式类型,阐释了文化差异对商务谈判的影响,并从全世界选择了多个有代表性的国家、地区,详细阐述了不同国家商人的谈判风格。谈判者在与不同国家对手进行谈判时,要针对其谈判风格,灵活运用谈判技巧,取得谈判成功。

课后习题

一、名词解释
1. 文化
2. 谈判风格

二、简答题
对比分析中西方国家商人谈判风格的异同之处。

课后习题答案

一、名词解释

1. 广义的文化指人类在社会实践过程中所获得的物质、精神的生产能力和创造的物质、精神财富的总和;狭义的文化指精神生产能力和精神产品,包括一切社会意识形式(即自然科学、技术科学、社会意识形态),有时也专指教育、科学、艺术等方面的知识与设施。

2. 谈判风格主要是指在谈判过程中,谈判人员通过言行举止、处事方式、习惯爱好等方面表现出来的特点。

二、简答题

中西方国家商人谈判风格的异同之处:

(1)先谈原则与先谈细节。中国商人喜欢在处理细节问题之前先就双方关系的一般原则取得一致意见,把具体问题安排到以后的谈判中去解决,即"先谈原则,后谈细节"。而西方商人如美国人则往往是"先谈细节,避免讨论原则"。西方人认为细节是问题的本质,细节不清楚,问题实际上就没有得到解决,原则只不过是一些仪式性的声明而已。所以,他们比较愿意在细节上多动脑筋,对于原则性的讨论比较松懈。事实表明,先谈原则必然会对后面的细节讨论产生制约作用。这种差异常常导致中西方交流中的困难。

(2)重集体与重个体。中西方在谈判中都是既重集体又重个体。但西方人比较强调集体的权力,即"分权";强调个体的责任。中国人比较强调集体的责任;强调个体的权力,即"集权"。

(3)重立场与重利益。中国人比较重立场,而西方人比较重利益。中国人由于自己的国民性把"面子"看得极重,在谈判中对于立场特别敏感。由于西方人重效果而轻动机,他们对立场问题往往表现出极大的灵活性,在谈判中努力追逐利益。他们对待事物的态度,取决于其是否能为自己带来好处,是否会损害自己的利益。

第二篇
商务礼仪

第九章 商务礼仪与商务谈判

学习目标

1. 了解商务礼仪的内涵与特点、商务礼仪在商务谈判中的作用。
2. 通过实践,提高对商务礼仪的认识,树立良好的礼仪形象。

第一节 礼仪与商务礼仪

案例9-1 "不拘小节"的后果

国内一家生产医疗设备的厂家准备和国外客商签订长期合作协议。在双方洽谈业务过程中,厂长通晓生产线行情、考虑问题缜密,给外商留下精明能干的良好印象。双方约定第二天正式签约。由于时间充裕,厂长请外商到车间参观。车间秩序井然,外商深感满意。不料,就在这时厂长突然感到喉咙不适,他本能地咳了一声,然后到车间的墙角吐了一口痰并用鞋将痰擦去,地上留下一片痰迹。

第二天一早,翻译送来外商的一封信,信中写道:"尊敬的厂长先生,我十分佩服您的才智和聪明,但是您在车间里吐痰的一幕使我彻夜未眠。恕我直言,一个厂长的卫生习惯可以反映一个工厂的管理素质。况且,我们今后将生产的是用于治病的输液管。贵国的成语说得好,人命关天!请原谅我的不辞而别。否则,上帝会惩罚我的……"

思考:外商为什么突然拒绝合作?

一、礼仪内涵

(一)礼仪

礼仪一词由"礼"和"仪"组成。礼是内在的内容,仪是外在表现的行为规范和准则。在古代,礼有许多解释。文言版《说文解字》中对其的注释为:"禮,履也。所以事神致福也。从示,从豊,豊亦聲。"意思是:禮,履行,是用来祭神求福的事。由示、由豊会意，豊也表声。礼的本义是击鼓奏乐，奉献美玉美酒，敬拜祖先神灵，属于动词；后来延伸为另一个动词，即尊敬、厚待；之后又扩展延伸为名词，即敬重的态度、言行，以及礼品、赠品，也泛指在社会交往时的礼貌礼节。"礼"的字形从甲骨文到现在的简体中文，中间经历了很多次的演变。

"仪"在白话版《说文解字》中解释为："仪，法度。"字形采用"人"做偏旁，"义"做声旁。在古汉语词典中仪为名词，意思是法度，标准；仪器；外貌；礼节。

礼仪一词的内涵丰富多样，有广义和狭义之分。广义的礼仪主要包括祭神仪式、典章制度、伦理秩序、朝政法规、生活方式等；狭义的礼仪则是指人们在社会生活交往过程中，约定俗成的、得到共同认可的行为规范。

（二）商务礼仪

商务礼仪是商务活动中要用到的礼仪。在商务活动中，为了体现相互尊重，需要通过一些行为准则去约束人们在商务活动中的方方面面，其中包括仪表礼仪、言谈举止、书信来往、电话沟通等技巧。从商务活动的场合来看，商务礼仪可以分为办公礼仪、宴会礼仪、迎宾礼仪等。良好的商务礼仪可以提升个人及组织的形象，促进商务关系，对于个人和组织的成功起着重要作用。

案例9-2 温暖的记忆

中国台湾省余世维博士在《成功经理人》中讲述了自己在曼谷一家饭店的亲身经历。

我在那里住的时候，早上一出门，服务生就迎上来问候："早，余先生！""你怎么知道我姓余？""余先生，我们饭店有个规定，晚上客人睡觉的时候，这个楼层的服务生要记住每一个房间客人的名字。"这让我很欣慰。

我坐电梯下楼去，已经有一位小姐站在那里："早，余先生，吃早餐吗？""哎呀，你也知道我姓余呀！""上面的电话刚刚打过来，说余先生下来了。"她带我到餐厅去，一进门服务生就问："老位子吗，余先生？去年4月17日您来过这里，坐在湄南河旁边第二个窗口。"我说："老位子！"我欣慰地坐下来，原来他们的计算机里有我的记录。"余先生，老菜单吗？早上已备番茄汁、两个煎蛋，而且鸡蛋煎双面……"这样的资料他们都记得一清二楚。

回到台湾三年后，我居然收到他们的一封信："亲爱的余先生，您已经三年没来我们饭店了，我们全饭店的人都非常想念您……今天是您的生日，祝您生日愉快！"读信后，我跑到卧室里大哭一场，太感动了！我发誓，这辈子再经过曼谷一定还去住那家饭店。信封上贴了一张6块钱的邮票，他们用6块钱赢取了我的一颗心。

思考：饭店为什么能打动余先生的心？

二、礼仪特点

礼仪的本质特点是它的文化性，隶属于上层建筑范畴，由经济基础制约并反作用于经济基础。礼仪作为一种特定的社会现象有其独特的属性，具体表现为以下内容。

（一）规范性

规范性是指人们在待人接物时必须遵守一定的行为规范。商务礼仪的规范性，不仅约束着人们在一切商务场合的言谈举止，而且是人们在一切商务场合必须采用的一种"通用语言"，是衡量他人、判断自己是否自律、敬人的一种尺度。

礼仪言行的实施要符合一定的社会、民族、时代的规范和程式。礼仪是在人类共同生活的基础上形成的，是用来调节同一社会全体成员相互关系的一种行为规范，并逐步发展成每个社会成员都必须共同遵守的准则。任何人要想在交际场合表现得合乎礼仪、彬彬有礼，就必须无条件地遵守礼仪。例如，问候语通常惯用的说法，握手的次序和力度如何掌握，参加宴会时要选择适当的服装等。虽然这些规范和程式没有写进国家的法律法规要求硬性执行，也没有人逼你去做，但只有按照这些在人类社会千百年来的社会生活实践中，长期形成、积累、流传、发展、约定俗成的规范和程式去做，才能使礼仪的实施达到应有的效果。礼仪的规范实际上形成了人们在社会生活中应遵循的模式和在一定时期应走的固定轨道。遵循它，就会得到社会的认可，生活也会和谐、融洽、顺畅、美好；违背或偏离它，往往会遭到社会习俗的惩罚，甚至会付出惨痛的代价。

（二）继承性和发展性

任何国家的礼仪都是社会历史发展的产物，作为一种民族文化的积累和精神财富的礼仪，本身就具有世代相传的继承性。任何国家的礼仪都是在本国古代礼仪的基础上继承、发展起来的，具有自己鲜明的民族特色，一旦离开了对本国、本民族既往礼仪成果的传承、扬弃，就不可能形成当代礼仪。我国有五千多年的文明史，素有"礼仪之邦"的美称，中华民族向来以"知书达理"作为自己的传统美德，礼仪在中国传统文化中占有重要的地位。随着社会的不断进步与发展，礼仪也在不断地发展更新。传统礼仪中，许多精华被保存下来，并融入现代礼仪之中，成为今天人们处世行事的规矩和习惯；而其糟粕则被抛弃，不再沿用。当然，礼仪除了有很强的继承性外，还要有发展性，并能够充分体现时代特色。礼仪不是一成不变的，随着社会的发展和进步，礼仪文化的内涵与外延都在不断地变化与发展。在当前的改革开放中，东西方各国的政治、经济、思想、文化等各种因素相互渗透，使各国的礼仪在历史传统的基础上，被赋予新的内容，体现时代变化的特征。当前世界各国都很重视礼仪改革，总的趋势是使礼仪活动更加文明、简洁、实用。

（三）相互性

《礼记·曲礼》中说："礼尚往来，往而不来，非礼也；来而不往，亦非礼也。"这段话的意思是，重视施礼方与受礼方相互之间的来往。人际交往是相互影响、相互作用的，相互性是人际交往中双向交流、相互尊重的过程。俗话"你敬我一尺，我敬你一丈"就充分说明了礼仪的互动效果。

一般来说，在人际交往中，一方充分地礼待另一方，另一方很少会不受感动，也会同样礼待对方，从而构建起和谐、融洽的人际关系。自古至今，流传着许多脍炙人口的礼仪双方互动故事，如著名的"三顾茅庐"。汉朝末年群雄纷争，已负盛名的刘备不嫌当时诸葛亮身份低微，多次礼访，终于感动诸葛亮出山，为其成就了"三国鼎立"的霸业，并为蜀国鞠躬尽瘁。又如"蔺相如礼让廉颇"。蔺相如为国家大局着想，放下个人恩怨，不但不与廉颇对着干，还不惜受辱处处做出礼让，终于感动了廉颇，并向他"负荆请罪"，成就了一段流传千古的"将相和"美谈。再如"张英让墙"。清代中期宰相张英以一首幽默的打油诗——"千里家书只为墙，让他三尺又何妨。万里长城今犹在，不见当年秦始皇。"化解了与叶侍郎家争地砌墙院的矛盾，从此两家相安无事并以礼相待，两家墙院之间还多出了一条被后人称颂的"六尺巷"。历史虽然过去了千百年，礼仪相互性的特征却是恒久不变的，人们在交往时为建立和谐的人际关系而讲究礼让，并不断追求对礼貌礼仪的修养，使自身的礼仪水平日臻完善。可见，礼仪的互动性在协调人际关系方面起着重要的作用。

（四）限定性

礼仪主要适用于交际场合，适用于普通情况下一般的人际交往与应酬。在此范围内，礼仪肯定是行之有效的，但离开这个特定的范围，礼仪就未必适用。因此，不能把礼仪当作放之四海而皆准的标准，必须明确不同场合、不同身份，以适用不同的礼仪。这就体现了礼仪的限定性特点。例如，大学同学聚会，同学们经历不同，有的同学是省长、有的同学是处长、有的同学是科长、有的同学是教师……难道还要论职排位？礼仪应在限定的场合应用。

（五）差异性

礼仪规范会因时间、空间或对象的不同而有所不同，存在着明显的差异性。俗话说："到什么山唱什么歌。"这句话说明，礼仪的应用要看时代、地点、场合、对象等。礼仪的应用，因处于不同的时代、地点、场合、对象等会产生不同的要求和差别限制。古代的某些礼仪规范在今天就不再适用，一个国家和民族的礼仪也不一定适合另一个国家和民族。例如，在我国封建社会时期行"三拜九叩"之礼节，在当时，若以鞠躬代替跪拜礼是会被视为异端的。但在今天若还应用"三拜九叩"，就十分荒唐。因此，尽管礼仪对传统文化有很深厚的继承性，但随着社会的发展，礼仪的时代差别还是很明显的。另外，尽管礼仪在不同国家、不同民族间有相互兼容、相互渗透的现象与趋势，但礼仪的民族地域性特征决定了不同国家、不同民族间的礼仪有着一定的差别，差别有些还会很大。例如，非洲许多国家的礼仪与我们亚洲截然不同。因此，在对外交往中，要了解和熟悉各个国家、民族和地区的礼仪习俗，以及在各种场合、面对各类对象的不同礼仪要求，规范自己在对外交往中的行为，以免造成不必要的误会与误解。

（六）民族地域性

俗话说："十里不同风，百里不同俗。"不同的国家、民族，同一国家的不同民族，都有自己本民族的生息地域、生活方式、思维方式、社会文化、风俗习惯，并从长期的社会生活实践中形成了体现本民族特点的礼仪习俗和礼节规范。这些礼仪习俗和礼节规范往往有着鲜明的地域性和民族特征，人们在行使礼仪时总会潜移默化地受到传统民族文化的影响。例如，中国人崇拜龙，是从原始社会的图腾崇拜开始的。进入君主时代，龙成了"真龙天子"的象征。到今天，龙又成了吉祥喜庆的代名词。然而，在英国以至整个西方世界，龙是凶残阴险的标志，人人惧怕、人人厌恶，而且在很多关于龙（蛇）的故事中，龙总是落个被宰杀的下场。所以，给英国人送带有龙图案的礼物，则是大大的失礼。又如，西方社会亲朋好友见面时一般都要拥抱和亲吻脸颊，这是热情友好的表现，而中国人就不习惯；在中国过去一般是行拱手礼，现在一般是行握手礼，也不失热情友好。可见，不同民族有着截然不同的礼仪习俗和礼节规范。

礼仪的民族地域特性，使人们在对外交往时要特别注意"入乡随俗""入境问禁"，充分尊重外民族的礼仪习俗，以防在对外交往时对外民族造成不必要的冒犯和误会，从而影响对外交往的顺畅和友谊。同时，各国、各民族之间相互了解、学习别人的礼仪，有利于促进各国、各民族之间的交流交往，促进国际经济一体化进程。

礼仪具有强烈的国家、地方、民族特色。但是，随着国际交流的深入，信息沟通的飞速增长，国家之间的距离不断拉近，我们都将人类共同生活的这个世界亲切地称为"地球村"，各国的礼仪出现了相互兼容、相互渗透的现象，并形成大家都能接受的礼仪规范。"越是民族的，便越是世界的"，这句话用在礼仪上十分合适。礼仪除有很强的民族特色外，还有很重要的民族间、国际间的交流意义。

三、中国礼仪发展历程

无论哪个国家的礼仪，在传承沿袭的过程中都在不断发展演变，其发展演变过程展示了一个国家文化和文明的发展变化。因此，了解礼仪的发展历程有助于我们认识一个国家甚至一个文明。

中国自古以来就是一个文化大国，几千年深厚的文化底蕴形成了比较良好的社会氛围和风气，并创造了辉煌的文化，形成了比较完整的礼仪规范和高尚的道德准则。中国礼仪在传承发展过程中不断发生着变化，从历史角度看，其发展历程可以分为以下四个阶段。

（一）原始社会

礼仪起源于原始社会，这个时期是人类一切文明发源的阶段。该时期，生产力低下且原始，生存环境艰苦，人们对自然处于一个依赖和探索的状态，人与人之间的沟通交往还没有形成一套完整的体系，规则和制度也没有制定，因此，为了维持良好的人际关系，协调主观欲望和自然环境之间的矛盾，慢慢形成了一些秩序和规则。这些秩序和规则就是最开始的礼仪原则。

在原始社会的新石器时代，出现了早期礼仪的萌芽，除了有自然崇拜、图腾崇拜等仪式外，还有丧葬仪式及婚嫁礼仪，而且在人们交往中也已经出现了尊卑有序、男女有别、血缘姻亲等基本的礼仪思想。原始社会时期的礼仪主要和自然有关，对于大自然，原始人类持有一种敬畏心理，一些当时人类不能解释的自然现象被称为鬼神。因此，原始人类信奉鬼神、祭天敬神等祭典仪式是比较常见的。而且，人们在生活中形成的习惯性动作和语言以及共同采集、狩猎等构成了原始社会的礼仪萌芽。

原始社会的礼仪是比较简朴的，不具有阶级性，体现了人类对自然的敬畏和崇拜。礼仪从此产生，对后世产生了深刻影响。

（二）奴隶社会

礼仪正式形成的时期是在奴隶社会。因为社会生产力不断发展，原始社会随之解体，人类社会也随之正式进入奴隶社会时期。统治阶级为了加强统治和巩固自己的政权，把原始的宗教礼仪发展成了奴隶社会政治所需要的礼制，因此礼仪有了阶级的色彩。在这一时期，礼是最普遍的社会规范。周代出现的《周礼》《仪礼》《礼记》就反映了周代的礼仪制度，标志着礼仪已经达到了系统、完备的阶段。《周礼》是我国历史上最严谨、最庞大、最完整的礼仪制度。汉代以后，在两千多年的历史长河中，《周礼》《仪礼》《礼记》一直被尊奉为统治阶级制定礼仪制度的经典，对后世的社会发展产生了深远影响。春秋时期，儒家文化诞生，孔子提出了"克己复礼为仁"的思想，也就是"仁"的思想。孔子认为，规范自己的言行符合"礼"的要求就属于"仁"。孔子的思想一直到现在也在被人学习，深深地影响了当时的统治阶级以及后世。奴隶社会的礼仪带有阶级色彩，比原始社会要规范和完备，约束着人们的行为，较为严谨。

（三）封建社会

在封建社会时期，以孔子、孟子、荀子为代表的诸子百家对礼仪进行了探讨和研究，并对礼仪进行了系统阐述。这一时期，儒家文化盛行。孔子提出了"克己复礼为仁"，孟子继承了孔子的思想提出了"仁政"，把社会的人际关系概括为"五伦"，即"父子有亲，君臣有义，夫妇有别，长幼有序，朋友有信"。荀子以"人之性恶，其善者伪也"的人性论思想为起点，提出了"名分使群"的社会起源说，以此来论证礼乐教化的重要性。董仲舒在"五伦"的基础上提出了"三纲五常"，即"君为臣纲，父为子纲，夫为妻纲"和"仁、义、礼、智、信"。封建社会的礼仪标志着礼仪已经进入了一个发展、变革的时期。其中，"君权神授"思想夸大了君王的权力，"三纲五常"妨碍了人们个性的自由发展、固化了思维。封建时期的礼仪为统治阶级所利用，成了统治阶级维护封建社会等级秩序的工具。在这一时期，礼仪已经成了约束人们思想和观念的枷锁。

到了宋代，封建礼仪被推向一个新的高峰，理学兴起。这一时期，妇女的道德礼仪标准和准则变成了"三从四德"。明清时期进一步发展了封建礼仪，为了进一步加强统治，在礼制上设置了更加森严的等级规定，礼仪不断被细化，走向十分烦琐的极端。清代朝礼开始实行"三跪九叩首"。这时的礼制变得十分专制、冷酷，宗法制度方面被空前强化，礼制已经腐朽衰败。

（四）近代社会

中国在半殖民地半封建社会时期，出现了"大杂烩"式的礼仪思想，礼仪的原则、标准以及理念等都得到了大规模的推行和传播。在当时，中国的礼仪思想与西方的礼仪思想出现了截然不同的现象。西方礼仪思想更注重自由、平等、民主和博爱；而中国的礼仪思想相比来说较保守和克制。在辛亥革命以后，中国几千年来的传统礼仪规范由于受到来自西方资产阶级"自由、平等、民主、博爱"等思想的影响，遭到了巨大的冲击。辛亥革命以后，随着西方文化的大量涌入，那些繁文缛节则慢慢被时代摒弃，民主、自由、平等、科学等观念深入人心，人们的思想得到了解放。剪辫子成了礼仪改革的先声，服饰也不再是等级的标志，人们凭个人喜好选择服饰。民国时期，人们见面时的称呼和礼节融合了西方的礼仪，中国传统礼仪中的跪拜、请安、叩首等旧俗被废除，改为新式鞠躬礼；通用文明仪式，即脱帽、鞠躬、握手等。这一时期的礼仪是在西方礼仪的冲击下形成的，增强了中西方礼仪文化的交流与融合。

（五）当代社会

中华人民共和国成立以后，中国慢慢确立了以和平共处、友好往来、互相帮助、团结友爱为主要原则的富有中国特色的新型社会关系和人际关系，中国的礼仪也迈入一个新的历史发展阶段。自改革开放以来，我国与世界的交往日益频繁，经济全球化势不可挡，西方先进思想和文化不断传入中国，为中国传统礼仪文化的构成重新注入了力量，并融入社会生活各方面，组成了社会主义礼仪的整体结构框架。这一时期，礼仪融贯古今、推陈出新，不仅吸取了中国传统礼仪文化的精华，如尊老爱幼、以诚待人、礼尚往来等高尚美德，还融合了西方礼仪文化的优点，丰富了我国的礼仪文化。

礼仪文化在中国历史发展过程中有着极其重要的作用，并对个人、社会和国家都产生了深远影响。礼仪文化是中国传统文化的重要组成部分之一，所蕴含的内容及涉及范围十分丰富和广泛，贯穿古今。综合不同时期礼仪的发展历程及特点，可以看出，原始社会的礼仪简朴而且不具有阶级性；奴隶社会的礼仪带有阶级色彩，统治者为巩固统治地位而制定了一套比较完善的礼仪规范，较为严谨；封建社会的礼仪发展被空前强化，走向专制、冷酷、繁缛的极端，僵化人们的思想和行为，为统治者掌握政权服务；近代社会受西方思想的影响，礼仪受到冲击，思想得到解放，礼仪规范融合中西方文化，追求平等自由；当代社会受世界交往影响，礼仪更加具有多样性和包容性，也更加完善和丰富，富有中国特色社会主义传统礼仪文化特点，突出反映现在时代的特点和节奏，具有简明、实用、灵活、新颖的特点。

第二节　商务谈判中的商务礼仪

一、商务礼仪内涵

商务礼仪是指人们在商务交往中，用以美化自身、敬重他人的约定俗成的行为规范与程序。人们经常将商场比作战场，在商场中驰骋，舒适恰当的言行举止、得体的仪容仪表、良好的形象礼仪都能对商务活动的成功起到关键性作用。因此，拥有浓厚、渊博的商务礼仪知识，能使人们更好地在商场立足、走向成功。

商务礼仪是人类在行进过程中逐渐形成和发展起来的。在我国古代，儒家经典素有"明允笃诚"之说，如"诚者，真实无妄之谓。""诚者，圣人之性。""诚者，圣人之本。""诚，信也。"孔子曰，"人而无信，不知其可也。""民无信不立。""富与贵乃人之所欲也，不以其道得之，不处也。"由此可见，自孔子开始，诚信便成为儒家一贯崇奉的信条。南宋时期的大儒朱熹，其故乡居于颇有"儒风独茂"的徽州。这片土地拥有浓厚的儒家文化，在这里成长的徽商在进行商务活动时会很自然地将传统儒家思想融入进去，以诚信为本，并形成了一种约定俗成的商务准则。清代时期的徽商詹谷，因业主年迈归家，便将在崇明岛江湾的商务交由其处理。詹谷一直用心经营，最终获利颇丰。后来，老业主的儿子来到崇明岛准备接摊承业，詹谷便将这些年的出入账簿全部交还，不存半点私心。他无私的高贵品质无不赢得后人的敬佩。清代的朱文炽是一名在珠江做茶叶生意的徽商，婺源人。他贩卖的新茶一旦超过保质期，便会在交易契约中标明为"陈茶"，按陈茶出售。尽管朱文炽在二十多年的经营中亏了数万两银子，但他并无任何怨言。将"诚信"二字作为商德的徽州商人，信誉遍布湖海，成为中国商界最大的赢家。

如今，随着我国商业活动的深入与拓展，商务活动日渐频繁，商务礼仪的地位在不断提高，人们也越来越重视言行举止、仪容仪表、服装配饰等因素在商务活动中的作用与影响。因此，商务礼仪在内涵和外延上都得到进一步丰富与完善，成为人们从事商业活动必须遵循的准则与要领。可以说，商务礼仪无论对组织还是个人，均为驰骋商场的制胜法宝。知礼、懂礼、用礼、施礼的商务人员必将在竞争激烈的商战中立于不败之地。

二、商务礼仪与商务谈判的关系

（一）商务礼仪在商务谈判中不可或缺

对于商务谈判人员来说，认识到商务礼仪的重要性是极其必要的。要成为一名合格的商务谈判人员，首先要提高自身的素质修养，要有思想、有知识、懂礼节。商务谈判人员既然作为企业的形象代表，一定要注意自己的言行举止，随时随地以规范的礼仪要求来约束自己的行为。特别是在国际商务谈判中，会接触到世界各地各行各业的人员，因此，商务谈判人员应该熟悉和了解不同国家的风土人情，这样才能有助于在谈判过程中把握谈判对象的心理活动，分析对方言语背后的深刻含义，帮助己方在谈判中占据主动。

（二）商务礼仪有助于建立良好商务关系

在商务谈判中，处理好与竞争对手、合作伙伴以及客户之间的关系是不可忽视的。谈判人员在谈判过程中的综合表现直接影响着人际关系的建立。谈判人员行为方式的好与坏决定了商务人际关系的深入程度。因此，有着良好礼仪规范的商务行为有助于加快谈判双方商务关系的建立，良好的商务关系又有助于商务谈判的顺利进行。

三、商务礼仪在商务谈判中的作用

（一）塑造良好形象

在商务谈判中，交易双方可能并不了解彼此，个人形象往往是企业形象的代表。在商务活动中，一方往往通过对方的仪容仪表、举止言谈判断对方，并通过对方分析他（她）所代表的企业的可信程度，进而影响与其交往的程度。由此可见，在商务活动中，双方人员的高尚道德情操、彬彬有礼的言谈举止、渊博的知识都会给对方留下深刻印象，并对企业产生好感，减少谈判阻力，推动交易成功。

（二）营造良好谈判氛围

实践表明，在一个宽松和谐的氛围内，谈判双方所用的时间会大大缩短，很快就能找到一个共同点。一个企业如果能热情周到、大方得体地接待客户，想对方之所想，尊重对方，就会使客户感到你是有诚意的，乐意同你打交道。在一个宽松和谐的氛围中谈判，会自然地缩短双方的距离，容易找到一个双方均能接受、彼此都可受益的结合点。

（三）实现有效沟通

商务交往中的个人或组织的社会政治、经济、文化背景不同，性格爱好、职业身份、年龄性别、思想意识、价值取向、审美观念等存在差异，有时为了维护自身的利益，各方难免会发生不同程度的矛盾或冲突。商务礼仪是矛盾冲突的调节器和润滑剂，它能调整、改善相互间的紧张关系，或能化干戈为玉帛，或能增进彼此的理解和体谅，进而为双方架设一座友谊的桥梁，营造出一个和谐友善的交往氛围，实现双赢。

案例9-3　细心的老板

一位老板要雇一个没带任何介绍信的小伙子到他的办公室做事，他的朋友很奇怪。这位老板说："其实，他带来了不止一封介绍信。你看，他在进门前先蹭掉脚上的泥土，进门后又先脱帽，随手关上了门，这说明他很懂礼貌，做事很周到仔细；当看到一位残疾老人时，立即起身让座，这表明他心地善良，知道体贴别人；那本书是我故意放在地上的，所有的应试者都不屑一顾，只有他俯身捡起，放在桌上；当我和他交谈时，我发现他衣着整洁，头发梳得整整齐齐，指甲修得干干净净，谈吐文雅，思维敏捷。怎么，难道你不认为这些细节是极好的介绍信吗？"

思考：商务交往中，合乎礼仪的言谈举止有什么作用？

四、提升商务礼仪的策略

（一）从个人出发

商务礼仪的修养离不开个人在日常生活当中的言行素养的提升。在商务交往中，应当注重个人优良品德和德行的修养。在生活中注意言行，养成良好的道德品质，正确处理人与人之间的关系，提升自身修养。同时，要努力加强自身对文化素养的学习，通过了解和掌握更多的文化知识，对不同区域历史文化、生活习俗、风土人情进行了解和学习，才能在不同的礼仪场合中合理运用。

（二）从企业出发

企业应当在日常的管理运行中，注重培养企业商务人员的礼仪素养，要求员工在工作中注意穿着打扮、行为举止等。注重对员工进行礼仪培训，例如，定期对员工开展交际礼仪如握手礼仪、介绍礼仪、微笑礼仪以及仪态等内容的培训。同时，企业应当以良好的礼仪行为作为公司的行为准则，积极引导企业工作人员形成良好的行为素养。通过对企业员工进行人性化管理，贴近员工的生活，为他们排忧解难，有利于促成企业团结以及凝聚力的形成，从而使企业员工更加积极主动地投入工作当中，通过充分发挥自身的潜能，为企业带来经济效益。

本章小结

本章对商务礼仪的相关知识进行了详细阐述。首先，介绍了商务礼仪的内涵与特点；其次，阐述了商务礼仪在商务谈判中的作用；最后，提出提升商务礼仪的策略。商务谈判人员只有在商务活动中遵循商务礼仪的各项要求，才能将商务谈判引向深入并取得成功。

课后习题

一、名词解释
1. 礼仪
2. 商务礼仪

二、简答题
阐释商务礼仪在商务谈判中的作用。

课后习题答案

一、名词解释
1. 广义的礼仪主要包括祭神仪式、典章制度、伦理秩序、朝政法规、生活方式等；狭义的礼仪则是指人们在社会生活交往过程中，约定俗成的，得到共同认可的行为规范。
2. 商务礼仪是指人们在商务交往中，用以美化自身、敬重他人的约定俗成的行为规范与程序。

二、简答题
商务礼仪在商务谈判中的作用：
（1）塑造良好形象。在商务活动中，一方往往通过对方的仪容仪表、举止言谈判断对方，并通过对方分析他（她）所代表的企业的可信程度，进而影响与其交往的程度。由此可见，在商务活动中，双方人员的高尚道德情操、彬彬有礼的言谈举止、渊博的知识都会给对方留下深刻印象，并对企业产生好感，减少谈判阻力，推动交易成功。

（2）营造良好谈判氛围。在一个宽松和谐的氛围内，谈判双方所用的时间会大大缩短，很快就能找到一个共同点。一个企业如果能热情周到、大方得体地接待客户，想对方之所想，尊重对方，就会使客户感到你是有诚意的，乐意同你打交道。在一个宽松和谐的氛围中谈判，会自然地缩短双方的距离，容易找到一个双方均能接受、彼此都可受益的结合点。

（3）实现有效沟通。商务交往中的个人或组织的社会政治、经济、文化背景不同，性格爱好、职业身份、年龄性别、思想意识、价值取向、审美观念等存在差异，有时为了维护自身的利益，各方难免会发生不同程度的矛盾或冲突。商务礼仪是矛盾冲突的调节器和润滑剂，它能调整、改善相互间的紧张关系，或能化干戈为玉帛，或能增进彼此的理解和体谅，进而为双方架设一座友谊的桥梁，营造出一个和谐友善的交往氛围，实现双赢。

第十章 中国传统礼仪文化

学习目标

1. 掌握中国传统礼仪文化的相关知识。
2. 了解中国传统礼仪文化的起源和发展。
3. 明确中国传统节日的传统习俗、基本内容和当代价值。

第一节 中国传统礼仪文化发展历史

中国作为四大文明古国之一,有着源远流长的中华文化,在五千多年的历史积淀中形成的中华传统文化,如今已经成了世界发展历史中不可或缺的一部分。在中华传统文化中,包括了历史悠久的中华礼仪。《诗经·国风·周南》的《鄘风·相鼠》中有一句话,即"人而无礼,胡不遄死",大致意思为,人如果没有礼仪,与畜生没有什么区别,还不如快点儿死了算了。可想而知,在中华文化中,礼仪有着多么重要的地位。

因为中国的礼仪文化历史悠久且保存至今,因此,中国又被称为文明古国、礼仪之邦。随着社会的发展,人类的社交面扩大,礼仪已经成了现代文明社会的标志,人们无时无刻不在使用礼仪。在古代,中国的礼仪更是严格、繁多,时刻影响着人们的言行。

一、中国传统礼仪文化的起源

礼仪作为一种文化现象,伴随着人类的产生而产生。礼仪最早产生于原始社会人们对于无法解释的自然现象的崇拜。远古时代,由于生产力水平极端低下,人类的生存环境极其恶劣,人们认识世界的能力有限,对许多自然现象无法做出科学的解释,便形成了对日月星辰、风雨雷电、山川丘陵、凶禽猛兽的崇拜。在崇拜中人们创造了神话,如女娲补天、大禹治水等。有了神话,便创造了祭神仪式。于是,以祭人、敬神为主要形式的礼仪就产生了。随着人类社会的发展,同一氏族成员间在共同的聚集、狩猎、饮食生活中形成的习惯性的语言、表情、动作,是构成礼仪的萌芽。而不同氏族、部落间为沟通而使用的一些被普遍认同的语言、动作、表情，可以看成是礼仪的最初形态。随着社会分工的出现和生产力的发展，人们在社会生产中逐渐形成一些群体观念，如一些反映等级权威的礼制和协调社会关系的礼俗，因此礼仪开始逐渐趋于成熟。

二、中国传统礼仪文化的发展

1. 萌芽阶段

礼仪的萌芽阶段约在公元前21世纪以前。这一时期，人们在社会生活中形成了一套对后世颇具影响的礼仪规范，原始的政治礼仪、宗教礼仪、婚姻礼仪等在这个时期均有雏形，尤以敬神礼仪更为突出。《礼记·祭统》中说："凡治人之道，莫急于礼。礼有五经，莫重于祭。"可见，礼是原始人类祈福的宗教典仪，是礼仪的最早形态。但是这个时期的礼仪还比较简单，没有形成制度。

2. 形成阶段

礼仪的形成阶段约在公元前21世纪到公元前771年的夏、商、周三代时期。在这个阶段，中国第一次形成了比较完整的礼仪与制度。最早记载中国古代礼制的名典有三部，即《周礼》《仪礼》《礼记》，统称"三礼"。这个时期，人们把上古礼的重心从"神灵"向人的身上转移，对礼进行大规模的整理、改造，创造出一套可具体实行的礼仪制度，并在全国推行。这一套礼仪制度不仅有严格的等级制度，用以维持天子、诸侯、百姓间的关系，更将"礼"纳入社会生活的方方面面，对祭祀、交际、服饰、婚嫁丧葬等制定了细致明确的礼仪制度，从此中国古代礼仪正式开始。由于此时人类已经进入了奴隶社会时代，统治阶级为了巩固自己的地位，把宗教礼仪发展成礼制。这个时期的礼仪都是强制性的，而且尊卑分明，礼被打上了阶级的烙印。

3. 变革阶段

公元前770年到公元前221年的春秋战国时期是礼仪的变革阶段。这一时期是我国从奴隶制向封建制转变的过渡时期，学术界百家争鸣，以孔子、孟子为代表的儒家学者系统地阐述了礼的起源、本质和功能。其中，孔子把"礼"作为治国安邦的基础，主张"为围以礼""克己复礼"，并积极倡导人们"约之以礼"，做"文质彬彬"的君子。孟子也重视"礼"，把仁、义、礼、智作为基本道德规范，还把礼解释为对尊长和宾客严肃而有礼貌，即"恭敬之心，礼也"，并把"礼"看作人的善性的发端之一。荀子把"礼"作为人生哲学思想的核心，把"礼"看作做人的根本目的和最高理想，"礼者，人道之极也"。他认为"礼"既是目标、理想，又是行为过程。"人无礼则不生，事无礼则不成，国无礼则不宁。"

4. 强化阶段

公元前220年的秦朝时期到公元1911年的清朝末期，封建社会的礼仪习俗有了新的变化，礼仪规则分化为与政治息息相关的礼仪制度和社会交往中应遵守的行为规范两个部分。例如，汉代董仲舒的"三纲五常"，宋代的家庭礼仪，由此发展出了君臣之礼、父子之礼、交友之礼等。

5. 现代礼仪阶段

现代礼仪阶段约从 1912 年到中华人民共和国成立前。随着西学东进的影响，人们的生活风貌、风俗礼仪也随着发生了深刻的变化，新文化运动对腐朽、落后的礼教进行了清算，符合时代要求的礼仪被继承、完善、流传。繁文缛节逐渐被抛弃，同时接受了一些国际上通用的礼仪形式，如普及教育，废除祭礼读经；剪辫子、禁缠足；青年学生不喜欢穿长褂，反而更喜欢穿一种被称为"学生装"的简便西服等。

6. 当代礼仪阶段

1949 年以来，尤其是改革开放以来，现代礼仪以科学精神、民主思想和现代生活为基础，表现出新型的社会关系和时代风貌。随着社会活动的发展以及文明程度的提高，各种礼仪更加深入人心，新的礼仪形式不断出现，交际礼仪、节庆礼仪、人生礼仪等各种新的形式越来越被人们广泛接受。

第二节　中国传统礼仪文化内容

中国传统礼仪文化经过几千年的历史发展，其内容已经涵盖了方方面面，并形成了一个比较复杂的体系。中国传统礼仪文化涉及各个领域，其基本内容主要包括礼仪思想、礼仪制度、礼仪形式、礼仪器物和礼仪教育。

一、礼仪思想

中国传统礼仪思想有着极其丰富和深远的内容，其思想和观点主要体现在儒家学派的历史典籍和经典著作里，如《礼记》《周礼》《四书五经》《诸子集成》《二十四史》等，这些著作的思想主要体现为仁爱、中庸、和谐、秩序等方面。《礼记·曲礼》有言，"礼尚往来，往而不来，非礼也；来而不往，亦非礼也。人有礼则安，无礼则危。""博闻强识而让，敦善行而不殆，谓之君子。""礼闻取于人，不闻取人。礼闻来学，不闻往教。"等，都体现了对礼仪思想的一个解释。《中庸》有言，"君子慎其独也""君子素其位而行，不愿乎其外。素富贵，行乎富贵；素贫贱，行乎贫贱；素夷狄，行乎夷狄；素患难，行乎患难；君子无入而不自得焉。""君子之道：淡而不厌，简而文，温而理，知远之近，知风之自，知微之显，可与入德矣。"等，体现了中国传统礼仪文化中对于如何成为一名君子的要求与原则，彰显了我国传统礼仪文化中人与人交往的礼仪之邦的风范。中国传统礼仪文化里对后世影响最深远、使后人印象最深刻的就是其蕴含的丰富的思想和精神理念，它凝聚了中国历代人民的智慧和精华，流传至今的仁爱、尊敬、礼让、孝顺的思想揭示了一个文明社会应具备的基本准则和修养，也能反映出一个国家的基本素养。

二、礼仪制度

礼仪制度就是依据礼仪的思想，并结合当时的现实情况所做的对人们礼仪行为的一些强制性和普遍性的规定和约束。在相当长的一段时间内，礼仪制度的强制性和约束性相当于法律法规，礼仪制度可以说是礼仪思想的充分体现。在我国封建社会有专门的部门，也就是礼部，专门负责起草、修改和制定相关的礼仪制度。例如，《唐律》《大明律》《大清律》等制度中都含有礼仪方面的制度和规范。还有一些来源于民间的不成文的规定、民俗、乡风、家训、族规等也属于礼仪制度，只不过没有法律规定那般规范和强制，但都代表了中国传统礼仪文化中的思想与观念，显现出当时的中国优秀传统礼仪文化。

礼仪制度是礼仪思想的具体表现，包括祭祀天地、敬鬼神、长幼之序等，具体体现在"三礼"和《二十四史》的礼志篇中。在对待祭祀方面，如"天子祭天地，祭四方，祭山川，祭五祀，岁遍。"在对待长者方面，如"年长以倍，则父事之；十年以长，则兄事之；五年以长，则肩随之。群居五人，则长者必异席。"还有在为人子方面，如"为人子者，居不主奥，坐不中席，行不中道，立不中门，食飨不为概。祭祀不为尸，听于无声，视于无形，不登高，不临深，不苟訾，不苟笑。"

三、礼仪研究

礼仪研究即礼学，是指在不同阶段、不同时期礼学家们研究礼仪文化的历史发展与变迁而发现和探索出的关于各种礼仪文化的言论和著作。礼学的范围比较广泛，包括礼仪的各种活动，如历代礼俗、礼变、官制等内容，涵盖了古今中外所有礼仪方面的典籍、制度。《汉书·礼乐志》有言："六经之道同归，礼乐之用为急。"礼学产生于春秋时期，由孔子开创，是儒家思想的核心内容。礼学是研究和探索中国传统礼仪文化的基础，如果要研究礼仪，也要研究六经，研究六经也需要探索礼学。礼仪与《诗》《书》《春秋》等经典著作的关系是极其紧密的，因此，礼仪研究的探索离不开儒家思想，也离不开对各经典著作的探究。

四、礼仪器物

礼仪器物是举行礼仪活动时需要用到的各种物品的总称，是礼仪文化的载体和手段。比较常见的礼仪器物主要有玉器、香炉、鼎、樽等。这些具有礼仪文化印记的器物成为判断持有者身份的重要特征与凭证。礼仪器物象征着一个人的地位与身份，礼仪器物的制作与使用具有比较繁杂的过程与规定，而且还具有明显的等级特征，因此，研究礼仪器物的背景与故事是了解礼仪文化的必要步骤。

礼仪器物是用来表达礼仪文化、地位身份等级的器具，包括丧葬物品、祭祀用品、配饰等。出土的礼仪器物是古代礼仪、等级制度、封建制度等的侧面表现，对这些礼仪器物进行研究和考古，对中国传统礼仪文化和制度的研究探索都会有极其重大的意义。《礼记·礼器》中有具体的礼器使用规定，包括以大为贵、以小为贵、以高为贵、以素为贵等。《礼记·内则》中《玉藻》一文对服饰礼仪有着具体的严格规定，其中对君子佩玉的规定是，君子必佩玉，右徵、角，左宫、羽；对天子、诸侯、大夫、士所佩之玉和组绶颜色也有着具体规范。《丧大记》规定了在丧葬中礼器是如何摆放的。因此，古代礼仪器物有着复杂和严格的规定，了解礼仪器物有助于了解中国传统礼仪文化。

五、礼仪教育

礼仪教育是国家、社会、家庭对个人和组织在礼仪思想、礼仪制度、礼仪行为等方面所进行的教化、培养和宣传。礼仪教育是中国传统礼仪教育的重要组成部分，在古代是培养贵族、君王的重要教育形式，现如今是培养青少年健康品格、全面发展的重要途径，包括家庭礼仪教育、社会礼仪教育、学校礼仪教育等。古代的礼仪教育涵盖了包括儒家、墨家、道家、法家等诸子百家思想的教育，融合了中国古代传统教育的精华，在几千年的历史文化中，潜移默化地影响着今天的人们，还将继续影响后世的人们。

中国传统礼仪文化的内容涵盖了各个方面，其覆盖范围之广、蕴含意义之深，与每个人的学习、工作、生活和习惯息息相关。中国传统礼仪文化博大精深，需要每个人去了解和学习，并实践到日常生活和人际交往中。

第三节　中国传统节日风俗

中国是一个节日众多、节日文化丰富多彩的国家。在中国几千年的历史长河中，传统节日不断发展变化，最终形成了具有中华民族特色的传统节日。最具有代表性的中国传统节日有以下六个：春节、元宵节、清明节、端午节、中秋节和重阳节。

一、春节

春节又称新年，俗称"年节"，日期是每年的农历正月初一。春节历史悠久，由上古时代岁首祈福祭祀演变而来，在其继承和发展的过程中有着深厚的中国传统文化历史底蕴。春节是中国传统节日中最具代表性、最隆重和最重要的节日，春节的由来和寓意具有非常深远和深刻的影响。新春贺岁活动围绕祭祀祖神、祭奠祖先、除旧迎新、祈求丰年来进行。我国过春节在传承发展中已经形成了一些固定的习俗，如买年货、扫尘、贴对联、剪窗花、吃年夜饭、守岁、给压岁钱、拜年、舞龙舞狮、赏花灯等。在这个最重大的节日里，不管多远、多忙，人们都要回到家里和家人团聚，一起过个团圆年，寓意是在新的一年里团团圆圆；穿上喜庆的衣服，意味着新的一年红红火火。在春节的这一天早晨，人们要先放爆竹，意味着开门大吉、新的一年能够开门红。

春节是中华民族阖家团圆的日子，人们在这一天都尽可能赶回家和亲人团聚，表达对新的一年的热切盼望和衷心祝福。春节不单单是一个节日，更是中国人的情感得以释放、心理祝福得以满足的载体，承载着每个人的美好寄托，是中华民族一年一度的狂欢节和永远的精神支柱。

二、元宵节

每年的农历正月十五是元宵节，又称上元节、小正月、元夕或灯节，是中国传统节日之一。元宵节的由来和发展有一个比较漫长的过程。元宵节大约起于汉代，在西汉的时候开始被重视，在汉魏之后才真正作为全国民俗节日被庆祝。在唐朝时，佛教兴盛，仕官百姓大都在正月十五这一天点燃花灯供奉佛祖，佛家灯火从此遍布民间，因此元宵节点灯的习俗与佛教东传有一定关系。自唐代起，元宵节张灯成了法定的事。元宵花灯是以木条、竹、藤条、纸、绢、绸等物制成。元宵节主要有赏花灯、吃汤圆、猜灯谜、放烟花等众多活动，不少地方还增加了舞狮子、踩高跷、扭秧歌等民俗表演。

三、清明节

清明节又称踏青节、扫墓节、三月节等，是中国人祭奠先祖、为逝去亲人扫墓的日子，是中国的传统祭祀节日。清明节具有自然和人文两大内涵，它不只是自然节气点，同时也是传统民俗节日。清明节源于上古时代的祖先信仰和春祭礼俗，发展到今天已经成了中华民族隆重的祭祖大节日。扫墓祭祖与踏青郊游是清明节的两大礼俗主题，一直到今天仍旧是亘古不变的礼俗主题，经久不衰。作为中华民族的传统节日之一，清明节大约始于周代，距今已经有两千五百多年的历史。在清明节这一天，人们举行聚餐、踏青、插柳、放风筝等活动，亲近自然、享受春天。

四、端午节

端午节又称端阳节、龙舟节、天中节、重午节等，日期是每年农历五月初五，是集拜神祭祖、祈福辟邪、欢庆娱乐和饮食为一体的民俗大节，是中国传统节日之一，已被列入世界非物质文化遗产名录。端午节的起源和发展包括人文哲学、古老星宿文化等方面的内容，在其传承和发扬中展现了多元化的民俗特点，蕴含了深厚的文化底蕴。每个地区因为具体情况不同存在着一些民俗习惯和细节内容上的差别。传说战国时期的楚国诗人屈原在五月初五跳汨罗江自尽，后人又将端午节作为纪念屈原的节日。端午节不只是为了纪念屈原，与其相关的历史或传说人物还有钱塘江畔的伍子胥、以龙舟练习水师的越王勾践、捉鬼的钟馗、白蛇传说中的白素贞等。端午节有吃粽子、赛龙舟、饮雄黄酒、挂艾草、戴香包等习俗。端午节和春节、清明节、中秋节一起被称为中国四大传统节日，都具有悠久的历史和文化，影响深远。

五、中秋节

中秋节又称八月节、月夕、拜月节、女儿节或团圆节等，日期为每年的农历八月十五，是中国传统民间节日。中秋节起源于上古时代，普及于汉代，定型于唐代。中秋节起源于古人对天象的崇拜，是从上古时代的秋夕祭月演变而来的。祭月作为民间过节的重要习俗之一，逐渐演化为赏月、颂月等活动。中秋节作为表达思念故乡之情、思念亲人之情的节日，借一轮皎洁明月来抒发自己的感情，以祈求丰收、团圆和幸福。中秋节已经成了中国传统民俗节日文化中深远而又珍贵的文化瑰宝。中秋节的主要活动有吃月饼、饮桂花酒、赏月、玩花灯、猜灯谜等。与中秋节有关的故事传说有嫦娥奔月、吴刚折桂、玉兔捣药等，都蕴含着丰富的内容与历史传统。中秋团圆的习俗表现之一也有妇女回娘家，旧称"归宁"。中秋节归宁的妇女在中秋月夜前必须返回夫家，民间有"宁留女一秋，不许过中秋"的俗谚。在外工作的人，中秋节这一天都会尽可能赶回家和亲人团聚，因为事情不能回家的人也会借一轮明月来表达自己对亲人和故乡的思念之情。

六、重阳节

每年的农历九月初九是中国民间传统节日——重阳节。重阳又称重九。在《易经》中，古人把"九"定为阳数，九月九日，两九相重，所以叫"重阳"。重阳节正是金秋送爽、丹桂飘香的时节，其主要活动有登高、赏菊、佩戴茱萸、吃重阳糕、饮菊花酒等，所蕴含的意义主要为祝寿敬老、避邪驱灾、思乡忆友等。其中，尊老、敬老和孝老等美德已经成了重阳节弘扬的主题。唐代诗人王维有一首诗曾写过重阳节，即《九月九日忆山东兄弟》——"独在异乡为异客，每逢佳节倍思亲。遥知兄弟登高处，遍插茱萸少一人。""九"是数字中最大的数，有着长久长寿的寓意，因此，重阳节也有对老人身体健康长寿的祝福寓意。

第四节　中国传统礼仪文化当代价值

中国传统礼仪文化在中国传统文化中占有重要的地位，是中华灿烂文化的瑰宝，充满了中国鲜明的民族特色和文化特色。在时代变化与科技发展过程中，许多人忽视了礼仪的重要作用，在追逐利益的过程中淡忘了礼仪的价值，未能树立正确的价值观和义利观。而且，在和谐社会的今天，仍然存在着许多不规范的现象和行为，因此，在现如今的社会中，有着几千年历史传统的礼仪文化仍然发挥着重要作用，仍然有着极其重要的地位，可以人们帮助树立正确的价值观和义利观。

一、有利于树立正确的义利观

《论语·里仁篇》记载："君子喻于义，小人喻于利。"儒家义高于利的思想避免了过分追求利益而导致物欲横流的社会现象出现，而且肯定了个人有追求自己合理利益的权利，缓和了义利矛盾。在现代社会中，中国传统礼仪文化的传播与发展可以正确塑造现代社会人的义利观，平衡个人利益和群体利益的冲突。

二、有利于提高个人道德素养

中国传统礼仪文化对个人修养和素养提出了众多要求，在现代快速发展的网络时代，我们很难要求每个人都能做到像圣人一样彬彬有礼，但是通过对中国传统礼仪文化的系统学习和了解，可以提升个人的素养和修养。

三、有利于传播和谐思想

"和"是礼仪文化的根本。中国传统礼仪文化的关键在于要广泛传播和谐思想，促进社会成员之间和谐相处、互相帮助、彼此友爱，最终促进中华和谐思想的传播。中国传统礼仪文化中的和谐思想自古以来就深入人心，直到现在也依旧流传甚广，对人们的思想观念以及待人处事方面都有很大的促进和帮助作用。

四、有利于构建文明和谐社会

礼的秩序就是天然的秩序，也就是和谐。中国传统礼仪文化的传播与发展可以对现代社会中比较浮躁的风气和现象产生一个缓冲剂的作用，要求个人要友爱互助，缓解社会压力和个人压力，从而达到营造良好社会氛围、构建和谐文明社会的效果。

五、有利于提升国家软实力

一个国家的强大，不只是看这个国家的经济和军事如何，还要看其文化软实力如何。中国传统礼仪文化是中国传统优秀文化的组成部分之一，传承和发展中国优秀传统礼仪文化有助于国家文化软实力的提升。继承和发扬中国传统优秀礼仪文化对于提升国家良好形象和实力有着重要的价值。

第五节　中国传统礼仪文化与当代学生教育

中国传统礼仪文化对当代青少年、当代大学生的培养和教育有着巨大的影响。如何培养大学生良好的品德和言行举止以及健康人格的养成，如何加强对青少年以及大学生的礼仪教育是一个值得关注的问题。

一、家庭礼仪教育

礼仪教育是家庭教育的基础，家庭对青少年的礼仪培养和形成有着至关重要的作用。在家庭礼仪教育中，父母的行为举止都潜移默化地影响着孩子的言谈举止，是孩子健康人格养成的指引者。父母应该以身作则，把中国传统礼仪教育融入到家风建设中去，从而影响自己的孩子。

家庭礼仪教育要从幼教开始，让孩子尚在母亲腹中时就受到礼仪教育的熏陶。《烈女传》有言："及其有身，目不视恶色，耳不听恶声，口不出恶言，以胎教也。"孩提时期，父母要在日常生活中对孩子的言行举止进行正确的示范，从点滴小事入手，这是青少年礼仪教育的养成基础。家长可以让孩子学习和背诵《论语》《三字经》等古代典籍，让孩子从小就有中国传统礼仪教育的意识。

二、学校礼仪教育

学校承担着教书育人的责任，不仅要传道授业解惑，还要培养学生健康的心理品格，完善青少年的人格修养。学校要加强心理课、礼仪课等课程安排，在学习之余让学生的心理得到缓解。制定礼仪规则规范，加强对礼仪教育的重视程度，开设专门的礼仪课程，组织编写礼仪教育的新教学大纲和教科书；对教师队伍进行礼仪教育培训，确保教师队伍的质量；适当开展课外实践活动，让大学生们更直观地了解和深入礼仪教育，如观看礼仪方面的视频、参观博物馆、参观艺术馆等，激发学生的礼仪教育学习热情，达到师生互动、活跃课堂氛围的效果。

学校礼仪教育要营造一个良好的氛围，形成尊师重道、友爱互助、礼貌待人的风尚。学校可以组织举办关于中国传统礼仪文化的活动，如征集优秀论文、开办相关讲座、组织相关展览和辩论比赛活动等，积极调动大学生们的主动性与积极性。

三、社会礼仪教育

社会礼仪教育是对家庭和学校礼仪教育的延伸和补充。国家和政府要重视民间礼仪活动对大学生的教化作用，来促进大学生对中国传统礼仪文化的深刻了解。中国传统社会在民间经常举办的礼仪活动大部分属于嘉礼。嘉礼是庆典之礼，用于沟通人际关系。燕礼、射礼、乡饮酒礼等都属于社会上时常举行的礼仪活动。社会上要营造一种浓厚的中国传统礼仪文化的氛围，有助于增强大学生的家国情怀、提升大学生的礼仪意识、促进大学生的健康人格养成。因此，要加强当代大学生的中国传统礼仪文化教育，不只是从古代高尚的道德品质中汲取精华，也要指导当代大学生掌握中国传统礼仪文化的基本准则，在生活和学习中能够做到待人接物礼貌有度。

四、职场礼仪教育

职场礼仪是每个大学生在未来就业时都必须要面临的问题。高校需要开设职场礼仪教育课程，为即将毕业步入职场的大学生普及相关的职场礼仪，以便学生在未来工作时更加得心应手。职场礼仪教育作为职业教育工作中的重要组成部分，具有一定的辐射面，且成果转化需要一个漫长的过程，仅靠开设一门课程或组织几次培训，无法达到理想的结果。因此，在日常教育教学活动中，职场礼仪教育应渗透到其他课程中。在教育教学过程中，教师的言传身教具有积极的熏陶作用，教师应有意识地融入职场礼仪知识，反复训练、反复指导，使学生的专业技能与职业素养彼此融合和促进，进一步加强学生毕业实习前的就业指导，如求职文书制作的培训、面试前准备工作的指导、引导学生树立正确的就业观等。同时，教师要紧紧把握"以就业为导向"的目标，培养适应企业岗位需求的合格人才。

五、商务礼仪教育

在商务活动中，一个人的形象、气质和谈吐等都会给对方留下深刻的印象。商务礼仪教育，旨在使学生了解如何在商业活动中树立良好的个人形象，以及如何与客户进行更多的商业交往，有助于学生更好地融入社会，树立自己的个人形象。高校在商务专业人才培养中一定要注意丰富学生的礼仪知识、提高学生的礼仪素质，使学生养成良好的礼仪习惯，以适应社会的需要。商务礼仪的学习会在以后的商务活动中起到很大的促进作用，运用得当，能有效地提升自己的竞争能力。专业知识的学习必须在实际操作中进行，而非单纯的理论知识和典型案例的浅析。学生接受商务礼仪教育后，外在形象逐渐改善，得体的言谈举止、平和的心态、良好的行为习惯和道德素养等不仅有助于其得到更多更好的就业机会，在工作中，也更容易得到领导和同事的认可。

本章小结

本章介绍了中国传统礼仪文化的相关知识，包括中国传统礼仪文化的发展历史、中国传统节日习俗、中国传统礼仪文化的当代价值等内容；论述了加强当代大学生礼仪教育、提升礼仪修养的方法。

课后习题

名词解释

1. 礼仪器物
2. 礼仪研究

课后习题答案

名词解释

1. 礼仪器物是举行礼仪活动时需要用到的各种物品的总称，是礼仪文化的载体和手段。比较常见的礼仪器物主要有玉器、香炉、鼎、樽等。

2. 礼仪研究即礼学，是指在不同阶段、不同时期礼学家们研究礼仪文化的历史发展与变迁而发现和探索出的关于各种礼仪文化的言论和著作。

第十一章

商务形象礼仪

学习目标

1. 掌握仪容礼仪的要点和仪容修饰的方法。
2. 学习男士和女士不同的仪态礼仪要求。
3. 学习着装原则和男士、女士不同的着装礼仪要求。

第一节 仪容礼仪

案例 11-1 不合适的着装

经理派王小姐到南方某城市参加商品交易洽谈会。王小姐认为这是领导的信任,更是见世面、长本领的好机会。为了这次任务的成功完成,王小姐对业务流程进行了精心细致的准备。但是,由于不熟悉商务礼仪的着装要求,参会时,她身着浅红色吊带和白色丝织裙裤,脚上是白色漆皮拖鞋,一头乌黑的长发飘逸地披散在肩上,而且浑身散发着浓郁的香水味道。王小姐认为这样既能突出女性特点、清新靓丽,又具有时代感,相信自己的形象一定能赢得客商的青睐。结果,出席会议那天,王小姐看到参加会议的人员后顿时觉得很尴尬,男士们个个都是西装革履,女士们都穿的是职业装,唯独自己穿的是具有"时代感、清新靓丽"的服装。整个会议下来,王小姐神情都特别不自然。

思考:王小姐的着装有哪些不合礼仪之处?

仪容是指人体不需要着装的部位,主要是指面容及其他暴露在外的肢体部分。广义的仪容还包括头发、手部以及穿着某些服装而暴露出的腿部。注重仪容是讲究礼节、礼貌的表现,是对他人的一种尊重,同时也是一个人自尊自爱的表现。

一、仪容礼仪要点

（一）干净

干净是指面部及着装不能有异物、身体不能散发异味。商务人员在出席正式的商务场合之前应及时清洁面部，做到无汗渍、无灰尘、无油渍、无妆痕，同时注意及时清理眼角、鼻孔、耳朵、口角等处细微的残留物。头发应保证没有头皮屑、不粘连、无异味，勤洗澡，清除身体上的烟味、酒气、汗味等异味。商务人员要保持口气清新，尽量避免吃带有刺激性气味的食物，如葱、蒜、韭菜等。

（二）整洁

在商务场合中，男士不允许留长发、烫卷发、剃光头和蓄胡须；女士则提倡仪容整洁、健康，掌握化妆的技巧，突出女士的端庄和美丽。

（三）修饰避人

商务人员应该在出席商务场合之前整理、修饰自己的仪容，保证给交往对象留下良好的印象。不在公众场合进行补妆、整理衣裤、拨弄头发、清理鼻孔等，这些活动只能在洗手间等别人看不到的地方进行。

二、仪容修饰

（一）头部

1. 头发

要想拥有健康的头发必须注意经常护发。护发的基本要求是经常保持头发健康、秀美、干净、清爽、卫生、整齐的状态。同时，必须注意头发的洗涤、梳理、养护等几个方面。

2. 发型

发型头发的造型，通常称为发型。发型不仅反映着个人修养与艺术品位，还是个人形象的核心组成部分之一。商务人员在为自己选定发型时，一定要与自己的发质、脸型、体形、年龄、职业、服饰相吻合，这样才能扬长避短，充分展现自身之美，切忌一味地模仿他人。

（二）面部

保持面容清洁是仪容得体的基本要求。除早晚清洗外，如果有必要和条件应抽出时间对面部进行检查和清洁，尤其是眼睛、耳朵、鼻子和嘴部等细节处。

1. 眼睛

确保眼睛明亮、炯炯有神。要及时清除眼部分泌物，并且对眉毛进行恰当修饰。要注意的是，如果佩戴眼镜，不仅要美观舒适，还应保持眼镜干净。

2. 耳朵

首先，要清除耳垢，包括耳朵背后和耳廓内。其次，要定期清理耳朵内的分泌物和绒毛。最后，戴耳饰的女士要对耳饰经常进行清洁，并确保耳饰不过于夸张。

3. 鼻子

一是要保持鼻腔的清洁，及时清理鼻毛和鼻涕。二是不要当众拔鼻毛、吸鼻涕和挖鼻孔，有损形象。

4. 嘴部

确保牙齿洁白、口腔无异味。除早晚刷牙、饭后漱口，应酬前要忌食有异味的食物，如葱、蒜等。另外，男士除有特殊宗教信仰和民族习惯外，应定时剃胡子，忌以胡子拉碴形象示人。个别女士或因毛发旺盛看似有胡须的，也应做相应清理。

(三) 化妆

为充分体现商务人员的精神风貌，更好地维护个人形象、单位形象乃至国家形象，同时也为了对交往对象表现出应有的友好和敬重之意，商务人员在参加商务交往活动时要进行美容化妆。恰当的妆容可以使商务人员保持精神焕发、神采奕奕的状态。

化妆的注意事项包括：第一，化以淡妆为主的工作妆。商务人员在工作岗位上被要求化淡妆，就是限定在工作岗位上不仅要化妆，而且只宜选择工作妆（淡妆）这一化妆的具体形式。第二，避免当众化妆、补妆。在众目睽睽之下化妆、补妆是非常失礼的行为，这样做既有碍于他人，也不尊重自己。如果确实有必要化妆、补妆，要到卧室或化妆间等隐蔽场所进行。第三，商务人员在工作岗位上，应当避免过量地使用浓香型化妆品。在商务交往中，有许多地方空气流通不畅，如写字间、会议室、电梯间、轿车内，在这类地方，使用过浓香水会引起周围人员的不适。

第二节 仪态礼仪

仪态是指人在行为中的姿势和风度。姿势是指身体呈现的样子，即举止、动作、体态等；风度是指气质方面的表露，是一个人知识、阅历、文化和教养的集合。商务人员在商务交往中要充分利用体态语言，举止大方，姿态合乎规范，充分展示一个人的精神力量和仪表风度美，使交际对象有一种美的感受，营造和谐的气氛。

"站如松，坐如钟，走如风，卧如弓"，是中国传统礼仪的要求。具体意思是：站着要像松树那样挺拔，坐着要像座钟那样端正，行走要像风那样快而有力，卧着要像弓一样弯曲。这句话原是道家的修炼功法,后来用在日常生活中,表现出人们善于养生、很有修养的样子。

一、站姿

站姿,又称立姿、站相,是指人在站立时所呈现出的具体姿态。一般认为,站姿是人的最基本的姿势,同时也是其他一切姿势的基础。通常,站姿是一种静态的姿势。

正确的站姿要求:一是挺,即头正、肩平、颈直、背挺。二是直,即身体的脊柱要与地面保持垂直,两手臂自然下垂于体侧,手指并拢、自然弯曲。三是展,即身体重心要向上伸展,做到直腰、绷腿。四是收,即下颌微向后收,双目平视。五是松,即面容平和自然,精神饱满,面带微笑。

(一)男士站姿

1. 男士站立时的脚位

男士站立时有三种脚位:一是双腿直立式,即双膝相靠,后脚跟并拢直立。这种脚位适合于短时间站立迎送宾客等场合。二是分腿站立式,即两腿分开距离略小于肩宽,双膝直立。三是单腿直立式,即以单腿轮换为支点,另一条腿往侧前方斜放,做军队队列中的稍息状。这种脚位适合长时间站立时使用。

2. 男士站立时的手位

男士站立时有四种手位:一是两手腹前交叉式,即一只手平抚前腹,另一只手轻握该手手腕部分,两手可以交换位置。此时,脚位可以是双腿直立式或分腿站立式两种。二是两手胸前相握式,即两手胸前扣握,左右手均可在上。此时最好采取双腿直立式脚位。三是两手双腿侧全平放式,即两手五指并拢并自然下垂或半握拳自然下垂,中指指尖紧贴裤缝平放。此时应采取双腿直立式脚位。四是两手背放,即两手自然背在后背,自然相握。此时可以采取双腿直立式或分腿站立式两种脚位。分腿站立式可以更显示出男性强壮的气势。

(二)女士站姿

1. 女士站立时的脚位

女士站立时有三种脚位:一是两脚前后直立式,即前脚的脚后跟紧靠后脚脚心弯曲部分站立。二是两脚平行直立式,即两脚脚后跟紧贴,脚尖向外呈八字站立。三是两脚前后站立式,即前脚朝前迈半步,脚尖朝前或稍往外撇,前脚的脚后跟与后脚的脚后跟在同一条竖线上,后脚脚尖平行朝外站立,重心最好落在前脚。需要注意的是,女士站立时切忌双腿分开。

2. 女士站立时的手位

女士站立时有四种手位:一是平行侧放式,即将双手侧放在两腿外侧,手掌平伸,中指指尖紧贴裤缝中线。这种手位最适合于两脚平行直立式脚位。二是两手腹前交叉式，即一只手平抚前腹，另一只手轻握该手手腕部分，两手可以交换位置。这种手位最好选择两脚前后直立式或两脚平行直立式脚位。三是两手一前一后式，即一只手放于腹前，另一只手反向背于身后。这种手位最好选择两脚前后直立式或两脚平行直立式脚位。四是两手万福式，即两手相扣或两掌相抚，放于身体一侧，形似古人道万福状。注意，哪只脚在前，则将手放于哪一侧，肘部要上抬，两手相扣或两掌相抚均应在平面位置。此种手位最适合两脚前后直立式和两脚前后站立式。

二、坐姿

坐姿是指人在就座后呈现出的姿势。从总体上讲，坐姿是一种静态的姿势，在商务应酬中坐姿是采用最多的姿势。

正确的坐姿要求：一是稳，即入座时要轻而稳，不要发出较大的声响。二是松，即仪态要松弛自然，面带笑容，双目平视。三是收，即嘴唇微闭，下颌微收。四是正，即头正，双肩平正。五是直，即立腰、挺胸、上体自然挺直。

坐在椅子上时，至少坐满椅子的2/3，脊背轻靠椅背。

（一）男士坐姿

男士坐着的时候，应保持上半身与大腿、大腿与小腿均成直角。

1. 男士坐时的脚位

男士坐着的时候有两种脚位。一是标准式，即小腿与地面成直角，双脚正直向前，可分开小于肩宽。二是交叉式，即双脚脚踝部分自然交叉，放在椅前或放在椅下。

2. 男士坐时的手位

男士坐着的时候有三种手位：一是双手自然相握放在双腿上。二是双手五指并拢，自然平放在大腿上。三是如果有自由扶手，可以将双手自然放在椅子扶手上。

（二）女士坐姿

1. 标准式

双臂自然弯曲，两手穿插叠放在偏左腿或是偏右腿的地方，并靠近小腹。两膝并拢，小腿垂直于地面，两脚尖朝正前方。着裙装的女士在入座时要用双手将裙摆内拢，以防坐出褶皱或因裙子被打折而使腿部裸露过多。

2. 前伸式

在标准式坐姿的基础上，两小腿向前伸出一脚的距离，全脚着地或脚尖跷起。前身可略向前倾，表示对对方的尊敬。

3. 前穿插式

在前伸式坐姿的基础上，右脚后缩，左脚穿插，两踝关节重叠，两脚尖着地。

4. 屈直式

右脚前伸，左小腿屈回，大腿靠紧，两脚前脚掌着地，并在一条直线上。两脚位置可交换。

5. 后点式

两小腿后屈，脚尖着地，双膝并拢。

6. 侧点式

两小腿向左斜出，两膝并拢，右脚跟靠拢左脚内侧，右脚掌着地，左脚尖着地，头和身躯向左斜。注意，大腿和小腿要成90°的直角，小腿要充分伸直，尽量显示小腿的长度。双腿位置可交换。

7. 侧挂式

在侧点式坐姿的基础上，左小腿后屈，左脚绷直，左脚掌内侧着地，右脚提起，用右脚脚面贴住左脚脚踝，膝盖和小腿并拢，上身右转。双腿位置可交换。

需要注意的是，女士坐着的时候双腿不可分开。无论哪种坐姿，都应保持双腿向内收。

三、蹲姿

蹲姿主要适用于给予帮助、提供服务、捡拾地面物品等情况。与站姿、坐姿和走姿一样，蹲姿也有礼仪的要求：一是蹲下来的时候，不要速度过快。当自己在行进中需要下蹲时，尤其要注意这一点。二是在下蹲时，应和身边的人保持一定距离。和他人同时下蹲时，更不能忽略双方的距离，以防彼此迎头相撞或发生其他的误会。三是在他人身边下蹲时，最好是和他人侧身相向。正面他人或者背对他人下蹲，通常都是不礼貌的。四是下蹲及蹲下的整个过程中，应保持臀部向下，不可以撅起。五是所有蹲姿都是以站姿为基础的，上体保持直立，目视前方，弯下身体，膝盖并拢，臀部向下，双手放于双膝之上或自然垂于体侧。

（一）男士蹲姿

1. 高低式

下蹲时，双腿不并排在一起，而是左脚在前、右脚稍后。左脚应完全着地，小腿基本上垂直于地面；右脚则应脚掌着地，脚跟提起。此刻，右膝低于左膝，右膝内侧可靠于左小腿的内侧，形成左膝高、右膝低的姿态，臀部向下，基本是用右腿支撑身体。双腿位置可交换。

2. 半蹲式

这种蹲姿一般是在行走时临时采用。它的正式程度不及高低式蹲姿,但在应急时也可以采用。半蹲式蹲姿在下蹲时,要求上身略微弯下,但不要和下肢构成直角或锐角,臀部向下,双膝略为弯曲且角度一般为钝角,身体的重心应放在一条腿上,两腿之间不要分开过大。

(二)女士蹲姿

1. 高低式

高低式蹲姿同样适用于女士。女士使用高低式蹲姿时,与男士要领相似,但要注意双腿保持并拢,注意保护好隐私。

2. 交叉式

下蹲时,右脚在前,左脚在后,右小腿垂直于地面,全脚着地。右腿在上,左腿在下,二者交叉重叠,左膝由后下方伸向右侧。左脚跟抬起并且脚掌着地,两脚前后靠近,合力支撑身体,上身略向前倾,臀部朝下。女士穿短裙时应优先选用此蹲姿。

四、行姿

行姿即走姿,是指人在行走的过程中所形成的姿势。与其他姿势所不同的是,行姿自始至终都处于动态之中,体现的是人类的运动之美和精神风貌。行走时,应以正确的立姿为基础,并且要全面、充分地兼顾以下六个方面。

1. 全身伸直,昂首挺胸

在行走时,要面朝前方,双眼平视,头部端正,胸部挺起,背部、腰部、膝部尤其要避免弯曲,使全身看上去形成一条直线。

2. 起步前倾,重心在前

在起步行走时,身体应向前倾,身体的重心应落在反复交替移动的前面那只脚的脚掌上。

3. 脚尖前伸,步幅适中

在行进时,向前伸出的那只脚应保持脚尖向前,不要向内或向外。同时,还应保证步幅大小适中。

4. 直线前进,自始至终

在行进时,双脚两侧行走的轨迹,大体上应当呈现为一条直线。与此同时,要克服身体在行进中的左右摇摆,并使自腰部至脚部始终都保持以直线为开头进行移动。

5. 双肩平稳,两臂摆动

行进时,双肩、双臂都不可过于僵硬呆板。双肩应当平稳,力戒摇晃。双臂则应自然地、一前一后地、有节奏地摆动。

6. 全身协调，匀速前进

在行走时，大体上速度要均匀，要有节奏感。另外，全身各个部分的动作要相互协调、配合，表现得轻松自然。

（一）男士行姿

男士行走时要步履雄健有力，不慌不忙，展现出雄姿英发、英武刚健的阳刚之气。

1. 速度

男士的步幅一般在 50 厘米左右，即每分钟 108~118 步。

2. 步伐

男士常见的走姿是"平行步"。其要领是双脚各踏出一条直线，使之平行，步伐快而不乱；与女士同行时，男士步子应与女士保持一致。

（二）女士行姿

女士行走时要步履轻捷优雅，步伐适中，不快不慢，展现出温柔、矫健的柔媚之美。

1. 速度

女士的步幅一般在 30 厘米左右，即每分钟 118~120 步，可根据所穿鞋的鞋跟高度来适当调整。

2. 步伐

女士常见的走姿是"一字步"，即走直线。其要领是行走时两脚内侧在一条直线上，两膝内侧相碰，收腰提臀，肩外展，头正颈直，微收下颌。

五、表情礼仪

表情主要是指面部表情，是眼睛、眉毛、鼻子、嘴唇、面部肌肉以及它们的综合运动所反映出的心理活动和情感信息。在千变万化的表情中，目光和微笑最具礼仪功能。

（一）目光

目光是面部表情的核心。在交往时，目光是一种真实的、含蓄的语言。一个良好的交际形象，目光应该是坦然、亲切、友善、有神的。在与人交谈时，目光要注视着对方，才能表现出诚恳与尊重。

1. 目光注视

在见面时，不论是见到熟悉的人还是初次见面的人，不论是偶然见面还是约定见面，首先要以闪烁光芒的目光正视对方片刻，面带微笑，表达出喜悦、热情的心情。对初次见面的人，还应头部微微一点，行注目礼，表示出尊敬和礼貌。面对宾客或被介绍认识时，可注视对方稍久一些，既表现出自信，也表示对对方的尊重。在双方交谈时，要注视讲话的人，应始终保持目光的接触，表示对话题很感兴趣。但应当注意的是，交流中的注视绝不是紧紧盯住对方的眼睛，这会使对方感到尴尬。

2. 目光注视的区域和方向

要根据与交流对象关系的亲疏、距离的远近来选择目光停留或注视的区域。目光注视要遵循"三角定律"。与交流对象关系一般、初次见面或距离较远的，目光要注视对方额头至肩膀的大三角区域；关系较熟、距离较近的，目光应停留在对方额头到下巴的三角区域；关系亲昵、距离很近的，则应注视对方额头到鼻子这个三角区域。要分清对象、对号入座，不要把目光盯在对方面部的某个部位或身体的其他位置，特别是面对初次相识的人和一般关系的异性时，更应当注意目光的注视区域问题。

注视的方向有不同的含义。通常，视线向下表现权威感和优越感；视线向上表现服从和任人摆布；视线水平表现客观和理智。俯视，即目光向下注视他人，一般表示对晚辈的爱护、宽容，也可表示对他人的轻视、歧视。仰视，即抬眼向上注视他人，表示尊敬、期待，适用于面对尊长之时。平视，表示理性、平等、自信、坦率，适用于在普通场合与身份、地位平等的人之间的交往。

（二）微笑

微笑是交际时的一种最适宜的表情。微笑是交往过程中最有吸引力、最有价值的面部表情，是自信的象征、修养的展现、和睦相处的反映与心理健康的标志。微笑具有强化有声语言沟通功能、增强交际效果、改善形象、拉近距离等多方面微妙、奇特的作用。

1. 微笑注意事项

一是正确的微笑首先要发自内心。微笑的时候要自然大方，显示出亲切。二是微笑时要声情并茂。微笑的时候要表里如一，与自己的举止、谈吐有很好的呼应。三是微笑时要气质优雅。微笑的时候要讲究笑的适时、尽兴，更要讲究精神饱满、气质典雅。四是微笑时要表现和谐。微笑的时候应保持眉、眼、鼻、口、齿以及面部肌肉和声音的协调。同时，微笑与眼睛、语言和形体结合时会有更好的效果。

2. 微笑的度

"一度"微笑，只牵动嘴角肌，适用于客人刚到；"二度"微笑，嘴角肌、颧骨肌同时运动，适用于交谈进行中；"三度"微笑，嘴角肌、颧骨肌与其他笑肌同时运动，是一种会心的微笑，适用于生意成功或欢送宾客时，一般以露出 6~8 颗牙为宜。

第三节　着装礼仪

服装被称为人际交往中人的"第二肌肤",除了蔽体、遮风挡雨等方面的实用功能外,服装还起到美化人体、展示个性、扬长避短的作用。着装礼仪是人们在交往过程中为了相互表示尊重与友好,达到交往的和谐而体现在服饰上的一种行为规范。

在商务场合,服装在某种意义上是每个人手持的一封无言的介绍信,时时刻刻向自己的每一个交往对象传递着信息。在商务活动中,人们可以通过服饰来判断一个人的身份、地位、涵养。通过服饰可以展示个体内心对美的追求、体现自我的审美感受,还可以增进一个人的仪表、气质。

一、着装原则

服饰包括衣、裤、裙、帽、鞋、袜、手套及各类饰物,也是个人形体的外延。得体和谐的服饰有一种无形的魅力,可以使一个人平添光彩。当服饰与穿戴者的气质、个性、身份、年龄、职业以及穿戴的环境、时间协调一致时,就能真正达到美的境界。

商务人员在职场要使服饰的美达到和谐统一的整体视觉效果,就应恪守服饰穿戴的基本原则。商务人员着装原则包括整洁原则、个性原则、和谐原则、配色原则和"TPO"原则。

(一)整洁原则

整洁原则是指服装整齐、清洁、挺直。这是着装的最基本原则。一个穿着整洁的人能给人积极向上的感觉;而一个穿着褴褛的人总是给人消极颓废的感觉。商务人员衣着一定要平整干净,即衣裤要熨烫平整、衣领袖口要干净,注意着装不能有异味。

(二)个性原则

个性原则是指商务场合树立个人形象的要求。不同的人由于年龄、性格、职业、文化素养等各方面的不同,自然就会形成各自不同的气质。商务人员在选择服装进行服饰打扮时,不仅要符合个人的气质,还要突显出自己美好气质的一面,因此,必须要深入了解自我、正确认识自我,选择适合自己的服饰。

(三)和谐原则

和谐原则又称得体原则,是指选择服装时不仅要与自身体形相协调,还要与着装者的年龄、肤色相配。服饰本是一种艺术,能掩盖体形的某些不足。要借助于服饰,创造出一种美妙身材的视觉效果。

（四）配色原则

服饰色彩的相配应遵循一般的美学常识。服装与服装、服装与饰物、饰物与饰物之间的色彩应色调和谐、层次分明。饰物只能起到"画龙点睛"的作用，而不应喧宾夺主。服饰色彩在统一的基础上应寻求变化，肤色、服装、饰物之间在变化的基础上应寻求平衡。一般认为，衣服里料的颜色与表料的颜色，衣服中某一颜色与饰物的颜色均可进行呼应式搭配。

1. 同色搭配

由相近或相同、明度有层次变化的色彩相互搭配可以达到一种统一和谐的效果，如墨绿色配浅绿色、咖啡色配米色等。在同色搭配时，宜遵循上浅下深、上明下暗的原则。这样，整体上就有一种稳重踏实之感。

2. 相似色搭配

色彩学把色环上大约90°以内的邻近色称为相似色，如蓝色与绿色、红色与橙色。相似色搭配时，两个色的明度、纯度要错开，如深一点的蓝色和浅一点的绿色配在一起比较合适。

3. 主色搭配

主色搭配是指选一种起主导作用的基调和主色，相配于各种颜色，达到一种互相陪衬、相映成趣的效果。采用这种配色方法，首先，应确定整体服饰的基调；其次，选择与基调一致的主色；最后，选出多种辅色。主色搭配如果选色不当，容易造成混乱不堪，有损整体形象，因此使用的时候要慎重。

（五）"TPO"原则

"TPO"是英文中的 time（时间）、place（地点）、occasion（场合）的缩写，是人们在选配着装时应遵循的三个客观因素，要求人们在着装时要特别注意。

1. "T"原则——着装的时间原则

商务人员在着装时必须要考虑时间的合适性，做到"随时更衣"。例如，早晨人们在家中或进行户外活动居多，着装应以方便、随意为原则，选择运动服、便装、休闲服装比较合适。白天是工作时间，着装应根据工作性质和特点，以服务于工作为主，应以庄重大方为原则。晚间正式的社交活动居多，应适时更换晚礼服或商务便装。

2. "P"原则——着装的地点原则

活动的地点不同，着装也应有所区别，特定的地点配以与之相适应、相协调的服饰，才能获得视觉和心理上的和谐美感。与地点不相协调的服装会给人以身份与穿着不符或华而不实、呆板怪异的感觉。

3. "O"原则——着装的场合原则

不同的场合有不同的服饰要求，如果穿戴非常亮丽，但不考虑场合，也会闹出笑话。

只有与特定场合的气氛相一致、相融洽的服饰，才能达到和谐的审美效果，体现人景相融的最佳效应。例如，庄重、严肃的庆典、仪式活动，着装应尽量正规；轻松、愉快的郊游、远足，着装应尽量舒适等。

二、男士着装礼仪

商务场合中的男士通过着装塑造自身的良好形象，不仅要会选取服装，还要懂得所穿服装的礼仪规范，掌握所穿服装的搭配技巧。只有这样，才能穿出风采，穿出气派。

商务男士的着装中，最普遍的是西装。西装以其设计造型美观、线条简洁流畅、立体感强、适应性广等特点越来越受到人们青睐。

（一）男士商务着装遵循的原则

1. 三色原则

三色原则是指男士在正式场合穿着西装时，全身颜色必须限制在三种之内，否则就会显得不伦不类，有失庄重。

2. "三一"定律

"三一"定律是指男士穿着西装时，身上有三个部位的颜色必须协调统一，这三个部位分别是鞋子、腰带、公文包。

（二）男士西装穿着规范

穿着西装讲究颇多，一般应注意以下五项。

1. 穿好衬衫

穿西装必须要穿衬衫。衬衫不要太旧，领口一定要硬挺，外露的部分一定要平整干净。衬衫下摆要塞进裤子里，领子不要翻在西装外面。衬衫衣袖要略长于西装外套的袖子。

2. 内搭适宜

穿西装切忌穿过多的内衣。衬衫内除了背心外，最好不要再穿其他内衣，如果确实需要穿内衣，内衣的领圈和袖口一定不要露出来。如果天气较冷，衬衫外面可以穿上一件毛衣或毛背心，但毛衣一定要紧身，不要过于宽松，以免显得过于臃肿，影响西装的穿着效果。

3. 系好领带

在正式商务场合，穿西装要系好领带。领带的长度要适当，以到皮带扣或超出皮带扣1~2厘米处为宜。如果穿毛衣或毛背心，应将领带下部放在毛衣领口内。系领带时，衬衫的第一个纽扣要扣好。如果佩戴领带夹，一般应在衬衫的第四至第五个纽扣之间。

4. 鞋袜搭配

穿西装一定要搭配皮鞋，不能穿布鞋或旅游鞋。皮鞋的颜色要与西装相配套，皮鞋应擦亮，不要蒙满灰尘。穿皮鞋还要搭配合适的袜子，袜子颜色要比西装稍深一些，使其在皮鞋与西装之间形成一种过渡。

5. 扣好衣扣

西装上衣可以敞开穿，但双排扣西装上衣一般不敞开穿。单排扣西装在扣衣扣时，如果穿的是两枚纽扣的西装，不要把两枚扣子都扣上，一般只扣上面一枚；如果是三枚纽扣的西装，只扣中间一枚。注意，在站立、行走时西装纽扣要扣上，坐下时要解开。

三、女士着装礼仪

女士服装相对男士服装而言更加丰富多彩。但在商务场合，过于生活化、色彩丰富的服装并不合适。商务女士无论穿套装，还是穿着其他服装，都必须做到得体，着装得体才能塑造出完美的外在形象。

（一）影响女士商务着装的因素

1. 与主体因素相协调

服装的主体即穿着服装的人。女士商务着装的主体因素包括年龄、体态、肤色、性格、身份、职业等。女士在挑选商务着装时，应根据这些因素结合自身特色进行选择。

2. 与客观因素相协调

客观因素指的是场合、季节等因素。着装必须考虑出席的场合，如在商务庆典等喜庆场合，着装颜色宜明快，款式宜新颖别致；参加商务谈判、会议，着装宜庄重；出入办公室，着装宜大方干练。着装应随季节的变化而变化，春着春装、夏着夏装、秋着秋装、冬着冬装。

（二）女士西装套裙穿着搭配

1. 选好衬衫

女士的衬衫面料要求轻薄而柔软，丝绸是最好的衬衫面料，纯棉也是很好的选择，但都要熨烫平整。衬衫颜色可以是多种多样的，白色、黄白色和米色与大多数套装都能搭配，只要不是过于鲜艳，并且与同时所穿的套裙色彩不相互排斥就可以。不过，单色衬衫为最佳之选。还要注意，衬衫的色彩与同时所穿的套裙色彩，要么外深内浅，要么外浅内深，两者之间形成深浅对比。穿衬衫时须注意，衬衫的下摆必须掖入裙腰之内。

2. 衬裙必选

穿西装套裙，特别是丝、麻、棉等面料较薄或颜色较浅的裙子时，一定要内穿衬裙。衬裙，特指穿在裙子之内的裙子。一般而言，商务女士穿套裙时，衬裙是非穿不可的。选择衬裙时，可以考虑各种面料，但是以透气、吸湿、单薄、柔软为佳。

3. 鞋袜搭配

在商务场合，女士所穿的鞋子宜为制式皮鞋，即黑色高跟或半高跟的船形皮鞋为正统，并以牛皮或羊皮制品为上品。此外，与套裙色彩一致的皮鞋亦可选择。袜子则有肉色、黑色、浅灰、浅棕等几种常规选择，应为单色，并与西装套裙的颜色相匹配，同时应注意袜口不可暴露于外。

（三）女士西装套裙穿着规范

1. 西装套裙要合身得体

通常，西装套裙的上衣最短可以齐腰，裙子最长可至小腿中部，上衣不能再短，裙子不能再长，否则就会很不协调，给人一种勉强或者散漫的感觉。特别应当注意的是，上衣的袖长以恰恰盖住着装者的手腕为好。衣袖如果过长，甚至在垂手而立时挡住着装者的大半个手掌，往往会使其看上去矮小而无神；衣袖如果过短，甚至将其手腕完全暴露，则会显得滑稽而随便。同时，西装套裙不能过于肥大，否则会显得通达散漫；也不宜过于紧身，以免显得轻浮庸俗。穿着西装套裙，决不允许露臂、露肩、露腰、露腹。

2. 西装套裙应当穿着到位

在穿西装套裙时，必须依照常规的穿着方法认真穿好，令其处处到位。注意，上衣的领子要完全翻好，衣袋的盖子要拉出来盖住衣袋；不允许将上衣披在身上，或者搭在身上；裙子要穿得端端正正，上下对齐之处务必要好好对齐。检查一下自己所穿的衣裙的纽扣是否系好、拉锁是否拉好。

3. 穿着西装套裙应当协调妆饰

商务女士的穿着打扮，应讲究着装、化妆、佩饰风格统一，相辅相成。就化妆而言，女士在穿西装套裙时一般要求化淡妆，恰到好处即可。因为商务女士在工作岗位上要突出的是工作能力、敬业精神。就佩饰而言，商务女士在穿西装套裙时，佩饰以少为宜，并且要合乎身份。在工作岗位上，可以不佩戴任何首饰，如果要佩戴的话，至多不超过三种，每种也不宜多于两件。不允许佩戴珠宝首饰和过度夸张、张扬的首饰，如胸针、耳环、手镯、脚链等。

本章小结

本章详细介绍了仪容礼仪、仪态礼仪及着装礼仪的内涵及要点，包括仪容修饰的方法、男士和女士仪态提升的方法及着装礼仪等内容。商务形象礼仪不仅代表着商务人员个人的形象，还反映其所在企业的管理与服务水平。因此，学习礼仪知识并遵循礼仪要求对商务谈判人员至关重要。

课后习题

简答题

1. 仪容礼仪的三个要点是什么？
2. 仪态礼仪主要包含哪些方面？
3. 商务人员的着装需要遵从哪些原则？

课后习题答案

简答题

1. 仪容礼仪的三个要点是：干净、整洁、修饰避人。

（1）干净是指面部及着装不能有异物、身体不能散发异味。

（2）整洁。在商务场合中，男士不允许留长发、烫卷发、剃光头和蓄胡须；女士则提倡仪容整洁、健康，掌握化妆的技巧，突出女士的端庄和美丽。

（3）修饰避人。商务人员应该在出席商务场合之前整理、修饰自己的仪容，保证给交往对象留下良好的印象。不在公众场合进行补妆、整理衣裤、拨弄头发、清理鼻孔等，这些活动只能在洗手间等别人看不到的地方进行。

2. 仪态礼仪主要包含站姿、坐姿、蹲姿、行姿、表情礼仪五个方面。

（1）站姿又称立姿、站相，是指人在站立时所呈现出的具体姿态。一般认为，站姿是人的最基本的姿势，同时也是其他一切姿势的基础。通常，站姿是一种静态的姿势。

（2）坐姿是指人在就座后呈现出的姿势。从总体上讲，坐姿是一种静态的姿势，在商务应酬中坐姿也是采用最多的姿势。

（3）蹲姿主要适用于给予帮助、提供服务、捡拾地面物品等情况。

（4）行姿即走姿是指人在行走的过程中所形成的姿势。与其他姿势所不同的是，行姿自始至终都处于动态之中，体现的是人类的运动之美和精神风貌。

（5）表情礼仪。表情主要是指面部表情，是眼睛、眉毛、鼻子、嘴唇、面部肌肉以及它们的综合运动所反映出的心理活动和情感信息。在千变万化的表情中，目光和微笑最具礼仪功能。

3. 商务人员着装原则包括整洁原则、个性原则、和谐原则、配色原则和"TPO"原则。

（1）整洁原则是指服装整齐、清洁、挺直。这是着装的最基本原则。

（2）个性原则是指商务场合树立个人形象的要求。

（3）和谐原则又称得体原则，是指选择服装时不仅要与自身体形相协调，还要与着装者的年龄、肤色相配。

（4）配色原则是指服饰色彩的相配应遵循一般的美学常识。

（5）"TPO"是英文中的 time（时间）、place（地点）、occasion（场合）的缩写，是人们在选配着装时应遵循的三个客观因素，要求人们在着装时要特别注意。

第十二章 商务社交礼仪

学习目标

1. 掌握商务场合社交的基本原则。
2. 学习商务场合见面礼仪、人际交往距离、介绍与称呼礼仪、邀请与拜访和馈赠礼仪等多方面的原则和注意事项。

第一节 见面礼仪

见面是交往的开始，人与人在商务交往中的第一礼仪就是见面。见面礼仪留下的第一印象对双方交往的深度和广度有着重要的影响。如果在商务交往之初举止庄重大方，谈吐幽默文雅，会使双方形成牢固的心理定式，会对以后的交往产生积极影响，反之则会产生消极影响。

见面是交往的开始，常见的见面礼仪有问候、握手、致意、拥抱等。

一、问候

见面问候是我们向他人表示尊重的一种方式。见面问候虽然只是打招呼、寒暄或是简单的三言两语，却代表着我们对他人的尊重。在交往中，见面时行一个标准的见面礼，会给对方留下深刻而美好的印象，能直接体现出施礼者良好的修养。互致问候是人们见面时的第一礼仪，在商务往来中，见面不打招呼或不回答对方的问候，都是非常失礼的行为。

在商务交往中需要问候对方时，最简单的话语是"早上好""下午好""晚安"或"您好"。在向对方表达问候时，态度应当主动、热情、大方。其中，主动是指见到他人时，马上打招呼。同样，当别人先问候我们时，我们也要立即予以回应，千万不要摆出一副高不可攀的样子。

问候的时候要讲究一定的顺序，具体如下。

1. 一对一的问候

一对一的问候是指两个人之间的问候,通常是"位低者先行问候",即由两个人中身份较低者或年轻者先问候身份较高者或年长者。具体而言,主人应当先问候客人,职务低者应当先问候职务高者,晚辈应当先问候长辈,男士应当先问候女士。

2. 一对多的问候

如果同时遇到多人,特别是在正式会面的时候,这时既可以笼统地问候"大家好",也可以逐个加以问候。当一个人逐一问候多人时,既可以"由尊而卑""由长而幼"地依次而行,也可以"由近而远"地依次而行。若对方先向我们进行问候时,我们则应立即予以回应。

二、握手

在商务交往中,握手已成为一种习以为常的礼节。握手是大多数国家见面和告别的礼仪,同时也是表达祝贺、感谢、鼓励和同情等情感的常用形式。

握手时,在顺序上讲究"尊者居先",应由主人、年长者、身份高者、女子先伸手。客人、年轻者、身份低者见面后应先问候,待对方伸手有握手之意时,再行握手礼。男女之间,男方要等女方先伸手后才能握手,如果女方不伸手,无握手之意,男子不应视为无礼举动,而只能点头或鞠躬致意;长幼之间,年幼的要等年长的先伸手;上下级之间,下级要等上级先伸手,以示尊重。唯有宾主握手时较为特殊,即客人到达时,主人应向客人先伸手,以示欢迎;客人告辞时,应由客人先伸手,以示请主人就此留步。当一人同多人同时握手时,应遵循"由尊而卑"或"由近而远"的原则依次进行;同多人同时握手时,切忌交叉,要等别人握完后再伸手。当会见人数较多时,不应抢着与中心人物握手,而应待中心人物有同自己握手之意后再行此礼。到主人家做客,可以只与主人及熟识的人握手,向其他人点头示意即可。军人戴军帽与人握手时,应先行军礼,再行握手礼。在平辈同性朋友之间,相见时先出手为敬。握手时,应先打招呼,后行握手礼。

三、致意

致意是一种常用的礼节,表示问候,主要适用于已经相识的友人在社交中相互问候。在各种场合,男士先向女士、年轻者先向年长者、下级先向上级致意。女士无论在什么场合,无论年龄大小,只需点头或微笑致意。遇到身份较高者,应在对方没有应酬或应酬告一段落后,再上前致意。在国内外的社交场合中,人们使用的致意方式主要有举手、点头、鞠躬等。

（一）举手礼

举手礼也是军人施行的礼节之一，现已演变为日常交往的一种礼节。举手礼通常是在公共场合遇到相识的人或迎送时所用。在彼此相距较远、行走急促时可举起右手，手臂伸直，掌心朝向对方，轻轻摆一下手心，一般不出声，向对方招呼致意。招手时一般应空手。

（二）点头礼（颔首致意）

点头礼即颔首致意，表示对人的礼貌，通常用于比较随便的场合。在碰到同级、同辈或有一面之交、交往不深的相识者时，点头致意即可；遇到长者、贤者、女士时应礼貌地点头致意。用点头作为见面礼仪，大多适用于与对方不宜交谈的场合。例如，在会议、会谈时，与相认识者在同一地点多次见面，或在社交场合与仅有一面之交者相逢，都可以点头为礼。

（三）鞠躬礼

鞠躬礼就是将身体、腰及腰以上部分前倾，弯身行礼。行鞠躬礼时要心诚，应脱帽立正，双目注视受礼者，使身体上部向前倾斜，视线也要随鞠躬自然下垂。

鞠躬礼是我国古代传统礼节之一，至今仍是人们见面时表示恭敬、友好或道歉之意的一种肢体语言。鞠躬礼主要通行于我国相邻的国家，如日本、韩国及朝鲜等国，在欧美各国及非洲国家并不流行。

和握手相比，鞠躬表达的敬意更深一些，常用于婚丧节庆、演员谢幕、讲演、领奖等场合及下级对上级、晚辈对长辈、学生对老师、服务员对客人、初次见面等场合。特别是在大众场合，个体与群体交往时，个人不可能和许多人逐一握手，则可以鞠躬代替，既恭敬又节约时间，值得大力提倡。但是，只弯头的鞠躬、不看对方的鞠躬、头部左右晃动的鞠躬、双腿没有并齐的鞠躬、驼背式的鞠躬、可以看到后背的鞠躬等都是不正确的鞠躬方式。

四、拥抱

拥抱礼一般指交往双方互相以自己的双手揽住对方的上身，借以致意。虽然在中国拥抱礼不是常用礼仪，但是在国际社会中却运用得十分广泛。这是欧美各国熟人、朋友之间表示亲密感情的一种礼节；在中东欧、大洋洲、非洲与拉丁美洲的许多国家，也非常常见；但在东亚、东南亚国家，人们对此却不以为然。在欧洲、美洲、大洋洲诸国，男女老幼之间均可采用拥抱礼；而在亚洲、非洲的绝大多数国家，尤其是在阿拉伯国家，拥抱礼仅适用于同性之间，异性之间是绝对不允许的。

拥抱礼的标准方法是"左—右—左"交替拥抱。行礼时，两人走近后，正面相对而立，先各自抬起右臂，把右手搭在对方的左肩之后，随后左臂下垂，以左手扶在对方的腰部右后侧。右臂偏上，左臂偏下，按各自的方位，两人头部及上身都向左前方相互拥抱，然后向右前方拥抱，最后再次向左前方拥抱，礼毕。

案例 12-1 不可随便使用的贴面礼

在一次商务活动中，一位中国驻法国的外交官在机场迎接一位法国朋友。当这位法国朋友看到司机小王后，热情地伸开臂膀想要与小王行贴面礼。然而，小王对这种过于亲密的举动感到不适应，拥抱时已经有些拘谨，贴面又来得如此突然，他慌乱之中伸出了自己的左脸颊，两人方向一致，脸直接碰到了一起，这是一个非常尴尬的场景。

思考：贴面礼通常在哪些场景使用？

第二节 人际交往距离

人际交往距离影响人们之间的情感和交往，根据距离的远近可以大致推断出彼此之间的密切程度。美国人类学家爱德华·霍尔博士把常规人际交往中的距离划分为四种，分别适用于不同情况的交往。

一、私人距离（亲密距离）

私人距离可在 0.5 米以内。其近端使用范围约在 0.15 米以内，彼此间可能肌肤相触，耳鬓厮磨，以至于相互能感受到对方的体温、气味和气息；远端使用范围是 0.15~0.5 米，身体上的接触可能表现为挽臂执手或促膝谈心。就交往情境而言，私人距离属于私下情境，仅限于情感上联系高度密切的人之间使用，适用于家人（父母与子女之间）、恋人与至交。

二、个人距离（常规距离）

个人距离在 0.5~1.2 米，适合于一般性的交际应酬。其近端使用范围在 0.5~0.8 米（较为融洽的熟人），远端使用范围在 0.8~1.2 米（较为陌生的人）。个人距离的近端，在人际交往中表现为，交往双方能相互亲切握手、友好交谈，而又较少直接进行身体接触；远端则排除了交往对象之间接触的可能。个人距离在交往场合人们一般都能接受，任何朋友和熟人在这个空间环境下都可以自由和谐地交往，因此，又称常规距离。

三、社交距离（敬人距离）

社交距离在 1.2~3.6 米。其近端使用范围在 1.2~2.1 米，远端使用范围在 2.1~3.6 米。

这种距离体现出一种公事上或礼节上的较正式关系，一般工作场合人们多采用这种距离进行交谈。社交距离适用于会议、演讲、庆典、仪式以及接见等场合，意在向交往对象表示敬意，所以又称敬人距离。在这种场合说话，声音要适当提高，需要更充分的目光接触。

四、公共距离（有距离的距离）

公共距离在 3 米以外。其近端使用范围在 3.7~7.6 米，远端使用范围在 7.6 米以外。这种距离适用于在公共场所同陌生人相处，因此，又称有距离的距离。公共距离这个空间具有很大的开放性，适用于演讲、集会等多人同时参加的大型活动。

在商务交往中，我们了解了交往中人们所需要的自我空间以及适当的距离，根据活动的对象和目的，选择和保持与人交往的合适距离。有意识地选择交往的最佳距离，不但能给对方以安全感和舒适感，同时也不至于使双方关系显得过于亲昵，从而能够更好地进行人际交往。

第三节　介绍与称呼礼仪

一、介绍礼仪

介绍是人与人之间进行相互沟通的出发点，是交际场合结识朋友的主要方式，在商务交往中是必不可少的。如果能正确地利用介绍，不仅可以扩大自己的交际圈，广交朋友，而且有助于进行必要的自我展示、自我宣传，还可以替自己在人际交往中消除误会，减少麻烦。

（一）介绍中的角色

1. 介绍者

介绍者是向他人介绍被介绍对象的人。介绍者介绍时应准确、稍慢、清楚地将被介绍者的名字念出。介绍时要有开场白，如"请让我给你们介绍一下，张小姐，这位是李先生""请允许我介绍一下，李先生，这位是张小姐"。为他人做介绍时，手势动作要文雅，无论介绍哪一方，都应手心朝上，手背朝下，四指并拢，拇指张开，指向被介绍的一方，并向另一方点头微笑。必要时，可以说明被介绍的一方与自己的关系，以便新结识的朋友之间相互了解和信任。介绍者在介绍时要注意先后顺序，语言要清晰明了，不含糊其词，以使双方记清对方姓名。在介绍某人优点时要恰到好处，不宜过分称颂而导致难堪的局面。

2. 被介绍者

被他人介绍时，被介绍者应当保持微笑谦恭。作为被介绍的双方，都应当表现出结识对方的热情。被介绍时，双方要正面对着对方，除了女士和长者外，一般都应该站起来，但是若在会谈进行中或在宴会等场合，就不必起身，只略微欠身致意就可以。如果方便的话，等介绍者介绍完毕后，被介绍者双方应握手致意，面带微笑并寒暄，如"你好""见到你很高兴""认识你很荣幸""请多指教""请多关照"等。如果需要，被介绍者双方还可互换名片。

（二）自我介绍

自我介绍是指在必要的社交场合，由本人担任介绍人，把自己介绍给其他人，以使对方认识自己。恰当的自我介绍，不但能增进他人对自己的了解，而且还能创造出意料之外的商机。进行自我介绍时，要充满自信，态度要亲切、自然，目光要正视对方，还应注意以下四点。

第一，先递名片。先递上名片，随后再自我介绍，这样可以使自己在介绍时省去不少内容，而且还会给人留下较深刻的印象。

第二，时间不宜过长。介绍自己时，要言简意赅，力求节省时间，一般不超过一分钟。

第三，内容完整。自我介绍的内容要简洁、清晰，言之有据，不宜过谦，也不可夸大其词，甚至欺骗他人。

第四，选好时机。在对方无兴趣、无要求、心情不好，或正在休息、用餐、忙于工作时，切勿打扰，以免尴尬。

（三）介绍他人

介绍他人又称第三者介绍，是为互不相识的双方进行介绍，以便彼此互相认识。介绍他人时有以下四个要点应注意。

第一，确定介绍人。介绍人的身份很讲究，在一般性的交往活动中，介绍人应由东道主一方的礼宾人员、公关人员、文秘人员以及专门负责接待的人员担任。

第二，在为他人做介绍前，要先了解一下双方是否有结识的愿望，不宜为没有结识愿望的双方做介绍。

第三，介绍他人时，通常以"请允许我介绍×××"等礼貌用语开始。介绍的内容要简洁、清晰，以便双方记忆。

第四，一般来说，介绍人位于中间，介绍时用右手。右手五指伸开朝向被介绍者中的一方，此时，介绍者的眼睛要看着另一方。介绍完毕，双方应依照礼仪顺序握手。

(四)介绍顺序

1. 介绍的一般顺序

介绍的顺序各国有所不同。中国的介绍习惯是,年龄大的人被优先介绍;而西方国家则一般是女士被优先介绍,只有对方是年龄很大的人时才例外。常规的介绍原则是:在为他人介绍时,先把他人介绍给最受尊敬的人,如把年轻人介绍给年长的人,把职位、身份低的人介绍给职位、身份高的人,把男性介绍给女性,把未婚的人引见给已婚的人。介绍同事、朋友与家人认识时,先介绍家人,后介绍同事、朋友。先把公司同事介绍给客户,先把非官方人士介绍给官方人士,先把本国同事介绍给外国同事,先把客人引见给主人。介绍与会先到者与后来者认识时,先介绍后来者,后介绍先到者。

2. 集体介绍的顺序

集体介绍是他人介绍的一种特殊形式,是指介绍者在为他人介绍时,被介绍者其中一方或者双方不止一人,甚至是许多人。因此,集体介绍可分两种:一种是为一人和多人做介绍;另一种是为多人和多人做介绍。

集体介绍时的顺序具体如下。

第一,"少数服从多数"。当被介绍者双方地位、身份大致相同时,应先介绍人数较少的一方。

第二,强调地位、身份。若被介绍者双方地位、身份存在差异,虽然人数较少或只有一人,也应将其放在尊贵的位置,最后加以介绍。

第三,单向介绍。在演讲、报告、比赛、会议、会见时,往往只需要将主角介绍给广大参加者。

第四,人数多的一方的介绍。若一方人数较多,可采取笼统的方式进行介绍,如"这是我的同事""这是一起来参观的学者们"等。

第五,人数较多各方的介绍。若被介绍的不止两方,需要对被介绍的各方进行位次排列。排列的方法有:以其负责人身份为准,以其单位规模为准,以单位名称的英文字母顺序为准,以抵达时间的先后顺序为准,以座次顺序为准,以距介绍者的远近为准。

二、称呼礼仪

商务礼仪中的称呼指的是人们在商务交往应酬之中,所采用的相互之间的称谓语。在商务交往中,称呼要求正确和规范。在称呼他人时应使用尊敬的衔称,一般是"就高不就低"。不称呼或者乱称呼对方,都会给对方带来不快。因此,不能随便乱用称呼,而要掌握一定的称呼礼仪。

(一) 称呼类别

商务交往中的称呼主要有以下四类。

第一，职务性称呼。在工作中，以交往对象的职务相称，以示身份有别、敬意有加。这是一种最常见的称呼方法。例如，××主任，××科长。

第二，职称性称呼。对有技术职称者，尤其是具有高级、中级职称者，可以在工作中直接以其职称相称。例如，××研究员，××教授。

第三，学衔性称呼。在工作中，以学衔作为称呼，可增加被称呼者的权威性，有助于增加现场的学术氛围。例如，××博士。

第四，行业性称呼。例如，××老师，××医生。

(二) 称呼禁忌

在使用称呼时，一定要回避以下六种错误的做法。

第一，错误的称呼。使用错误的称呼，主要是因为粗心大意、用心不专。造成称呼错误的原因包括误读和误会。误读，一般表现为念错被称呼者的姓名。要避免犯此错误，就一定要做好先期准备，必要时不耻下问、虚心请教。误会，主要指对被称呼者的年纪、辈分、婚否以及与其他人的关系做出了错误判断。例如，将未婚妇女称为"夫人"，就属于误会。

第二，过时的称呼。有些称呼，具有一定的时效性，一旦时过境迁，若再采用，难免贻笑大方。例如，法国大革命时期人民彼此之间互称"公民"。在我国古代，官员被称为"老爷""大人"。若将它们全盘照搬进现代生活里来，就会显得滑稽可笑、不伦不类。

第三，不通行的称呼。有些称呼，具有一定的地域性。例如，有的省份爱称人为"伙计"，是一种比较亲昵的称呼，但是，在另一些省份，"伙计"是"打工仔"的意思。

第四，不恰当的行业称呼。学生喜欢互称"同学"，军人经常互称"战友"，工人可以称为"师傅"，这无可厚非。但以此去称呼"界外"人士，并不表示亲近，没准对方不仅领情，反而产生被贬低的感觉。

第五，通俗的称呼。在人际交往中，有些称呼在正式场合切勿使用。例如，"兄弟""朋友""哥们儿""姐们儿""瓷器""死党""铁哥们儿"等一类的称呼，就显得不正式。逢人便称"老板"，也会显得不伦不类。

第六，绰号。对于关系一般者，切勿自作主张给对方起绰号，更不能随意以道听途说来的绰号去称呼对方。另外，还要注意，不要随便拿别人姓名乱开玩笑。要尊重一个人，必须首先学会去尊重他的姓名。每一个正常人，都会非常看重自己的姓名，而不容他人对此进行任何形式的轻贱。对此，在人际交往中，一定要予以牢记。

案例12-2　邻导的称呼

小可是一个内向的姑娘，在国外读大学回来后，进入了一家与自己专业对口的公司。这家公司偏向于地理科学研究，在公司，高级研究员、工程师比比皆是。在工作中，大家都秉承了严谨作风，因此，不苟言笑便成了公司员工的共同标签。

来到公司大半个月，除了参与相应的职位培训以外，小可几乎没见过几位领导。平日里见得少，再加上管理者又多，所以小可一直没有搞清楚几个领导的名字与职务。

这天，小可刚刚走出办公室来到走廊上，便认出了迎面而来的是公司的最高管理者之一。抬头时，正好与对方四目相对，小可突然变得紧张起来，竟然忘记了对方的尊称，脱口而出："老师好！"对方惊讶地看了小可一眼，小可也惊呆了，心想："对方可绝对不是什么普通的'老师'，但是叫他什么呢？"正犹豫间，那位管理者已经与她擦肩而过。

事后，她向公司同事打听，才知道，对方是公司的一位副总同时也是一位高级工程师。这件事让小可心里很不舒服，心想："他会不会认为我称呼错了，并因此对我的第一印象变差？"

思考：在正常情况下，小可这样的称呼能得到领导的理解吗？

第四节　邀请、拜访与馈赠礼仪

在商务交往中，为了建立、保持、改善人际关系，需要有来有往。来而不往或往而不来，都有可能造成交往的中断。邀请、拜访与馈赠是保持人际交往的重要方式。

一、邀请礼仪

在商务交往中，出于各种各样的实际需要，商务人员必须对一定的交往对象发出邀请，邀请对方出席某项活动或者前来我方做客。从交际这一角度来看，邀请实质上是一种双向的约定行为。邀请者要做到既能合乎礼貌，又能得到被邀请者的良好回应，而且还必须使其符合双方各自的身份，以及双方之间关系的现状。作为被邀请者，需要及早做出合乎自身利益和意愿的反应。无论是邀请者还是被邀请者，都必须认真对待邀请，将其作为一种正规的商务约会来看待，遵守一定的礼仪规范，切不可掉以轻心。

（一）邀请方式

邀请有正式与非正式之分。正式邀请，既要讲究礼仪，又要设法使被邀请者备忘，因此多采用书面的形式。非正式邀请，通常是以口头形式来表现的，相对而言显得更随便一些。

1. 正式邀请

在比较正规的商务往来之中，需要以正式的邀请作为邀请的主要形式。正式的邀请，包括请柬邀请、书信邀请、传真邀请、电报邀请、便条邀请、电子邮件邀请等具体形式，一般统称为书面邀请。

（1）请柬邀请

请柬又称请帖，一般由正文、封套两部分组成。请柬的形状、样式不同，大小也不等，但无论是购买印刷好的成品还是自行制作，都应注意，请柬设计应美观大方，填写应字迹端正、工整，在格式与行文上都应遵守规定。

目前，在商务交往中所采用的请柬，基本上都是横式请柬。它的行文是自左向右、自上而下横着写。请柬里面，"请柬"二字可有可无。另外，被邀请者的名字在封套上已经有了，所以请柬内页被邀请者的名字也是可有可无。如果期望得到被邀请者的答复，可在请柬末尾写上"R.S.V.P"（R.S.V.P源自法文，全称是repondez，s'il vous plait，意思是敬请赐复），意为"不论出席与否，均望答复"。范文一和范文二为请柬范文。

范文一

谨订于××××年××月××日（星期××）××时在本市××酒店人文厅举行××集团公司成立十周年庆祝酒会，届时敬请光临。

联络电话：××

R.S.V.P

××集团公司
××××年××月××日

范文二

请　柬

尊敬的×××先生：

谨订于××××年××月××日（星期××）××时在××饭店举行××集团公司成立十周年庆祝酒会，敬请光临。

联系电话：××

盼复为感！

××集团公司
总经理：×××
××××年××月××日

（2）书信邀请

书信邀请是以书信的形式对他人发出的邀请。相较于请柬邀请，书信邀约要随便一些，多用于熟人之间。邀请信多为手写，如果是计算机打印，要由邀请人亲笔签名。邀请信的格式各不相同，内容要求详细，可以因事因人而异，文字可长可短。由于邀请信给人以亲切感，不像请柬那样显得刻板和公式化，因此多用于熟人之间。

邀请信的内容应以邀请为主，但措辞不必过于拘束，应写得诚恳、热情。它的基本要求是言简意赅，既能说明问题，同时又不失友好之意。邀请信的内容应包括邀请目的、具体细节、邀请时间、地点、联系方式等，还可以对应邀者提出有关服饰的建议和"请回复"等方面的要求。范文三为邀请信范文。

范文三

尊敬的×××公司负责人：

2023年××展销会定于今年5月8日至28日在××会展中心举行，欢迎贵公司报名参展。

报名时间：2023年3月1日至20日

报名地点：××

联系电话：××

组委会敬邀。

2023年2月16日

2. 非正式邀请

非正式邀请，包括当面邀请、托人邀请以及打电话邀请等形式，一般统称为口头邀请。这种邀请方式比较自然、省时省力，但也显得不够郑重，多适用于商务人员非正式的接触之中。

口头邀请的方式，不但可以让被邀请者详细了解邀请的目的和细节，而且在多数情况下还能够立刻知道被邀请者是否接受邀请。当不能一次得到对方的肯定答复时，可再约时间敲定，以得到对方最后正式答复为准。可以在休息时间或平时的晚上，到被邀请者家中亲自邀请，以示郑重，也可打电话邀请。

口头邀请也要说明邀请的时间、地点和活动，真诚表示邀请对方参加。口头邀请时，表达必须要认真诚恳，一旦商定，双方要遵守诺言。

电话邀请是非正式邀请中较为常用的一种形式。电话邀请和书面邀请一样，也要注重礼貌礼节。通常，书面邀请在撰写时有可推敲的时间；而电话邀请，时间短促，所以通话前应写好说话提纲，或胸有腹稿，避免说话无层次、需要表达的主要内容被遗漏、次要的话说得过多等。同时还要注意，通话时语言、语调必须要使对方感受到盛情和诚意。

如果不是被邀请者本人接电话,要建议接电话者做好记录备忘,以便转告给被邀请者。

(二)邀请回复

任何书面形式的邀请,都是在邀请者经过慎重考虑,认为确有必要之后才发出的。因此,在商务交往中,不管接到来自任何单位、任何个人的书面邀请,都应该及时、正确地进行处理。对方邀请我方,尤其是以书面形式正式地邀请我方,基本上都是对我方尊重与友好的一种表示,不论能不能接受对方的邀请,均须按照礼仪的规范,对邀请者待之以礼,给予明确、合理的回答,或应邀,或婉拒。

二、拜访礼仪

拜访是公共关系活动中的一种常见形式,是联络感情、发展关系必不可少的手段。拜访应遵循一定的礼仪规范,从进门、落座、交谈、入席到告辞,都有一些约定俗成的做法。如果在礼仪上不注意,失礼于人,可能会有损自己和单位的形象。

(一)预约拜访

拜访之前可以通过信函、电话进行预约,将访问目的告诉对方。"不速之客"通常是不受欢迎的,切勿未经约定便不邀而至。这样会打乱对方的生活秩序和日程安排,是非常不礼貌的。预约时除了约定访问的日期与时刻,同时还应将己方前去访问的人数、姓名、职务、将要商谈的事情概要以及预计所需的时间告诉对方。

(二)守时拜访

一旦与对方约定了会面的具体时间,作为拜访者就应履约守时、如期而至。让别人无故等候,无论有何理由,都是严重失礼的事情。拜访他人,在一般情况下,既不要随意变动时间、打乱主人的安排,也不要迟到或早到,准时到达才最为得体。如果不能履约,应事先向对方诚恳而婉转地说明情况,以取得谅解。

(三)登门礼节

在拜访他人时,一定要注意仪表整洁、衣着得体、站有站相、坐有坐相、举止文明,并且时刻以礼待人。这既是对主人的尊重,也是自身文明教养的体现。若是主人亲自开门相迎,见面后应主动热情地向其问好,互行见面礼节。

与主人或其家人进行交谈时,态度要诚恳,坐姿要文雅,谈吐要文明,要慎择话题,切勿信口开河、出言无忌。不要对主人家的陈设评头论足,也不要谈论令主人扫兴之事。主人说话,不要随便打断或插话。在主人家里,不要随意脱衣、脱鞋、脱袜,也不要动作嚣张而放肆。

(四)注意拜访时间

在拜访他人时,一定要注意在对方的办公室或私人居所里停留的时间长度。一般情况下，礼节性的拜访，尤其是初次登门拜访，应控制在15~30分钟；最长的拜访，通常也不宜超过两小时。有些重要的拜访，往往需由宾主双方提前议定拜访的内容和时间。在这种情况下，务必要严守约定，绝不能单方面延长拜访时间。为了能够控制好拜访的时间，应该事先想好此次拜访的目的、准备谈些什么内容，以免浪费双方的时间和精力。当与被拜访者见面后，应尽快将谈话引入正题，直接清楚地表达所要说的事情，不要讲些无关紧要的事情。说完后，要让对方发表意见，并要认真倾听，不要辩解或不停地打断对方讲话。

三、馈赠礼仪

在商务活动的相互交往中，赠送礼品可以达到增进双方友谊的目的，同时也表达了对商务合作成功的祝贺和对再次合作能够顺利进行的愿望；除此之外，还可以增进友谊，巩固彼此的生意关系。馈赠礼品同样也要讲究礼节，处理不当反而会适得其反。

（一）赠送礼品的选择

赠送礼品要有目的性。商务活动中赠送礼品要有恰当的理由，否则对方不会轻易接受，因为受礼人会担心自己不能满足对方的商务要求或担心对方别有用心，这样的话，如果接受礼物就会让自己处于被动状态。一般来说，送礼的理由有以下几种：表达友情；感谢他人的宴请以及正式的招待；感谢他人帮你得到业务；祝贺他人提升；庆祝节日、纪念日等。

（二）赠送礼品的时机

礼品什么时候送是有讲究的，一般要兼顾两点：一是具体时机。一般而言，赠送礼品的最佳时机是节假日，选对方重要的纪念日、节庆日等。二是具体时间。赠送礼品的时间可以是进门见面时、告别离开时、宴会结束前、对方送礼后、会谈结束后、签订协议后等。

本章小结

本章介绍了商务场合社交的基本知识。首先，详细阐述了商务见面礼仪；其次，对人际交往的距离、介绍礼仪与称呼礼仪进行了介绍；最后，论述了邀请、拜访与馈赠礼仪的相关内容及要求。

课后习题

简答题
1. 若在商务场合同时遇到多人，应遵循怎样的问候顺序？
2. 介绍的一般顺序是怎样的？

课后习题答案

简答题

1. 在商务场合如果同时遇到多人，特别是在正式会面的时候，这时既可以笼统地问候如说"大家好"，也可以逐个加以问候。当一个人逐一问候多人时，既可以"由尊而卑""由长而幼"地依次而行，也可以"由近而远"地依次而行。若对方先向我们进行问候时，我们则应立即予以回应。

2. 介绍的顺序各国有所不同。我国的介绍习惯是，年龄大的人被优先介绍；而西方国家则一般是女士被优先介绍，只有对方是年龄很大的人时才例外。常规的介绍原则是：在为他人介绍时，先把他人介绍给最受尊敬的人，如把年轻人介绍给年长的人，把职位、身份低的人介绍给职位、身份高的人，把男性介绍给女性，把未婚的人引见给已婚的人。介绍同事、朋友与家人认识时，先介绍家人，后介绍同事、朋友。先把公司同事介绍给客户，先把非官方人士介绍给官方人士，先把本国同事介绍给外国同事，先把客人引见给主人。介绍与会先到者与后来者认识时，先介绍后来者，后介绍先到者。

第十三章 接待与会务礼仪

学习目标

1. 了解接待及会务礼仪主要包含哪些方面。
2. 学习如何筹办各类会议与仪式。
3. 学习参加各类会议与仪式时必须遵守的礼仪。

第一节 洽谈会礼仪

洽谈是指在商务交往中存在着某种关系的各方,为保持接触、建立联系、进行合作、达成交易、拟定协议、签署合同、要求索赔,或是为了处理争端、消除分歧而坐在一起进行面对面的讨论与协商,以求达成某种程度上的妥协。因洽谈而举行的有关各方的会晤,一般被称为洽谈会。

一般来说,洽谈会礼仪主要体现在洽谈筹划与洽谈方针两大方面,它们互为表里、不可分割,共同决定着洽谈会的成功。

一、洽谈筹划

(一)基本原则

商务人员在准备商务洽谈时,应谨记以下四项具体原则。

1. 客观的原则

客观的原则,是指在准备洽谈时,有关的商务人员不仅所占有的资料需要客观,而且决策时的态度也必须客观。

2. 预审的原则

预审的原则具体含义有两个:第一,指准备洽谈的商务人员应对自己的方案预先反复审核、精益求精;第二,指准备洽谈的商务人员应将自己提出的方案预先报请上级主管部门或主管人员审查、批准。

3. 自主的原则

自主的原则,是指商务人员在准备洽谈时以及在洽谈过程中,务必要发挥自己的主观能动性,务必要相信自己、依靠自己、鼓励自己、鞭策自己,在合乎规范与惯例的前提下,力争"以我为中心"。

4. 兼顾的原则

兼顾的原则,是指商务人员在准备洽谈时以及在洽谈过程中,在不损害自身根本利益的前提下应尽可能地替洽谈对手着想,主动为对方保留一定的利益。

(二)准备工作

在为洽谈进行准备的时候,洽谈者一般应做好以下三个方面的具体工作。

1. 知己知彼

如果能在洽谈之前对对手有所了解并就此有所准备,在洽谈中就能够扬长避短,取得更好的成绩。

2. 熟悉程序

从理论上来讲,洽谈的过程是由"七步曲"一环扣一环,一气呵成的。这七步分别是探询、准备、磋商、小结、再磋商、终结以及洽谈的重建。

3. 运用策略

任何一方在洽谈中的成功都不仅要凭借实力,更要依靠对洽谈策略的灵活运用。

二、洽谈方针

洽谈方针的核心是要求洽谈者以礼待人、尊重别人、理解别人。具体而言,洽谈方针表现为以下六点。

1. 礼敬对手

礼敬对手就是要求洽谈者在洽谈会的整个进程中排除一切干扰,始终如一地对自己的洽谈对手讲究礼貌,时时、处处、事事都表现出对对方不失真诚的敬意。

2. 依法办事

商务人员在洽谈会上既要为利益而争,更需谨记依法办事。在商务洽谈中应当依法办事,是要求商务人员自觉地树立法治观念,在洽谈的全部过程中提倡法律至上。洽谈者所进行的一切活动,都必须依照国家的法律办事。

3. 平等协商

平等协商,一方面,要求洽谈各方在地位上平等一致、相互尊重,不允许仗势压人、以大欺小;另一方面,要求洽谈各方在洽谈中必须通过协商即相互商量,以求得谅解,而不是通过强制、欺骗来达成一致。

4. 求同存异

在任何一次正常的洽谈中，都没有绝对的胜利者和绝对的失败者。相反，有关各方通过洽谈，多多少少都会维护一些自身的利益。也就是说，大家会在某种程度上达成妥协。

5. 互利互惠

在商务交往中，洽谈一直被视为一种合作或为合作而进行的准备。因此，一场商务谈判最圆满的结局，应当是洽谈的所有参与方都能各取所需，并获得了更大的利益。换言之，商务洽谈首先是讲究利益均沾、共同胜利的。

6. 人事分开

在洽谈中，要将对手的人与事分开，即要求商务人员在与对方相处时，务必要切记朋友归朋友、洽谈归洽谈，对二者之间的界限不能混淆。

第二节　发布会礼仪

发布会礼仪，一般指的是有关举行新闻发布会的相关规范。对商务界而言，发布会礼仪至少应当包括会议筹备、媒体邀请、现场应酬、善后事宜四个方面具体的内容。

一、会议筹备

筹备发布会所要做的准备工作甚多，其中最重要的是做好主题确定、时空选择、人员安排、材料准备四项具体工作。

（一）主题确定

发布会的主题是指发布会的中心议题。主题确定是否得当，往往直接关系到预期目标能否实现。一般而言，发布会的主题大致有三类：一是发布某一消息；二是说明某一活动；三是解释某一事件。

（二）时空选择

发布会的时空选择即时间与地点的选择。通常认为，举行发布会的最佳时间是周一至周四上午九点至十一点，或下午三点至五点。在此时间内，绝大多数人都是方便与会的。举行发布会的现场，应交通方便、条件舒适、环境幽雅、面积适中，如本单位的会议厅、宾馆的多功能厅、当地最有影响力的建筑物等，均可酌情予以选择。

（三）人员安排

在安排发布会的人员时，首先要选择好主持人与发言人。按照常规，发布会的主持人大都应当由主办单位的公关部部长、办公室主任或秘书长担任。在一般情况下，发布会的发言人是会议的主角，因此通常应由本单位的主要负责人担任。有些单位还设有专职的新闻发言人。除要慎选主持人、发言人以外，还须精选一些本单位的员工负责会议现场的礼仪接待工作。

（四）材料准备

在准备发布会时，主办单位通常需要事先委托专人准备好以下四个方面的材料。

1. 发言提纲

发言提纲是发言人在发布会上进行正式发言时的提要。对发言提纲总的要求是，既要紧扣主题，又要全面、准确、生动、真实。

2. 问答提纲

为了使发言人在现场正式回答提问时表现自如、不慌不忙，事先可对有可能被提问的主要问题进行预测，并就此预备好相应的答案，以使发言人心中有数，在必要时予以参考。

3. 宣传提纲

为了方便新闻界人士在进行宣传报道时抓住重点、资讯翔实，主办单位可事先精心准备好一份以有关数据、图片、资料为主的宣传提纲，并认真打印出来，在发布会上提供给每一位外来的与会者。

4. 辅助材料

如果条件允许，还可在发布会举办现场预备一些能够强化会议效果的形象化视听资料，如图表、照片、实物、模型、沙盘、录音、录像、影片、幻灯片、投影、光碟、书刊等，以供与会者利用。

二、媒体邀请

决定召开发布会后，要邀请哪些方面的新闻界人士与会要做好以下两点准备工作。

（一）充分了解大众传媒的特点

目前，新闻媒介大体上可以分为电视、报纸、广播、杂志、网络五种。它们各有优点，也各有缺点。电视的优点是受众广泛，真实感强，传播迅速；缺点是受时空限制，不容易保存。报纸的优点是信息容量大，易储存、查阅，覆盖面广；缺点是感染力差，不够精美。广播的优点是传播速度快，鼓动性极强，受限制较少；缺点是稍纵即逝，选择性差。杂志的优点是印刷精美，系统性强，形式多样；缺点是出版周期较长，读者相对较少。网络的优点是资讯丰富，时效性强，涉及广泛；缺点是良莠不齐，真伪难分。只有了解上述各种新闻媒介的主要优缺点，并在对新闻界人士进行邀请时对其认真加以考虑，才不至于走弯路。

（二）邀请新闻界人士要有所侧重

在邀请新闻单位的具体数量上，发布会自有讲究。其基本规则是在宣布某一消息时，尤其是在为了扩大影响、提高本单位的知名度时，邀请的新闻单位通常多多益善。而在说明某一活动、解释某一事件时，特别是当本单位处于守势而这样做时，邀请新闻单位的面则不宜过于宽泛。但不论是邀请一家还是数家新闻单位参加发布会，主办单位都要尽可能地优先邀请那些影响较大、报道公正、口碑良好或对待本单位向来较为友善的新闻单位派员到场。此外，还应根据发布会的具体性质，确定是要邀请全国性新闻单位、地方性新闻单位、行业性新闻单位同时到场，还是只邀请其中的某一家或几家。如果打算邀请国外新闻单位到会，除要考虑有无实际需要外，还需遵守有关的外事纪律，并事先报批。

三、现场应酬

在发布会正式举行的过程中，往往会出现种种确定或不确定的问题，有时甚至还会有难以预料到的情况或变故出现。要应对此类难题，确保发布会的顺利进行，除要求主办单位的全体人员齐心协力、密切合作之外，更重要的是要求代表主办单位出面应对来宾的主持人、发言人要善于应变，要能把握全局。

（一）维护形象

在发布会上，代表主办单位出场的主持人、发言人会被新闻界人士视为主办单位的化身和代表人。鉴于此，主持人、发言人对自己的外表，尤其是仪容、服饰、举止，一定要事先进行认真的修饰。

（二）相互配合

不论主持人还是发言人，在发布会上都是一家人，因此二者之间的默契配合是必不可少的。二者要想真正做好相互配合，一定要分工明确、彼此支持。

（三）注意分寸

在发布会上，主持人、发言人的一言一语都代表着主办单位。因此，主持人与发言人都必须对自己讲话的分寸予以重视。发言要简明扼要、提供新闻，同时还需注意话术的生动灵活和态度的温文尔雅。

四、善后事宜

在发布会举行完毕后，主办单位还需在一定的时间内对该发布会进行一次认真的评估善后工作。一般而言，需要认真处理的具体事情有以下三项。

（一）了解新闻界的反应

发布会结束后，应对照现场所使用的来宾签到簿与来宾邀请名单，核查新闻界人士的到会情况。据此，可大致推断出新闻界对本单位的重视程度。此外，还有两件事必做不可：第一，了解与会者对此次发布会的意见或建议，并尽快找出自己的缺陷与不足。第二，了解与会的新闻界人士中有多少人为此次发布会发表了新闻稿。

（二）整理保存会议资料

整理保存发布会的有关资料，不仅有助于全面评估会议效果，而且还可为以后举行同一类型的会议提供借鉴。

（三）酌情采取补救措施

在听取了与会者的意见、建议，总结了会议的举办经验，收集、研究了新闻界对会议的相关报道之后，主办单位对失误、过错或误导应主动采取一些必要的对策。对在发布会之后所出现的不利报道，特别要注意具体分析、具体对待。

第三节　茶话会礼仪

茶话会，在商务界特指意在联络老朋友、结交新朋友，具有对外联络和进行招待性质的社交性集会。因其以参加者不拘形式地自由发言为主，并备有茶点，因此被称为茶话会。有时候，也有人将其简称为茶会。茶话会礼仪的具体内容，主要涉及会议主题确定、来宾确定、时空选择、座次安排、茶点准备、现场发言等几个方面。

一、会议主题确定

一般情况下，茶话会的主题可分为以下三类。

（一）联谊

以联谊为主题的茶话会，是人们平日里最为常见的茶话会，其主题通常是为了联络主办单位同应邀与会的社会各界人士的友谊。在此类茶话会上，宾主通过叙旧与答谢，往往可以增进相互之间的了解、密切彼此之间的关系。除此之外，它还为与会的社会各界人士提供了一个扩大社交圈的良好契机。

（二）娱乐

以娱乐为主题的茶话会，主要是指在茶话会上安排了一些文娱节目或文娱活动，并以此作为茶话会的主要内容。此类茶话会，主要是为了活跃现场，增加热烈而喜庆的气氛，调动与会者参与的积极性。与联欢会有所不同的是，以娱乐为主题的茶话会所安排的文娱节目或文娱活动，往往不需要事前进行专门的安排与排练，而是以现场的自由参加与、即兴表演为主。它所注重的不是表演水平的高低，而是强调参与、尽兴。

（三）专题

以专题为主题的茶话会，是指在某一特定时刻或为了某些专门问题而召开的茶话会。其主要内容是主办单位就某一专门问题收集、反映、听取某些专业人士的见解，或同某些与本单位存在特定关系的人士进行对话。召开此类茶话会时，尽管主题既定，仍须倡导与会者畅所欲言，并不拘情面。为促使会议进行得轻松而活跃，有些时候此类茶话会的主题允许宽泛一些，并许可与会者的发言有所脱题。

二、来宾确定

邀请哪些方面的人士参加茶话会，往往与茶话会的主题存在着直接的因果关系，因此，主办单位在筹办茶话会时必须围绕其主题邀请来宾。

（一）本单位人士

以本单位人士为主要与会者的茶话会，主要是邀请本单位的各方面代表参加，意在沟通信息、通报情况、听取建议、嘉勉先进、总结工作。此类茶话会，也可邀请本单位的全体员工或某一部门、某一层次的人士参加。有时，它也被称为内部茶话会。

（二）社会贤达

社会贤达，通常是指在社会上拥有一定才能、德行与声望的各界人士。作为知名人士，他们不仅在社会上具有一定的影响力、号召力与社会威望，而且还往往是某一方面的代言人。以社会贤达为主要与会者的茶话会，可使本单位与社会贤达直接进行交流，加深对方对本单位的了解，并倾听社会各界对本单位的意见或反应。

（三）合作中的伙伴

合作中的伙伴，在此特指在商务往来中与本单位存在着一定联系的单位或个人。合作中的伙伴除了单位自己的协作者之外，还应包括与本单位存在着供、产、销等其他关系者。此类茶话会，重在向与会者表达谢意，加深彼此之间的理解与信任。有时，它也被称为联谊会。

（四）各方面人士

有些茶话会，往往会邀请各行各业、各个方面的人士参加。此类茶话会，通常被称为综合茶话会。以各方面的人士为主要与会者的茶话会，除可供主办单位传递必要的信息外，主要是为与会者创造一个扩大其个人交际面的社交机会。茶话会的与会者名单一经确定，即应以请柬的形式向对方发出正式邀请。按照惯例，茶话会的请柬应提前半个月送达或寄达被邀请者之手，但对方对此可以不必答复。

三、时空选择

（一）举行时间

举行茶话会的时间问题，可以分成三个具体的、相互影响的小问题，即举行的时机、举行的时间、时间的长度。

第一，举行的时机。通常认为，辞旧迎新之时、周年庆典之际、重大决策前后、遭遇危难挫折之时等，都是商务界单位召开茶话会的良机。

第二，举行的时间。举行茶话会的最佳时间是下午四点钟左右，不过，也可将其安排在上午十点钟左右。需要说明的是，在具体进行操作时没有必要墨守成规，主要应以与会者尤其是主要与会者方便与否以及当地人的生活习惯为准。

第三，时间的长度。一次茶话会到底举行多久，可由主持人在会上随机应变、灵活掌握。不过在一般情况下，一次成功的茶话会大都讲究适可而止。若能将其限定在 1~2 个小时，效果往往会更好一些。

（二）举行空间

举行茶话会的空间问题，在此指的是茶话会举办地点、场所的选择。按照惯例，适宜举行茶话会的场地大致主要有：一是主办单位的会议厅；二是宾馆的多功能厅；三是主办单位负责人的私家客厅；四是主办单位负责人的私家庭院或露天花园；五是高档的营业性茶楼或茶室。至于餐厅、歌厅、舞厅、酒吧等处，则均不宜用来举办茶话会。

在选择举行茶话会的具体场地时，还需同时兼顾与会人数、支出费用、周边环境、交通安全、服务质量、档次名声等诸多问题。

四、座次安排

同其他正式的工作会、报告会、纪念会、庆祝会、表彰会相比，茶话会的座次安排具有自身的鲜明特点。从总体上来讲，在安排茶话会与会者的具体座次时，必须使其与茶话会的主题相适应，绝对不能相互抵触。

（一）环绕式

环绕式排位，是指不设立主席台，而将座椅、沙发、茶几摆放在会场四周，不明确座次的具体尊卑，而由与会者在入场后自由就座。此种安排座次的方式，与茶话会的主题最相符，因而在当前最为流行。

（二）散座式

散座式排位，多见于在室外所举行的茶话会。其座椅、沙发、茶几的摆放，貌似散乱无序，实则可以四处自由地组合，甚至可由与会者根据个人要求而自行调节、随意安置。如此进行座次安排的目的,就是要特意创造出一种宽松、舒适、惬意的社交环境。

(三)圆桌式

圆桌式排位,是指在会场上摆放圆桌,请与会者在其周围自由就座的一种安排座次的方式。在茶话会上,圆桌式排位通常分为下列两种具体的方式:第一,仅在会场中央安放一张大型的椭圆形会议桌,请全体与会者在其周围就座。第二,在会场上安放数张圆桌,请与会者自由组合,各自在其周围就座。当与会者人数较少时,可以采用前者;当与会者人数较多时,则应采用后者。

(四)主席式

在茶话会上,主席式排位并不意味着要在会场上摆放出一目了然的主席台,而是指在会场上主持人、主人与主宾应被有意识地安排在一起就座,并应按照常规居于上座,如中央、前排、会标之下或是面对正门之处。此种座次排列的方式,一般适用于参加者人数较多、规模较大的茶话会。

五、茶点准备

茶话会有别于正式的宴会,它不上主食、热菜,不安排酒水,而是只向与会者提供一些茶点。不论主办单位还是与会者都应明白,茶话会是重"说"不重"吃"的,所以没有必要在吃的方面过多地下功夫。

(一)精心准备用以待客的茶叶与茶具

选择茶叶时,在力所能及的情况下应尽力挑选上等品,切勿滥竽充数。与此同时,要尽可能地注意照顾与会者的不同口味。例如,对中国人来说,绿茶老少皆宜;而对欧美人而言,红茶则更受欢迎。在选择茶具时,最好选用陶瓷器皿,并讲究茶杯、茶碗、茶壶成套。千万不要采用玻璃杯、塑料杯、搪瓷杯、不锈钢杯,也不要采用热水瓶来代替茶壶。所有茶具一定要清洗干净,并完整无损、没有污垢。

(二)其他准备

除主要供应茶水之外,在茶话会上还可为与会者略备点心、水果或地方风味小吃。需要注意的是,在茶话会上向与会者供应的点心、水果或地方风味小吃,品种要对路、数量要充足,并要便于取食。因此,最好同时将擦手巾一并上桌。

六、现场发言

与会者的现场发言在茶话会上举足轻重,如果在一次茶话会上没有人发言,或与会者的发言严重脱题,都会导致茶话会的最终失败。茶话会的现场发言要真正得到成功,主要有赖于主持人的引导得法和与会者的发言得体。

（一）主持人的引导

在茶话会上，主持人所起的作用往往不止于掌握、主持会议，更重要的是能够在现场审时度势，因势利导地引导与会者的发言，并有力地控制会议的全局。当众人争相发言时，应由主持人决定孰先孰后。当无人发言时，应由主持人引出新的话题交于与会者，或由其恳请某位人士发言。当与会者之间发生争执时，应由主持人出面劝阻。在每位与会者发言之前，可由主持人对其略做介绍。在与会者发言前后，应由主持人带头鼓掌致意。万一有人发言严重跑题或言辞不当，则应由主持人出面转换话题。

（二）与会者的发言

与会者在茶话会上发言时，表现必须得体。与会者在要求发言时，可以以手示意，但同时要注意相互谦让，不要与其他人进行争抢。不论自己有何高见，打断他人的发言都是失当的行为。在发言的过程中，不论所谈何事，都要使自己语速适中、口齿清晰、神态自然、用语文明。肯定成绩时，一定要实事求是，力戒阿谀奉承。提出批评时，态度要友善，切勿夸大事实、讽刺挖苦。与其他发言者意见不合时，一定要注意"兼听则明"，并要保持风度，切勿当场对其表示出不满，或私下里对对方进行人身攻击。

第四节　签约仪式礼仪

签约，即合同的签署。在商务交往中，签约被视为一项标志着有关各方的相互关系取得了更大的进展，以及为消除彼此之间的误会或抵触而达成了一致性见解的重大成果。因此，签约备受商务人员的重视。签署合同是有关各方关系发展史上"里程碑"式的重大事件，应当严格地依照规范、讲究礼仪。

一、签约仪式筹办

筹办签约仪式一般要做好以下六个方面的准备工作。

（一）确定参加签约仪式人员

举行签约仪式前，有关各方应事先确定好参加签约仪式的人员，并向有关方面通报，同时客方要将出席签约仪式的人数提前通报给主方，以便主方做好安排。主签人员的确定随文件性质的不同而变化，有的是由国家领导人主签，有的是由政府有关部门领导人主签，还有的是由具体部门负责人（通常是法人代表）主签。不管怎样，双方主签人的身份应大体相当。参加签约的各方事先还要安排一名熟悉仪式程序的助签人员，在签字时负责文本翻页，并指明签字处，以防漏签。其他参加签约仪式的人员一般都是参加谈判的人员，如果一方要让未参加谈判的人员出席签约仪式，应事先征得对方同意。出席签约仪式的双方人数应大体相等。有时为了表示对本次谈判的重视，双方更高一级的领导人也可出面参加签约仪式，级别和人数一般也应是对等的。

（二）准备合同文本

签约的正式合同文本，应由举行签约仪式的主方负责准备。负责为签约仪式提供待签的合同文本的主方，应会同有关各方一道指定专人，按谈判达成的协议做好文本的定稿、校对、印刷与装订的工作。在准备合同文本的过程中，除要核对谈判协议条款与文本的一致性以外，还要核对各种批件、证明等是否齐备，是否与合同相符等。主方应为合同文本的准备提供方便。按照常规，主方应为在合同文本上签字的有关各方均提供一份待签文本，必要时，还应为各方提供一份副本。审核中如果发现问题，要及时通报，再通过谈判达成谅解和一致，并且应该调整签约时间。

（三）签约场所选择

签约场所的选择一般应视参加签约仪式的人员规格、人数多少以及协议内容的重要程度等因素来确定。签约一般可选择在客人所住的宾馆或主方的会客厅、会谈室举行，有时为了扩大影响，也可选择在某些新闻发布中心或著名会议、会客场所举行，并邀请新闻媒体进行采访。无论选择在什么地方签约，都应征得对方的同意。

（四）签约场所布置

签约场所有常设专用的，也有临时以会议厅、会客室来代替的。签约场所布置的总原则，是要庄重、整洁、清静。一个标准的签约场所，应当室内铺满地毯，除了必要的签字用桌椅外，其他一切的陈设都不需要。签约场所的布置一般设长方形签字桌，桌面上覆盖深色台布（要注意各方的颜色禁忌）。签署双边性合同时，桌后放置两把座椅，供双方签字人就座，其座位安排是以面对正门的方向为准，主左客右。签署多边性合同时，桌后可以仅放一把座椅，供各方签字人签字时轮流就座，也可以为每位签字人都提供一把座椅。座前桌上摆放由各方保存的合同文本，合同文本前分别放置签字用的签字笔、吸墨器等文具。如果是与外商签署涉外商务合同时，还需在签字桌上插放有关各方的国旗。插放国旗时，在其位置与顺序上，必须按照礼宾序列而行。

（五）签约座次安排

签字时各方代表的座次是由主方代为先期排定的，合乎礼仪的做法是：在签署双边性合同时，应请客方签字人在签字桌右侧就座，主方签字人则应同时就座于签字桌左侧。双方各自的助签人，应分别站立于各自一方签字人的外侧，以便随时对签字人提供帮助。双方其他的随行人员，可以按照一定的顺序在己方签字人的正对面就座，也可以依照取位的高低，依次"自左至右"（客方）或是"自右至左"（主方）地列成一行，站立于己方签字人的身后。当一行站不完时，可以按照以上顺序并遵照"前高后低"的惯例排成两行、三行或四行。原则上，双方随行人员人数应大体上相近。

（六）签约人员服饰规范

要规范好签约人员的服饰。按照规定，签字人、助签人以及随行人员在出席签约仪式时，应当穿着具有礼服性质的深色西装套装、中山装套装或西装套裙，并且配以白色衬衫和深色皮鞋。男士还必须系上单色领带，以示正规。在签约仪式上露面的礼仪人员、接待人员，可以穿自己的工作制服，或是旗袍一类的礼仪性服装。

二、签约仪式步骤

签约仪式是签署合同最重要的环节，时间不长，但过程规范、庄重而热烈。签约应遵循国际惯例或约定俗成的程序，如此才能体现双方的专业素养。正式的签约仪式，一般应按以下程序进行。

（一）就座

双方参加签约仪式的人员共同步入签约场所，互相致意握手。负责签字者入座，助签人站在主签人的外侧，其他人员站在各自的签字人员座位之后。站立顺序以职位、身份高低为序，客方自左向右，主方自右向左。如果参加签字的人员有多排，则前排为身份、职位较高的人，后排为身份、职位较低的人。

（二）正式签字

按照国际惯例，签字时应遵守"轮换制"，即主签人首先签署己方保存的合同文本，而且要签在左边首位处，这样使各方都有机会居于首位一次，以显示各方平等且机会均等。签字时，双方助签人员分别站立在各自签字人的外侧，协助翻开合同文本，指明签字处。先由签字人员在己方所要保存的合同文本上签字，然后由助签人员将合同文本递给对方助签人员，再由双方签字人员分别在对方所保存的合同文本上签字。

（三）交换合同文本

签字完毕后，由双方签字人员互换合同文本，相互握手祝贺合作成功。其他随行人员则应该以热烈的掌声表示喜悦和祝贺。有时还应备有香槟，供双方全体人员举杯庆贺，以增添欢庆气氛。

（四）退场

签约仪式完毕后，应先请双方最高领导者退场，然后请客方退场，主方最后退场。整个仪式以半小时为宜。

在一般情况下，商务合同在正式签署后应提交至有关方面进行公证，此后才正式生效。

第五节　剪彩仪式礼仪

剪彩仪式是指商务界的有关单位为了庆贺公司的成立、企业的开工、项目的落成、店铺的开张、大型建筑物的启用、道路或航线的开通、大型会议的开幕等，而隆重举行的一项礼仪性程序。因其主要活动内容是邀请专人使用剪刀剪断被称为"彩"的红色缎带，而被人们称为剪彩。

在各式各样的开业仪式上，剪彩都是一项极其重要的、不可或缺的程序。尽管它可以被单独地分离出来独立成项，但在更多的时候是附属于开业仪式的。这是剪彩仪式的重要特征之一。

一、剪彩准备

准备举行剪彩涉及场地的布置、环境的卫生、灯光与音响的准备、媒体的邀请、人员的培训等。在准备这些方面时，必须认真细致、精益求精。

（一）剪彩场地选取与布置

剪彩仪式的会场一般选在展销会、博览会门口。如果是新建设施、新建工程竣工启用，会场一般会安排在新建设施、工程的现场。正门外的广场、正门内的大厅，都是剪彩可以优先考虑的场所。活动现场可略做装饰。在剪彩处悬挂写有剪彩仪式的具体名称的背景板或大型横幅，更是必不可少。

（二）拟发通知

举行剪彩仪式之前（一周或半个月），向有关单位和个人发送请柬或刊发广告、张贴告示，特别是对剪彩者应发出郑重邀请。剪彩者一般是上级领导、主管部门负责人或某一方面的知名人士，而且是有较高威望、深受大家尊敬和信任的人。

（三）剪彩工具准备

对于剪彩仪式上所需使用的某些特殊用具，如红色缎带、新剪刀、托盘以及红色地毯，应仔细地进行选择与准备。

1. 红色缎带

红色缎带即剪彩仪式中的"彩"。按照传统做法，它应当由一整匹未曾使用过的红色绸缎，在中间结成数朵花团而成。一般来说，红色缎带上所结的花团要生动、硕大、醒目，其具体数目往往同现场剪彩者的人数直接相关。红色缎带上所结花团的具体数目有两类模式可依：一是花团的数目比剪彩者的人数多一个；二是花团的数目比现场剪彩者的人数少一个。前者可使每位剪彩者总是处于两朵花团之间，尤显正式。后者则不同常规，亦有新意。

2. 新剪刀

新剪刀是专供剪彩者在剪彩仪式上正式剪彩时使用的，必须是现场剪彩者人手一把，而且必须要崭新、锋利、顺手。事先一定要逐把检查一下将被用于剪彩的剪刀是否已经开刃，好不好用。务必要确保剪彩者在正式剪彩时可以一举成功，切勿一再补刀。在剪彩仪式结束后，主办方可将每位剪彩者所使用的剪刀包装好后，送给对方作为纪念。

3. 托盘

托盘在剪彩仪式上是被托在礼仪小姐手中，用作盛放红色缎带和剪刀的，如果准备了白色薄纱手套，还可盛放手套。在剪彩仪式上所使用的托盘，最好是崭新的、洁净的，通常首选银色的不锈钢制品。为了显示正规，可在使用托盘时铺上红色绒布或绸布。就其数量而论，在剪彩时，可以一只托盘依次向各位剪彩者提供剪刀与手套，并同时盛放红色缎带；也可以为每一位剪彩者配置一只专为其服务的托盘。后一种方法显得更加正式一些。

4. 红色地毯

红色地毯要崭新、干净，还要注意铺设的长度及位置要符合礼仪规范。红色地毯主要铺设在剪彩者正式剪彩时的站立之处，铺设的长度可视剪彩人数的多寡而定，其宽度则不应在一米以下。在剪彩现场铺设红色地毯，主要是为了提升档次并营造一种喜庆的气氛，有时也可不铺设。

（四）剪彩人员

除主持人以外，剪彩的人员主要是由剪彩者和助剪者两部分人员构成。

剪彩者，即在剪彩仪式上持剪刀剪彩之人。在剪彩仪式上担任剪彩者，是一种很高的荣誉。剪彩仪式档次的高低，往往同剪彩者的身份密切相关。因此，剪彩仪式最重要的是要把剪彩者选好。根据惯例，剪彩者可以是一个人，也可以是几个人，但是一般不应多于五个人。通常，剪彩者多由上级领导、合作伙伴、社会名流、员工代表或客户代表所担任。

确定剪彩者名单，必须在剪彩仪式正式举行之前完成。名单一经确定，即应尽早告知对方，使其有所准备。在一般情况下，确定剪彩者时必须尊重对方个人意愿，切勿勉强对方。需要由数人同时担任剪彩者时，应分别告知每位剪彩者届时他将与何人同担此任，这样做是对剪彩者的一种尊重。千万不要"临阵磨枪"，在剪彩开始前才开始强拉硬拽，临时找人凑数。必要时，可在剪彩仪式举行前，将剪彩者集中在一起，告知对方有关的注意事项，并稍事训练。

助剪者指的是剪彩者在剪彩的一系列过程中从旁为其提供帮助的人员。一般而言，助剪者多由主办方的女职员担任。现在，人们对她们的常规称呼是礼仪小姐。在剪彩仪式上服务的礼仪小姐，具体可以分为迎宾者、引导者、服务者、拉彩者、捧花者、托盘者。迎宾者的任务是在活动现场负责迎来送往。引导者的任务是在进行剪彩时负责带领剪彩者登台或退场。服务者的任务是为来宾尤其是剪彩者提供饮料，安排休息之处。拉彩者的任务是在剪彩时展开、拉直红色缎带。捧花者的任务则是在剪彩时手托花团。托盘者的任务则是为剪彩者提供剪刀、手套等剪彩用品。

二、剪彩程序

剪彩的程序必须有条不紊。一般来说，剪彩仪式宜紧凑、忌拖沓，在所耗时间上越短越好，短则一刻钟，长则至多一小时。剪彩仪式，通常应包含以下五项基本程序。

1. 请来宾就位

在剪彩仪式上，通常只为剪彩者、来宾和本单位的负责人安排座席。在剪彩仪式开始时，即应请大家在已排好顺序的座位上就座。一般情况下，剪彩者应就座于前排。若剪彩者不止一人时，则应使其按照剪彩时的具体顺序就座。

2. 宣布仪式正式开始

在主持人宣布仪式正式开始后，乐队应演奏音乐，现场可燃放鞭炮，全体到场者应热烈鼓掌。此后，主持人应向全体到场者介绍到场的重要来宾。

3. 发言

发言者依次应为主办单位的代表、上级主管部门的代表、地方政府的代表、合作单位的代表等。发言内容应言简意赅，每人不超过三分钟，重点应分别为介绍、道谢与致贺。

4. 剪彩

此刻，全体在场人员应热烈鼓掌，必要时还可奏乐或燃放鞭炮。

5. 进行参观

剪彩之后，主方人员应陪同来宾参观被剪彩之物。仪式至此宣告结束。随后，主方可向来宾赠送纪念性礼品，并以自助餐形式款待全体来宾。

剪彩过程中的做法必须标准无误。在进行正式剪彩时，剪彩者与助剪者的具体做法必须合乎规范，否则就会使剪彩效果大受影响。按照惯例，剪彩以后，红色花团应准确无误地落入托盘者手中的托盘里，切勿使其坠地。为此，需要捧花者与托盘者的合作。剪彩者在剪彩成功后，可以右手举起剪刀，面向全体到场者致意；然后将剪刀、手套放于托盘之内，举手鼓掌；接下来可依次与主方握手道喜，并列队在引导者的引导下退场。退场时，一般宜从右侧下台。

不管是剪彩者还是助剪者，在上下场时，都要注意井然有序、步履稳健、神态自然。在剪彩过程中，更是要表现得不卑不亢、落落大方。

第六节　交接仪式礼仪

交接仪式一般是指施工单位依照合同将已经建设、安装完成的工程项目或大型设备经验收合格后正式移交给使用单位时所专门举行的庆祝典礼。交接仪式礼仪一般是指在举行交接仪式时所须遵守的有关礼仪规范，通常包括仪式准备和交接程序两个方面的具体内容。

一、仪式准备

准备交接仪式时，主要应关注三件事：来宾邀请、会场选择和物品预备。

（一）来宾邀请

对于来宾的邀请，一般应由交接仪式的主办方——施工、安装单位负责。在具体拟定来宾名单时，施工、安装单位应主动征求自己的合作伙伴——接收单位的意见。接收单位对施工、安装单位所草拟的名单不宜过于挑剔，但可对此酌情提出一些合理建议。在一般情况下，参加交接仪式的人数自然越多越好。如果参加者太少，难免会使仪式显得冷冷清清。但是，在宏观上确定参加者的总人数时，必须兼顾场地条件与接待能力，切忌贪多。

从原则上讲，交接仪式的出席人员应包括：施工、安装单位的有关人员，接收单位的有关人员，上级主管部门的有关人员，当地政府的有关人员，行业组织、社会团体的有关人员，各界知名人士，新闻界人士以及协作单位的有关人员等。在上述人员中，除施工、安装单位与接收单位的有关人员外，对其他所有出席人员均应提前送达或寄达正式的书面邀请，以示尊重。

（二）会场选择

一般可将交接仪式的举行地点安排在已经建设、安装完成并验收合格的工程项目或大型设备所在地的现场。有时，也可将其安排在主办单位本部的会议厅，或由施工、安装单位与接收单位双方共同认可的其他场所。

（三）物品预备

在交接仪式上，必不可少的是作为交接象征之物的有关物品，主要有验收文件、一览表、钥匙等。验收文件是指已经公证的由交接双方正式签署的接收证明性文件。一览表是指交付给接收单位的全部物资、设备或其他物品的名称、数量明细表。钥匙是指用来开启被交接的建筑物或机械设备的钥匙。在一般情况下，因钥匙具有象征性意味，因此预备一把即可。

二、交接程序

（一）宣布交接仪式开始

宣布交接仪式开始后，全体与会者应进行较长时间的鼓掌，以热烈的掌声来表达对主办方的祝贺之意。在此之前，主持人应邀请有关各方人士在主席台上就座，并以适当的方式暗示全体人员保持安静。

（二）奏国歌与奏主办单位的标志性歌曲

奏国歌与奏主办单位的标志性歌曲前，全体与会者必须肃立。该项程序有时也可略去，但若能安排这一程序，则往往会使交接仪式显得更为庄严而隆重。

（三）正式进行交接

正式交接的具体做法是由施工、安装单位的代表，将有关工程项目、大型设备的验收文件、一览表、钥匙等象征性物品正式递交给接收单位的代表。此时，双方应面带微笑，双手递交、接收有关物品；然后还应相互热烈握手。至此，标志着有关工程项目或大型设备已经被正式地移交给了接收单位。

（四）各方代表发言

一般来说，在交接仪式上，须由以下有关各方代表进行发言，包括：施工、安装单位的代表，接收单位的代表，来宾代表等。这些发言一般均为礼节性的，并以喜气为主要特征。它们通常宜短忌长，只需要点到为止的寥寥数语即可。从原则上来讲，每个人的发言均应以三分钟为限。

（五）宣告仪式结束

宣告仪式结束后，可安排全体来宾进行参观或观看文娱表演。此时，全体与会者应再次进行较长时间的热烈鼓掌。

如果方便的话，正式仪式一结束，主办单位与接收单位即应邀请各方来宾一道参观有关工程项目或大型设备。主办方应为此专门安排好富有经验的陪同、解说人员，使各方来宾通过现场参观进一步深化对有关工程项目或大型设备的认识。

本章小结

本章介绍了接待与会务礼仪的主要内容。首先，阐述了接待与会务礼仪的内涵；其次，介绍了筹办会议与仪式的注意事项；再次，介绍了不同类型的会议与仪式；最后，强调了参加会议与仪式应遵守的礼节、礼仪。

课后习题

一、名词解释

1. 洽谈
2. 茶话会
3. 剪彩仪式

二、简答题

1. 召开新闻发布会时，邀请媒体及新闻界人士之前要做足哪些工作？
2. 茶话会的主题一般有哪几类？

课后习题答案

一、名词解释

1. 洽谈是指在商务交往中存在着某种关系的各方，为保持接触、建立联系、进行合作、达成交易、拟定协议、签署合同、要求索赔，或是为了处理争端、消除分歧而坐在一起进行面对面的讨论与协商，以求达成某种程度上的妥协。

2. 茶话会，在商务界特指意在联络老朋友、结交新朋友，具有对外联络和进行招待性质的社交性集会。因其以参加者不拘形式地自由发言为主，并备有茶点，因此被称为茶话会。有时候，也有人将其简称为茶会。

3. 剪彩仪式是指商务界的有关单位为了庆贺公司的成立、企业的开工、项目的落成、店铺的开张、大型建筑物的启用、道路或航线的开通、大型会议的开幕等，而隆重举行的一项礼仪性程序。因其主要活动内容是邀请专人使用剪刀剪断被称为"彩"的红色缎带，而被人们称为剪彩。

二、简答题

1. 召开新闻发布会时，邀请媒体及新闻界人士之前要做的工作有：一是充分了解大众传媒的特点。目前，新闻媒介大体上可以分为电视、报纸、广播、杂志、网络五种。它们各有优点，也各有缺点，必须要充分考虑和对比优缺点后再做出决定。二是邀请新闻界人士要有所侧重。在邀请新闻单位的具体数量上，新闻发布会自有讲究。其基本规则是在宣布某一消息时，尤其是在为了扩大影响、提高本单位的知名度时，邀请的新闻单位通常多多益善。而在说明某一活动、解释某一事件时，特别是当本单位处于守势而这样做时,邀请新闻单位的面则不宜过于宽泛。但不论是邀请一家还是数家新闻单位参加新闻发布会,主办单位都要尽可能地优先邀请那些影响较大、报道公正、口碑良好或对待本单位向来较为友善的新闻单位派员到场。

2. 一般情况下,茶话会的主题可分为以下三类:

第一,联谊。以联谊为主题的茶话会,是人们平日里最为常见的茶话会,其主题通常是为了联络主办单位同应邀与会的社会各界人士的友谊。

第二,娱乐。以娱乐为主题的茶话会,主要是指在茶话会上安排了一些文娱节目或文娱活动,并以此作为茶话会的主要内容。此类茶话会,主要是为了活跃现场,增加热烈而喜庆的气氛,调动与会者参与的积极性。

第三,专题。以专题为主题的茶话会,是指在某一特定时刻或为了某些专门问题而召开的茶话会。其主要内容是主办单位就某一专门问题收集、反映、听取某些专业人士的见解,或同某些与本单位存在特定关系的人士进行对话。

第十四章 商务餐饮礼仪

学习目标

1. 掌握宴请和赴宴时的各种礼仪。
2. 掌握中餐与西餐礼仪。

第一节 宴请与赴宴礼仪

在商务往来中,互相宴请或进行招待,是比较常见的待客方式。举行宴会或招待会,可以制造一种宽松融洽的气氛。在这种气氛中,不仅能够加深双方的了解,而且能增进彼此的友谊,因此礼仪在宴请中占据十分重要的地位。宴请与赴宴都要注意一些礼仪问题。

一、宴请礼仪

一次合乎礼仪的宴请,其本身往往就是一次成功的商务活动。合乎礼仪的宴请,需要做大量细致的组织工作,在上档次、大规模的正式宴请中,尤需如此。

(一)宴请前的准备

1. 确定宴请范围、对象与形式

确定宴请范围,应考虑多方面的因素。一般应考虑宴请的性质、主宾的身份、通用惯例、对方与我方关系以及当前的政治、经济环境等,综合考虑多方面因素后确定宴请范围。如果宴请范围过大,将造成资源浪费;如果宴请范围太小,则达不到目的,甚至会得罪某些人。当邀请范围与规模确定以后,即可草拟具体邀请名单。

确定宴请对象并拟订名单的主要依据是主、客双方的身份。邀请的对象必须是与本组织或本次宴会有直接利益关系的代表人物,既不要遗漏,也不能随便乱请。参加宴会者的身份应该相当。出面邀请者的身份要加以注意。出面邀请者身份太低,会使对方觉得不受重视,降低了宴请的规格;出面邀请者身份太高,会使对方感到无所适从。邀请对象一旦确定，就必须要马上发请柬，以免误时误事。通常应提前一周左右将请柬发出，以便于客人及早安排和回复。邀请时要注意，千万不要邀请与来宾尤其是与主宾存在矛盾纠葛的人出席。必要时，应事先征求主宾对宴会出席者名单的具体意见。

宴请采取何种形式，往往直接关系到宴请的档次。考虑宴请的具体形式时，通常必须兼顾以下三点：一是来宾的身份；二是双方的关系；三是职场的惯例。目前，世界各国的礼宾工作都在简化，宴请范围呈缩小趋势，形式也更为简便。冷餐会和酒会等被广泛采用，而且在中午举行酒会时，往往不请配偶。不少国家招待国宾时，也只请身份较高的陪同人员，不请随行人员。大家都提倡多举办冷餐会和酒会等宴请形式来代替宴会。

2. 确定宴请时间与地点

宴请时间和地点应对宾主双方都适合。要注意尊重对方在时间上的禁忌和不便。例如，对基督教人士的宴请时间不宜选择十三号；伊斯兰教教徒在斋月内白天是禁食的，宴请应安排在日落以后举行。确定正式宴请的具体时间，主要应遵从民俗惯例，而且主人不仅要从自己的客观能力出发，更要讲究主随客便，要优先考虑被邀请者，特别是主宾的实际情况。如果可能，应该先和主宾协商一下，力求双方方便。要尽可能为被邀请者提供几个时间上的选择，以显示自己的诚意。

关于宴请地点，可按活动性质、规模大小、宴请形式、主人意愿和实际可能等情况具体选定。如果客人较多，可以安排在大酒店；如果客人较少，则可安排在小酒楼。所选定的场所要能容纳全部人员。在选择宴请地点时，要考虑地点的用餐环境、信誉与服务质量，要是用餐地点环境不好，即使菜肴再有特色，也会使宴请大打折扣。另外，要充分考虑聚餐者来去交通是否方便，以及该地点设施是否完备。选择地点还要考虑客人的特点，例如，在清真饭店设宴是尊重信奉伊斯兰教客人的饮食习惯；在川菜馆、粤菜馆等地方特色浓厚的地点宴客，是对对方生活习惯的尊重。

3. 发出邀请

在商务活动中，各种宴请活动一般都用请柬的形式来发出邀请。请柬具有礼貌邀请和对客人起备忘等功能，也是进入宴会的凭证。设宴方向对方发出邀请时，应当注意邀请人的身份与被邀请人的身份要相当。请柬一般要提前一到两周发出，也有提前一个月发出的，以便对方能及早安排、及早答复。请柬的内容一般要包括活动的形式，举行的时间、地点，主人的姓名等；请柬行文中不加标点，所提到的人名、单位名称都要用全称；中文请柬的行文中不提被邀请人的姓名，而应将其姓名写在抬头位置，主人姓名放于落款处；请柬可以印刷也可以手写，手写要注意字体清晰、工整；信封上被邀请人的姓名、职务应写准确。

（二）宴请程序

1. 迎接

宾客到达时，主人应该在门口热情相迎，问候、握手、寒暄以示欢迎。正式场合可在存衣处与休息厅之间，由主人及其主要陪同人员排列成行迎宾，称"迎宾线"。宾主握完手后，由工作人员引导客人进入休息厅。客人进入休息厅后，要有相应身份的主方人员陪坐小叙，并由招待员送饮料。如果客人相互间有不熟悉的，主人要注意介绍，使彼此有所了解，以增进宴会的友好气氛。主宾到达后，应由主人陪同其进入休息厅，与其他客人见面，如果其他客人尚未到齐，主人也应陪主宾到休息厅，由其他迎宾人员代表主人在门口迎接。主人陪同主宾进入宴会厅，全体客人在招待人员引导下入座。如若宴会规模较大，也可先将一般客人引入座位，然后引主宾入座。

2. 开宴致辞

宾客到齐后，由主人陪同客人步入宴会厅就座，宴会即可开始。如果有个别客人迟到，不要因此而拖延宴会开始的时间，否则会影响整个宴会的进行。如果是主宾或者主要客人迟到，可以暂时不开席，同时要尽快联系，弄清楚原因后根据情况而定，并向其他客人表示歉意。一般情况下，宴会开席延迟10~15分钟是允许的，但最多不要超过30分钟，否则将影响宴会气氛。宴会开始后，先由主人致祝酒词，注意祝酒词的时间不要太长，用词要明快生动；接着是全体干杯；然后由主宾致答谢辞（一般宴会也可省略）。当主宾致答谢辞时，接待人员和服务人员应停止一切活动，找一个适当的位置站好，在干杯之后将酒斟满。如果有讲演，应提前准备讲演稿。讲演的时间一般安排在宾主就座以后，或在上热菜之后、甜食以前。冷餐会和酒会的讲话时间是很灵活的，可以相继进行。

3. 席间敬酒

在宴请场合，主人都有向客人敬酒的习惯，宾客之间往往也会互相敬酒。敬酒时，要上身挺直、双脚站稳、双手持杯，并向对方微微点头表示敬意，对方饮酒时再跟着饮。敬酒的态度要稳重、热情、大方。在规模较大的宴会上，主人应依次到各桌敬酒，而每一桌派一位代表到主人餐桌回敬即可。

4. 热情交谈

在致辞、敬酒结束后，宴会就比较自由了，大家可以无拘束地互相交谈，但是仍要注意不要失礼。主办人不要在宴会中只和熟识的一两个人或者邻座的人无休止地交谈，或是一声不吭。一般而言，人们在餐桌上所选择的话题应当是"轻、乐、远"的话题。"轻"是要求话题轻松；"乐"是要求话题可以令人开心一笑；"远"则是要求话题应当远离业务。在餐桌上选择过于严肃的话题、存在争议的话题或者庸俗低级的话题，都是不明智的。如果有人在餐桌上选择了不适当的话题或者酒醉乱讲，主人应立即巧妙地设法转移

5. 宴毕、告辞

吃完水果，主人与主宾起立，以示宴会结束。此时，接待服务人员应将主宾等的椅子向后移动，方便主宾等客人离座。客人应向主人道谢，并称赞主人宴会的饭菜。宴会结束后，宾主可以再次进入休息厅小饮片刻或直接道别。主宾告辞时，主人应送至门口。在主宾离去后，主人再与其他客人一一致意，相互告别。

二、赴宴礼仪

（一）应邀出席

1. 应邀

接到宴会的邀请后，能否出席，应尽早地答复对方，以便主人安排。答复对方，可采取打电话或复以便函的方式。在接受邀请之后，不得随意改变。如果遇到特殊情况不能出席时，应及早向主人解释、道歉，必要时要亲自登门表示歉意。应邀出席一项活动之前，要核实宴请的主人，活动举办的时间、地点，是否邀请了配偶以及主人对服装的要求等，以免失礼。

2. 掌握出席时间

出席宴请活动，抵达时间的早晚、逗留时间的长短，在某种程度上反映了对主人的尊重程度，这要根据活动的性质及有关习惯来掌握。一般客人应略早抵达，身份高者可略晚抵达，等主宾退席后再陆续告辞。迟到、早退或逗留时间过短，都会被视为失礼或有意冷落主人。在席间，确实有事需提前退席时，应向主人说明后悄然离去，或事先打招呼然后再离席。

3. 抵达

应邀参加宴会时应注意仪表修饰，必须把自己打扮得整齐大方、干净、美观，这是对别人也是对自己的尊重。抵达宴请地点时，应先到衣帽间脱下大衣和帽子，但不要急于找座位坐下，而是要先在接待桌上签名，并前往主人迎宾处，主动向主人问好。如果宴请属吉庆活动，应表示祝贺。

出席宴请活动应客随主便，听从主人的安排。入座前应先了解清楚自己的桌次和座次，不宜乱坐。如果左右邻座是长者或女子，应先主动协助他们坐下，然后自己再入座，宜从右侧入座。在和主人打招呼后，便开始进餐，如果是几桌宴席，则不宜在主宾席尚未进餐时率先进餐。

（二）祝酒

作为主宾参加宴请，应了解对方的祝酒习惯，即为何人、何事祝酒，何时祝酒等，以便做必要的准备。碰杯时，主人先和主宾碰杯，人多时可同时举杯示意，不一定真的碰上杯。祝酒时应注意不要交叉碰杯。在主人和主宾致辞、祝酒时，全场人员应暂停进餐，停止交谈，注意倾听。遇到主人或主宾来桌前敬酒时，应起立举杯。碰杯时，要目视对方，微笑致意。

宴会上互相敬酒表示友好，活跃气氛，但切忌喝酒过量，否则会失言、失态。喝酒一般应控制在自己酒量的1/3为宜。另外，应注意不要强行劝酒，这会被认为是一种不礼貌的行为，在国际交往中尤其如此。

（三）席间礼仪

1. 入席

当走进主人家或宴会厅时，应先跟主人打招呼。同时，对其他客人，不管认不认识，都要微笑点头示意或握手问好；对长者要主动起立，让座问安；对女宾要举止庄重，彬彬有礼。入席时，自己的座位应听从主人或招待人员的安排，因为有的宴会主人早就将座位安排好了。如果座位没有安排，应注意正对门口的座位是上座，背对门口的座位是下座。应让身份高者、年长者以及女士先入座，然后自己再找适当的座位坐下。入座后，坐姿要端正，脚踏在本人座位下，不要任意伸直或两腿不停摇晃，手肘不得靠桌沿，不要将手放在邻座椅背上。入座后，不要旁若无人，也不要眼睛直盯盘中菜肴，显出迫不及待的样子，可以和同席客人简单交谈。

2. 进餐

进餐一般是主人示意开始后再进行，不要在主人还没有宣布开始之前就动筷子。就餐的动作要文雅，夹菜动作要轻。取菜时，不要盛得过多，而且要把菜先放到自己的小盘里，然后再用筷子夹起放进嘴。对不合口味的菜，勿显露出难堪的表情。送食物进嘴时，要小口进食，闭嘴咀嚼，两肘向内收，不要向两边张开，以免碰到邻座。喝汤不要啜，吃东西不要发出声音。如果汤、菜太热，可稍待凉后再吃，切勿用嘴吹。嘴内的鱼刺、骨头不要直接外吐，用餐巾掩嘴，用手（吃中餐可用筷子）取出，或轻轻吐在叉上，放在菜盘内。吃剩的菜、用过的餐具牙签，都应放在盘内，勿置桌上。嘴内有食物时，切勿说话。剔牙时，要用左手或手帕遮掩，右手用牙签轻轻剔牙。

3. 交谈

无论是主人、陪客或宾客，都应与同桌的人交谈，特别是左右邻座，不要只同几个熟人或一两个人说话。邻座如不相识，可先做自我介绍，不要把自己封闭起来，不与他人交流。

4. 纪念品

有时，宴会主人会为客人准备小纪念品或一朵鲜花。宴会结束时，主人会请客人带走。这时，可说一两句赞扬纪念品的话，但注意不必郑重感谢。有的出席者，有将宴会菜单作为纪念品带走的习惯，在带走前，往往还会请其他出席者在菜单上签名留念。应该注意的是，除主人特别示意作为纪念品的东西外，各种招待用品，包括宴会剩余的糖果、水果和香烟等，都不要拿走。

第二节　中餐礼仪

中国餐饮文化源远流长，中国人热情好客，很讲究饮食礼仪。作为商务人员，主办或参加一些中餐宴会是避免不了的，因此有必要掌握中餐礼仪。

一、中餐席位安排礼仪

中餐的席位排列，关系到来宾的身份和主人给予对方的礼遇，所以是一项重要的内容。越是正式的宴请，就越应重视其席位的安排。在不同情况下，中餐席位安排有一定的差异，可以分为桌次排列和位次排列两种，它们的排列都各有一定规则。

（一）中餐桌次排列规则

桌次指的是赴宴者需分桌就座时，各桌具体顺序的高低。中餐的桌次安排先确定主桌，一般要求是"面门为上，以远为大，居中为尊，以右为尊"。具体来说，排列桌次的礼仪惯例有以下四点。

第一，以右为上。当宴会厅内餐桌有左右之分时，一般应以面对正门的右侧一桌为主桌。例如，由两桌组成的小型宴请，桌次是以右为尊、以左为卑。这里所说的右和左，是由面对正门的位置来确定的。

第二，内侧为上。当餐桌距离宴会厅正门有远近之分时，通常以距其较远者为主桌，即以远为上。例如，由两桌组成的小型宴请，当两桌竖排时，桌次讲究以远为上、以近为下。这里所说的远和近，是以距离正门的远近而言。

第三，中央为上。当多张餐桌一起排列时，大都应以居于其中央显著位置的一桌为主桌。

第四，近高远低。由三桌或三桌以上的桌数所组成的宴请，当主桌确定后，其他席次再据此而定。除了要注意"以右为上""内侧为上""中央为上"等规则外，还应兼顾其他各桌距离主桌的远近。一般距主桌近者桌次较高，距其远者桌次较低。

在排列桌次的具体实践中，上述四条规则往往是交叉在一起运用的。在安排桌次时，所用餐桌的大小、形状要基本一致。除主桌可以略大外，其他餐桌都不要过大或过小。

图 14-1 中的三个桌次排列图中，每张图的 1 号桌为主桌，数字越靠近 1 表示桌次越重要。

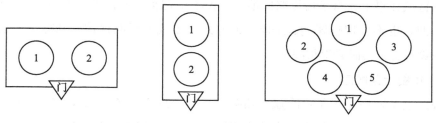

图 14-1 中餐桌次排列

（二）中餐位次排列规则

宴请时，每张餐桌上的具体位次也有主次尊卑之分。正式宴会一般都应事先安排好位次，并且要在入席前通知每一位出席者。排列位次需要注意以下七点，它们往往能同时发挥作用。

第一，主人大都应面对正门而坐，并在主桌就座。当有多位主人时，双方可交叉排列，离主位越近者地位越尊。

第二，举行多桌宴请时，每桌都要有一位主桌主人的代表在座。其位置一般和主桌主人同向，有时也可以面向主桌主人。

第三，各桌距离该桌主人相同的位次，讲究以右为尊。以该桌主人面向为准，右为尊、左为卑，即主宾在主位（第一主位）右侧。除主人和主宾之外，双方的其他就餐者应分别为主左客右，分别在主人、主宾一侧依其身份的高低顺序就座。

第四，每张餐桌上所安排的用餐人数应限定在 10 人左右，最好是双数。

第五，右高左低。两人一同并排就座用餐时，通常以右为上座、以左为下座。这是因为中餐上菜时多以顺时针方向为上菜方向，居右而坐的因此要比居左而坐的优先受到照顾。

第六，中座为尊。三人一同就座用餐时，坐在中间的人在位次上高于坐在两侧的人。

第七，夫妇一般不相邻而坐。我国和其他一些国家一样，一般都以男主人为中心，将主宾夫妇分别安排在男主人的右边和左边，女主人则安排在女主宾的左边。

二、中餐用餐礼仪

餐桌前的坐姿和仪态很重要，适度的文雅与细心，可以防止餐桌上许多不快之事发生，并能获取众人的赏识与尊敬。

（一）餐姿

在餐桌前，理想的坐姿是身体挺而不僵，仪态自然，身体与餐桌之间要保持适当的距离，最好为20厘米左右。双脚要平稳踏地，不要跷二郎腿，也不要抖动；双手不要放在邻座的椅背或者餐桌上面。吃饭的时候，双手的手腕部分可以轻轻地按在餐桌的边缘，不要把两臂放在桌上，身子可以略向前靠，但不要把头低向盘子，更不要低头用嘴凑在碗边吃东西，也不要把碗碟端起来吃，而应用叉子或勺子取食物放到嘴里，细嚼慢咽。用餐时一般不要把桌面弄得很凌乱。

（二）中餐上菜顺序

中餐的上菜顺序一般是：冷盘→热菜→主菜→点心和汤→水果。宴会上桌数再多，各桌也要同时上菜。上菜的方式大体有以下几种：一是把大盘菜端上桌，由个人自取；二是由招待员将菜品逐一分到每个人的餐盘中；三是将菜品用小碟盛放，每人一份。

（三）餐桌上应注意的问题

客人入席后，不要立即动手取食，应等主人举杯示意后再开始用餐。夹菜要文明，应等菜快要转到自己面前时再动筷子，不要抢在邻座前面，一次夹菜也不要过多。要细嚼慢咽，这不仅有利于消化，也是餐桌上的礼仪要求。用餐的动作要文雅，夹菜时不要碰到邻座，不要把盘里的菜拨到桌子上，不要把汤泼翻。

不要挑食，不要只盯住自己喜欢吃的菜，或者急忙把喜欢的菜堆在自己的盘子里。不要在公用的菜盘里挑来拣去。夹菜时要看准，夹住后要立即取走，不要夹起来又放下，或者取过来又放回去。不要发出不必要的声音。在餐桌上吃食物、喝饮料时，一定要入口少、慢慢用，尽量不要发出声响。使用餐具时要小心轻放，不要让餐具彼此碰撞，叮当乱响。大多数菜肴都有相应的餐具取用，所以不要用手直接取菜。

饮酒要适量，不要喝酒失态。祝酒不劝酒。如果对方不喜欢饮酒，不要勉强，这是有教养者的基本表现。在用餐过程中，不宜吸烟，这不仅是对在座不吸烟者表示尊重，也是自身素质的体现。用餐后可以用餐巾等擦嘴，但不要擦头颈或胸脯。餐后不要不加控制地打饱嗝，在主人还没示意结束时，客人不能先离席。不要对饭菜品头论足。对自己不喜欢的菜肴，不要露出为难的表情，不取用即可。

第三节　西餐礼仪

西餐是人们对西式饭菜的一种约定俗成的统称，是西方国家的一种宴请形式。西餐大致可以分为欧美式和俄式两种。受民族习俗的影响，西餐的餐具、摆台、酒水菜肴、用餐方式、礼仪等都与中餐有较大差别。

一、西餐席位安排礼仪

西餐多采用长桌，大型宴会中除主桌外，其他餐桌也可采用圆桌。正式宴会一般均安排席位，也可只排主要客人的席位，其他客人只排桌次或自由入座。无论采取哪种方法，都要在入席前通知到每一位出席者，使大家心中有数。

（一）西餐位次排列规则

1. 女士优先

在西餐礼仪里，往往体现女士优先的原则。排定用餐席位时，一般女主人为第一主人，在主位就座；男主人为第二主人，坐在第二主人的位置上。

2. 距离定位

对于西餐的席位排列，同一桌上席位高低是根据其距离主位的远近决定的。距主位近的位置要高于距主位远的位置。

3. 以右为尊

西餐在排列席位时，以右为尊是基本原则。就某一具体位置而言，按照礼仪规范，其右侧之位要高于左侧之位。在西餐排位时，男主宾要排在女主人的右侧，女主宾要排在男主人的右侧，按此原则，依次排列。

4. 交叉排列

西餐在排列席位时，讲究交叉排列的原则，即男女应当交叉排列，熟人和生人也应当交叉排列。以女主人的位置为准，男主宾坐在女主人右侧，男主宾夫人坐在男主人右侧。在西方人看来，宴会场合是用来拓展人际关系的，这样交叉排列，就是为了让人们能多和周围客人聊天、认识，达到社交目的。

5. 面门为上

按照礼仪的要求，在餐厅内以餐厅门作为参照物时，面对餐厅正门的位子要高于背对餐厅正门的位子。另外，举行两桌以上的西式宴会，各桌均应有第一主人，其位置应与主桌主人的位置相同，其宾客也依主桌的座位排列方法就座。席位安排遇到特殊情况时，可灵活处理，例如，主宾身份高于主人时，为表示对主宾的尊重，可以把主宾安排在主人的位置上，而主人坐在主宾的位置，第二主人坐在主宾左侧。

（二）西餐席位排列方式

西餐的席位排法与中餐有一定的区别，中餐多使用圆桌，西餐则以长桌为主。长桌的席位排法主要有以下两种方式。

1. 法式就座方式

法式就座方式，即主人位置在中间，男女主人对坐；女主人右边是男主宾，左边是男次宾；男主人右边是女主宾，左边是女次宾；陪同人员则尽量往旁边坐。

2. 英美式就座方式

英美式就座方式，即桌子两端为男女主人，若夫妇一起受邀，则男士应坐在女主人的右手边，女士应坐在男主人的右手边；左边是次宾的位置；如果是陪同客，则尽量往中间坐。

在隆重的场合，如果餐桌安排在一个单独的房间里，在女主人请你入席之前，不应当擅自进入设有餐桌的房间。如果都是朋友，大家可以自由入座。在其他场合，客人要按女主人的指示入座。

二、西餐上菜顺序

吃西餐时要先给主宾上菜，要是主宾当中有女士，应该给女主宾先上。随后是按着逆时针方向沿着桌子上菜，最后上给男主人和女主人。

由于饮食习惯不同，西餐的上菜顺序与中餐不一样。西餐通常先上汤，而在中餐中汤是最后一道菜。一般情况下，完整的西餐由以下菜肴组成。

1. 开胃菜

餐前开胃菜是西餐的第一道菜，一般是由蔬菜、水果、海鲜、肉食组成的拼盘。

2. 面包

西餐正餐面包一般是切片面包，也有刚烤好的小面包。

3. 汤

和中餐不同的是，西餐的第二道菜就是汤。西餐的汤大致可分为清汤、奶油汤、蔬菜汤和冷汤四类。西餐汤的品种有牛尾清汤、各式奶油汤、海鲜汤、美式蛤蜊汤、意式蔬菜汤、俄式罗宋汤、法式洋葱汤。冷汤的品种较少，有德式冷汤、俄式冷汤等。

4. 副菜

鱼类菜肴一般作为西餐的第三道菜，又称副菜。其品种包括各种淡、海水鱼类，贝类及软体动物类。西餐吃鱼类菜肴时讲究使用专用的调味汁，品种有鞑靼汁、荷兰汁、酒店汁、白奶油汁、大主教汁、美国汁和水手鱼汁等。

5. 主菜

肉、禽类菜肴是西餐的第四道菜，又称主菜。肉类菜肴的原料取自牛、羊、猪、小牛仔等各个部位的肉，其中最有代表性的是牛肉或牛排。牛排按其部位又可分为沙朗牛排（又称西冷牛排）、菲利牛排、"T"骨形牛排、薄牛排等。其烹调方法常用烤、煎、铁扒等。肉类菜肴配用的调味汁主要有西班牙汁、浓烧汁精、蘑菇汁、白尼斯汁等。禽类菜肴的原料取自鸡、鸭、鹅，通常将兔肉和鹿肉等野味也归入禽类菜肴。禽类菜肴品种最多的是鸡，有山鸡、火鸡、竹鸡，制作方法是可煮、可炸、可烤、可焖，主要的调味汁有黄肉汁、咖喱汁、奶油汁等。

6. 蔬菜类菜肴

蔬菜类菜肴（色拉）可以安排在肉类菜肴之后，也可以和肉类菜肴同时上桌，因此可以算作一道菜，或称为一种配菜。蔬菜类菜肴一般用生菜、西红柿、黄瓜、芦笋等制作。还有一些蔬菜是熟食的，如花椰菜、煮菠菜、炸土豆条。熟食的蔬菜通常作为配菜，与主菜的肉食类菜肴一同摆放在餐盘中上桌。

7. 点心

主菜过后，可以上一些蛋糕、饼干、吐司和三明治等点心，供没吃饱的客人享用。

8. 甜品

点心之后，接着上甜品，最常见的有布丁、冰激凌等。

9. 果品

果品包括核桃、榛子、杏仁以及草莓、苹果、菠萝等干鲜果品。

10. 热饮

在宴会结束前，还要为用餐者提供热饮。正规的热饮是红茶和什么都不加的黑咖啡，以帮助消化。

从实际情况来看，西餐也在简化，比较简便的西餐菜单可以是：开胃菜、汤、主菜、甜品、咖啡。

三、西餐餐具使用礼仪

（一）西餐餐具的摆放

西餐餐具的摆放是宴请活动中一项专门的技艺，也是必不可少的一个礼仪程序。它直接关系到用餐过程、民族习俗和礼仪规范等。西餐的摆台因国家不同而有所不同，常见的有英美式、法国式、国际式西餐摆台。以下介绍国际式西餐摆台方法。

国际上常见的西餐摆台方法是：座位前正中是垫盘，垫盘上放餐巾（口布）。垫盘左侧放叉，右侧放刀、匙，刀尖向上、刀口朝盘。主菜盘上方放匙。正餐的刀叉数目应与上菜的道数相等，并按上菜顺序由外至里排列，用餐时也从外向里依序取用。饮具靠右上方。饮具的数目和种类应根据上酒的品种而定，通常的摆放顺序是从右起依次为葡萄酒杯、香槟酒杯、啤酒杯（水杯）。面包、奶油盘放在左上方。

（二）西餐餐具及餐巾的使用

西餐的餐具多种多样，常见的西餐餐具有刀、叉、匙、杯等。西餐一般讲究吃不同的菜要用不同的刀叉，饮不同的酒要用不同的酒杯，所以对大小不一的各类餐具要做到能正确使用，并不是件容易的事情。

1. 刀叉的使用

刀叉是餐刀、餐叉两种餐具的统称。二者既可以配合使用，也可以单独使用，但在更多的情况下，刀叉是配合使用的。西餐的摆台有其固定的位置和距离，使用时应左手拿叉、右手拿刀。餐刀用于切割食物，按照由外到内的顺序进行切割，餐叉用于送食物入口。食物上桌后，使用刀叉的基本动作是，以餐叉压住食物的左端，将食物固定，然后顺着餐叉的侧边用餐刀切下约一口大小的食物后，餐叉即可直接将食物送入口中。

2. 餐匙的使用

在西餐的正餐里，一般会出现至少两把餐匙。它们形状不同、用途不一，摆放的位置也有各自的既定之处。一把个头较大的餐匙叫作汤匙，通常被摆放在用餐者右侧的最外端，与餐刀并列纵放；另一把个头较小的餐匙叫作甜品匙，在一般情况下，应当被横向摆放在吃甜品所用刀叉的正上方，并与其并列。如果不吃甜品，用不上甜品匙的话，它则会被个头同样较小的茶匙所取代。喝汤时，要使用汤匙，用右手拇指和食指持汤匙柄，使汤匙侧起，顺汤碗靠自己的一侧伸入汤里。汤匙不可以盛得太满。汤舀出时，从汤匙的旁边喝，不要从顶端喝。

3. 餐巾的使用

在西餐中，餐巾也是一个重要的角色。西餐餐巾有很多特殊之处需多加注意。

（1）餐巾的铺放

西餐餐巾通常会叠成一定的图案，放置在就餐者的水杯里，有时直接平放于就餐者的右侧桌面上或就餐者面前的垫盘上。餐巾的形状有长方形和正方形之分。大家坐下后，应先取下餐巾，小餐巾应完全打开，大餐巾只需打开一半，可以将餐巾放在胸前下摆处，或者平铺到自己并拢的大腿上。如果是正方形的餐巾，应将其折成等腰三角形，直角朝向膝盖方向；如果是长方形餐巾，应将其对折，然后折口向外平铺在腿上。不要将餐巾扎在衬衣或皮带里。餐巾的打开、折放应在桌下悄悄进行，不要影响他人。

（2）餐巾的用途

第一，对服装有保洁作用。将餐巾平铺于大腿之上，其主要目的就是防止菜肴、汤汁落下来弄脏衣服。

第二，用来揩拭口部。用餐时可以用餐巾的一角轻轻地擦拭嘴边的菜汁、汤汁。在与人交谈之前，也应先用餐巾的内侧轻轻地揩一下嘴。

第三，暗示作用。西餐以女主人为第一主人。当女主人铺开餐巾时，暗示用餐开始；当女主人把餐巾放到桌上时，暗示用餐结束。就餐者如果中途离开，一会还要回来继续用餐，可将餐巾放在本人所坐的椅面上，暗示还要回来；如果将餐巾放在桌子左方，则暗示用餐结束，可以撤掉餐具。

四、西餐的用餐礼仪

（一）准备就餐

就座时，身体要端正，手肘不要放在桌面上，不可跷足，与餐桌的距离以方便使用餐具为佳。餐台上已摆好的餐具不要随意摆弄，将餐巾轻轻放在腿上。等全体客人面前都上了菜且主人示意后才开始用餐，切不可自行用餐。

（二）使用刀叉

用刀叉进餐时，从外侧往内侧取用刀叉，并且要左手持叉、右手持刀。切东西时，左手拿餐叉按住食物，右手执餐刀将其锯切成小块，然后用餐叉送入口中。使用餐刀时，刀刃不可向外。每吃完一道菜，将刀叉并拢放在盘中。不要一只手拿餐刀或餐叉，另一只手拿餐巾擦嘴；更不可一只手拿酒杯，另一只手拿餐叉取菜。任何时候，都不可将刀叉的一端放在盘上，另一端放在桌上。

（三）进餐姿态

当服务员依次为客人上菜时，一定要待服务员走到你的左边时，才轮到你取菜，如果服务员在你的右边，不可急着去取。不可在餐桌边化妆或用餐巾擦鼻涕。用餐时打嗝是最大的禁忌，万一发生此种情况，应立即向周围的人道歉。取食时不要站立起来，坐着拿不到的食物应请别人传递。就餐时不可狼吞虎咽。对自己不愿吃的食物也应取一点放在盘中，以示礼貌。有时主人会劝客人添菜，如果有胃口，添菜不算失礼，相反主人也许会引以为荣。不可在进餐时中途退席，如果有事确需离开时，应向左右的客人小声打招呼。饮酒干杯时，即使不喝，也应该将杯口在唇上碰一碰，以示敬意。当别人为你斟酒时，如果不要，可以简单地说一声"不，谢谢！"或以手稍盖酒杯，表示谢绝。

本章小结

本章介绍了商务宴会的相关礼仪。首先，阐述了宴会的不同类型；其次，介绍了商务宴会中邀请与赴宴的礼仪；最后，介绍了中餐礼仪与西餐礼仪，包括座次安排、菜式安排、敬酒、席间交谈礼仪等内容。

课后习题

简答题

1. 作为主办方举行宴会，在宴请前要做好哪些准备？
2. 中餐的位次安排有怎样的规则？

课后习题答案

简答题

1. 作为主办方举行宴会，在宴请前要确定宴请范围、对象与形式，并确定宴请时间与地点，然后发出邀请。

（1）确定宴请范围、对象与形式。确定宴请范围，应考虑多方面的因素。一般应考虑宴请的性质、主宾的身份、通用惯例、对方与我方关系以及当前的政治、经济环境等，综合考虑多方面因素后确定宴请范围。确定宴请对象并拟订名单的主要依据是主、客双方的身份。邀请的对象必须是与本组织或本次宴会有直接利益关系的代表人物，既不要遗漏，也不能随便乱请。宴请采取何种形式，往往直接关系到宴请的档次。考虑宴请的具体形式时，通常必须兼顾以下三点：一是来宾的身份；二是双方的关系；三是职场的惯例。

（2）确定宴请时间与地点。确定正式宴请的具体时间，主要应遵从民俗惯例，而且主人不仅要从自己的客观能力出发，更要讲究主随客便，要优先考虑被邀请者，特别是主宾的实际情况。如果可能，应该先和主宾协商一下，力求双方方便。要尽可能为被邀请者提供几个时间上的选择，以显示自己的诚意。关于宴请地点，可按活动性质、规模大小、宴请形式、主人意愿和实际可能等情况具体选定。

2. 中餐的位次排列规则具体如下。

第一，主人大都应面对正门而坐，并在主桌就座。当有多位主人时，双方可交叉排列，离主位越近者地位越尊。

第二，举行多桌宴请时，每桌都要有一位主桌主人的代表在座。其位置一般和主桌主人同向，有时也可以面向主桌主人。

第三，各桌距离该桌主人相同的位次，讲究以右为尊。以该桌主人面向为准，右为尊、左为卑，即主宾在主位（第一主位）右侧。除主人和主宾之外，双方的其他就餐者应分别为主左客右，分别在主人、主宾一侧依其身份的高低顺序就座。

第四，每张餐桌上所安排的用餐人数应限定在 10 人左右，最好是双数，吉庆宴会尤其如此，如六人、八人、十人。

第五，右高左低。两人一同并排就座用餐时，通常以右为上座、以左为下座。这是因为中餐上菜时多以顺时针方向为上菜方向，居右而坐的因此要比居左而坐的优先受到照顾。

第六，中座为尊。三人一同就座用餐时，坐在中间的人在位次上高于坐在两侧的人。

第七，夫妇一般不相邻而坐。我国和其他一些国家一样，一般都以男主人为中心，将主宾夫妇分别安排在男主人的右边和左边，女主人则安排在女主宾的左边。

第十五章

求职应聘礼仪

学习目标

1. 学习面试的相关礼仪，树立良好的面试形象。
2. 掌握面试沟通技巧，在求职应聘时能够自如应对。

第一节 面试准备

随着社会的进步，岗位竞争越来越激烈，目前我国就业形势较为严峻，就业压力也比较大。许多求职者在通过笔试进入面试这一阶段时，内心非常迷茫，从而做出很多盲目性的举动，其中最为重要的一个原因就是没有做足针对性的准备。求职者择业的过程，是一个复杂的心理变化过程。求职者通过竞争谋求职位，成功的关键在于自己的才能以及临场发挥的情况。面对就业的严峻形势，面对众多的竞争对手，要想获得面试的成功，必须要有充分的心理准备和良好的竞技状态。使面试官能够全面而准确地了解到求职者的优势所在是求职者面试的最佳结果。所以在面试之前，明智的求职者应该努力挖掘自己潜在的力量，做足充分的准备，用积极的心态，满怀信心地在未来面试中展示自己的风采，发挥自己的实力。

一、信息准备

（一）了解招考单位和职位信息

面试前对招考单位和招考职位进行调查研究，是获取有用信息的必要和有效手段。对招考单位和招考职位不了解，有可能会造成求职者在面试过程中心里没底，处处被动。面试有一个重要的评价要素，就是求职动机。面试官经常会问类似的问题，如"你对我们单位了解吗？""你为什么来报考？""你对你要报考的职位了解吗？"对于这样的问题，回答绝不仅仅是个技巧问题，而且从来也没有什么标准的答案。如果没有对招考单位和招考职位进行过调查研究，回答问题时就很可能会不着边际。面试过程中，回答的每一个问题都要有根据，从客观实际出发，这个客观实际就是指报考单位和报考职位的实情，离开这一点，回答就失去了根基，面试成功也就失去了保障。

面试时，面试官提问的出发点往往与招考单位有关。因此，面试前应尽可能多地了解一些招考单位的情况，对单位的性质、业务范围、发展情况等做到心中有数。了解招考单位和招考职位的各种信息，了解所报考的工作职位对知识技能的具体要求，有利于有针对性地展示自己的特长，有利于在面试中做到有的放矢。此外，对所要报考的单位和职位进行调查研究，会减少应聘的盲目性，从而减少被录用之后产生的心理反差，也有利于今后工作的顺利开展和职业生涯的设计与开发。

（二）了解面试官

求职者要学会换位思考，将心比心，了解面试官的心态，尝试站在面试官的角度思考问题。这就要去判断，如果自己是一名面试官，在面试过程中最注重的会是什么，最看中考生的会是什么。例如，面试官通常所乐于见到的是一名积极乐观、开放进取的求职者，而不是一名战战兢兢、顾虑重重、缩手缩脚的求职者。一般来说，用人单位的面试官更希望了解到求职者的报考动机和个性特征，从而判断求职者的求职动机和对职位的适宜性，即这个人与用人单位的招考职位以及企业文化是否匹配。与此同时，要了解面试的本质是为了给求职者提供一个展示自己的机会和舞台，而不是考倒和为难求职者。求职者要做到的是，不要把自己和面试官放在对立面上，而是实现与面试官的良好互动。

面试也是供需双方心理上的较量。对于求职者来说，了解对方的心理特征，做到"明明白白他的心"，就能化被动为主动。因此，适当学习一些心理学，掌握面试官的基本心理特征，有准备、有针对性地参加面试，对提高应聘的成功率是大有好处的。根据了解，面试官有三个基本心理特征求职者应当掌握，即面试官最初印象的形成、录用压力下的面试官心态、面试官对非语言信息的关注。

面试官最初印象的形成对求职者的面试结果是至关重要的。国外有学者研究后得出结论，至少有85%的面试官在面试真正开始前，已根据求职者的应聘资料对其产生了最初的印象。最初印象还包括面试官刚见到你时对你形成的印象，这对面试的过程和结果都有着十分重要的作用。如果面试官对你的最初印象是消极的印象，那么根据心理学的原理，要改变这种印象将是很困难的，往往需要付出多倍的努力才有可能转变面试官对你的消极印象。了解了面试官的这一心理特征，就应当认真注意自己的形象和言行举止，尽可能让自己的缺点和不足被优点和特长所"掩盖"。千万不要因为自己的穿着打扮、面试开始时的一举一动而给面试官留下糟糕的印象。

（三）了解面试的一般类型

1. 结构化面试

结构化面试又称小组面试，通常是正式的、有组织的，可能有几个面试官。结构化面试过程较有条理，通常会以"破冰"式的问题开始。"破冰"是为了让求职者在被问到更严肃的问题之前放松下来，如讨论天气、交通问题等。"破冰"之后，面试官会简单介绍公司和工作职位的基本情况，然后可能会问求职者有关学习经历、课余生活和工作经验等相关问题。最后，面试官可能会问求职者是否有想要了解的问题。为应对这种情况，求职者在面试前最好提前准备几个问题。

2. 非结构化面试

与结构化面试相比，非结构化面试更随意。求职者可能会被问及如兴趣爱好、周末一般喜欢做什么，或者其他令人放松的问题。许多求职者喜欢这种面试方式，但必须谨慎。有时面试官会故意用这种随意的方式，让求职者感到自在，放松警惕，从而透露一些信息。在这类面试中，求职者要表现得友好，呈现专业精神。非结构化面试的随意性，可以为面试定下一个积极的基调，但求职者一定要通过对话，充分证明自己能胜任该工作。

3. 压力面试

压力面试主要适用于招聘工作压力大的职位，如销售、股票经纪人等。在压力面试中，面试官可能会表现得心不在焉、漠不关心。其目的是评估求职者对冷漠、拒绝和整体压力的反应。在这类面试中，建议求职者专注于被问的问题，而不是被问的方式。

4. 行为面试

行为面试是一种被广泛使用的面试方式。行为面试基于这样一种理念，即过去的表现是未来行为的最佳预测器。因此，行为面试的问题旨在探究求职者以前的经历，以确定求职者将来在类似的情况下会如何表现。在这类面试中，面试官不会问求职者一些假设性的问题，而会问求职者在过去遇到特定事件时是如何处理的。例如，"请告诉我你过去做过的最成功或者最失败的事情。""请描述一个你遇到的与……有关的问题。""请告诉我你是如何处理……的。"求职者曾经的行为将被作为评估他们的领导能力、团队合作能力、适应和灵活性、沟通表达能力、管理技能等的相关依据。

5. 解决问题或案例面试

面试官常利用解决问题或案例面试测试求职者的分析能力和沟通能力。在解决问题或案例面试中，求职者将对一个真实或模拟的问题进行思考和解决。求职者不一定要给出"正确答案"，面试官最关心的是其思维过程，所以求职者在回答这类问题时一定要快速反应。一个有效的答案能证明求职者有能力将问题分解成可管理的小块，并在压力下清晰地思考。

6. 小组面试

小组面试一般指无领导小组讨论。无领导小组讨论是指由一组求职者组成一个临时工作小组，讨论给定的问题，并做出决策。由于这个小组是临时拼凑的，并不指定谁是负责人，目的就在于考察求职者的表现，尤其是看谁会从中脱颖而出。

二、物质准备

（一）求职信

求职信又称自荐信，是求职者在收集需要的信息后有目的地向用人单位做自我介绍的信函。求职信是针对特定单位（岗位）的特定人员写的，主要表述求职者的主观愿望和特长，以求吸引招聘者的注意力，取得面试机会。求职信在求职过程中作用重大，是求职者自我推销、展示自己公关能力的重要一环。

1. 求职信格式与内容

求职信的重点在于"荐"，在构思上一定要围绕"为何荐""凭何荐""怎样荐"的思路进行安排。一般来说，求职信属于书信范畴，所以其基本格式应当符合书信的一般要求。

求职信的基本内容和格式，主要由以下六个方面组成。

第一，称呼。求职信的称呼即对接收并阅读信件的人的称呼。求职信的称呼往往比一般书信的称呼正规一些，在实际书写时要区别对待。

第二，开头。求职信的开头主要写清楚写信的缘由和目的。求职信的开头主要有七种形式，分别是概括性开头、提名式开头、提问式开头、赞扬式开头、应征式开头、个性化开头、独创性开头。

第三，主体。这是求职信的核心部分，应阐明自己对单位或职位感兴趣的原因，以及自己有价值的背景情况和满足招聘要求的能力。主体部分的表达形式多种多样，但其中包含的主要内容，一是个人的基本情况；二是本人的学历、经历与成绩，尤其是与求职有关的教育科目、实习工作经验，应主要列出学历，主修、辅修与选修课程和成绩，社会实践经验，个人生活经历；三是本人的专长、技能、兴趣和性格；四是应聘的简短理由，主要指本人对应聘单位的兴趣和要求。

第四，结尾。求职信的结尾要进一步强调求职的愿望，希望用人单位能给予考虑，或希望前往面谈（最好向招聘者说明何时、何地、怎样与你联系，当然，联系办法越简单越好），接受单位的进一步考察等。因此，求职信结尾的内容应写得具体、简明，语气要热情、诚恳、有礼貌。

第五，致敬语、署名、日期。

第六，附件。求职信要附上起支持作用的各种证明材料。

2. 求职信写作技巧

（1）态度真诚，摆正位置

关于求职信的内容，不应该写自己需要什么，而应该写自己能为公司以及所面试的岗位做些什么，态度要诚恳，用语要礼貌。

（2）整体美观，言简意赅

无论是手写还是打印的求职信都要注意整洁美观，言简意赅。

（3）富有个性，有的放矢

求职信的重要目的是力求吸引对方，引起对方的兴趣。求职信的开头应尽量避免过多的客套话、空话，要以一句简朴的"您好"直接切入主题。

（4）以情动人，以诚感人

语言有情，会更有助于交流思想、传递信息、感动对方，写求职信更要注意这一点。

（二）个人简历

简历反映的是求职者个人的简要经历，是一个人生活、学习、工作的经历与成绩的概括和总结。它提供给阅读者的信息应该是全面而直接的。用人单位从求职者的简历中能够看出该求职者在业绩、能力、性格、经验方面的综合表现。在通常情况下，用人单位都是通过简历来了解求职者的经历，如受教育程度、兴趣、特长等，留下一个初步的印象，从而决定求职者能否参加下一轮面试。从某种意义上说，简历决定着求职者能否更进一步。

当今社会竞争激烈，每一个职位都有众多的求职者。找工作实际上是一个推销自己的过程，毕业生如何成为这上千万人中的佼佼者，并能够成功地把自己推销给招聘人员，就要看简历。简历是求职者推销自己的首要工具，招聘人员在面试之前所获取的所有关于求职者的信息都是来自简历。简历是求职者自我生活、学习、工作、实践的概括集锦，它将求职者的个人能力、过往经历、教育状况等内容在方寸之间展示给招聘单位。

通过筛选简历来进行招聘是人力资源招聘的主要渠道，几乎所有的招聘都是通过简历来对求职者进行初步的筛选和判定。因此，无论是通过哪一种招聘渠道，如企业网站、招聘会、平面媒体以及他人推荐，都需要简历。

简历的真正作用是让用人单位全面了解自己，从而为自己创造面试的机会。简历是用人单位对求职者的第一印象，是用人单位对求职者进行分析、比较、筛选，最后决定是否录用的主要依据。从简历中，可以看出求职者在能力、性格、经验方面的综合表现。通常情况下，用人单位都是通过简历决定求职者能否参加进一步的面试。

1. 简历基本要素

一份简历的基本要素包括个人基本信息、求职目标、教育背景、个人经历、知识及职业技能、个人特长及所获荣誉以及自我评价等。

（1）个人基本信息

简历的个人基本信息主要包括姓名、年龄、性别、学历等基本信息以及电话、地址、E-mail 等联系方式。这一部分属于简历的必须部分，但是并非越全面越好。求职者要根据单位的性质和要求来填写简历，一些不必要的信息不要陈列，而对于一些单位要求的信息就必须要体现出来。

（2）求职目标

简历中应写明求职目标，求职目标体现在简历中是为了让用人单位明确知道求职的目的。在简历中必须描述求职者能胜任该工作的条件，越具体越好。

（3）教育背景

教育背景包括求职者的毕业院校、所学专业、学历、学位、所学的主要课程（把重点放在与申请的工作关系较紧密的课程上）等。对于应届毕业生来说，教育背景是简历中很重要的信息，主要是个人从大学阶段到毕业前所获得的学历，时间需要衔接上。教育背景一般按照时间逆序的写法来写，最近的学历放在最前面，也就是说如果你现在即将硕士毕业，那么要先写硕士再写本科。大学以前的经历一般不写，但如果有获得特别的奖励或者与众不同的经历的话，如全国数学奥林匹克竞赛一等奖或者高考状元之类的，也可以写上。

（4）个人经历

个人经历主要是指大学以来的简单经历，包括学习、社会职务或活动、义务性工作（志愿者）、社会性工作、社会实践，以及在这些工作中用到的工作技能等。如果有工作经验的，需要写明工作（项目）名称、时间、工作（项目）介绍以及个人成果。在描述工作经历、项目和参加的活动时，一般采用时间逆序的方式，列明求职者的职责，注意突出重点；职责描述之后应该紧跟工作业绩，可以根据经历的重要性进行本部分描述。简历中尽量提供能够证明自己业绩的量化数据，如拓展了多少个新的市场客户、年销售业绩达到多少、每年完成了多少项目等。

（5）知识及职业技能

知识及职业技能主要包括知识结构、智能优势、外语和计算机水平及其他技能证书等。

（6）个人特长及所获荣誉

个人特长及所获荣誉包括个人兴趣、特长、在校获得的荣誉（如三好学生、优秀党员、优秀团员、优秀学生干部），以及参加各种竞赛所获奖项等。

（7）自我评价

自我评价主要是总结自己良好的个性品质，如学习能力、沟通能力、解决问题能力、适应能力、好奇心或创新能力、团队合作精神、积极的工作态度、责任心、敬业精神等。

2. 简历撰写原则

第一，简短。简历中的重要信息一定要出现在第一项；每页中重要的标题项尽量出现在靠近页首或者页尾的地方；利用点句，避免使用大段文字；删除无足轻重的细节；英文简历要避免使用完整句，以动词性的短句为主；如果要使用两页的简历，第二页内容应占版面 2/3 以上。

第二，真实。简历中要提供真实的学校及家庭地址或者邮件地址，并且要提供真实的年龄。如果不能确定在简历中提供年龄信息是否有利，可以先体现自己的才能与背景以获得面试机会，再告知面试官你的年龄。

第三，内容突出。简历中要突出自己的经验、能力以及过去的成果，最重要的是突出自己的特长。一要强调技能。专业背景或专业技能和素质都是可以利用的法宝；二要强调自己丰富的实践经验。应届毕业生多数缺少必要的实习经历，在这种较为弱势的情况下，必须在简历中有所偏重。

第四，赏心悦目。完整阅读两页单倍距的简历需要 2~5 分钟，即使快速浏览也要 40 秒左右。在这 40 秒的时间里，必须让人力资源找到一个能够继续看下去的理由，否则，人力资源就会准备看下一份简历了。因此，一份赏心悦目的简历就显得至关重要。

（三）成绩单及其他相关材料

1. 成绩单

大部分用人单位都会关注求职者在校期间的学习情况，成绩单则集中反映了求职者整个大学阶段的学习情况。因此，求职者在做求职材料的时候，要把个人大学阶段的成绩单打印出来，加盖学校教务部门公章，作为支撑材料。

2. 社会实践、实习的鉴定材料

大部分求职者在校期间都有一定的社会实践或实习经验，这能让毕业生体验社会生活，积累相关工作经验，提高自身的实力，为毕业后踏进社会做好充分准备。鉴定材料是社会实践或实习单位给予毕业生的评价，用于说明与本专业或求职岗位密切相关的社会实践或实习经验。毕业生一定要让社会实践或实习单位出具加盖单位公章的评价性鉴定材料，且内容要注重对毕业生社会实践或实习期间的工作态度、工作能力和工作成效的实质性评价。

3. 证件与证书

随着人才机制的完善，人才评价逐步向社会化、客观化、公平化、国际化过渡。国家有关部门已开始在全国范围内陆续开展专业技术资格考试，并将其作为专业技术人员评聘职务和执业的资格条件。拥有相关专业技术资格，已成为求职择业的有利条件之一。证件与证书是求职者求职、任职、执业等的资格证，是企业招聘、录用人才的主要依据之一。它可以帮助求职者获得更多的就业机会，提高求职者打开招聘企业这扇门的概率。证书有外语等级证书、计算机等级证书、各类奖学金及其他获奖证书、各种技能等级证书、各种职业证书等。

4. 其他材料

其他材料如院系教师的推荐信，公开发表的论文、文章，以及其他成果的复印件或证明等。

三、心理准备

做好择业前的心理准备，排除心理干扰，应着重从以下三个方面进行。

（一）了解自我

古人说："人贵有自知之明"。在生活中，我们经常能看到一些高傲自大、盲目自信，抑或是过度自卑，有成绩但是没有实际的交往能力，不能在人多的场合或者正式的场合表达自己。高校的扩招让毕业于名牌学校和高学历的学生越来越多，求职者所面临的强有力的就业竞争对手也就越来越多。在得到录用通知之前，谁也不能确保自己一定能被录用。过分自信的求职者在考场上容易给面试官造成一种"狂妄自大"的感觉，从而影响面试成绩。与此相反，一些求职者认为自己能力较弱，自卑畏怯，信心不足，在面试中常常过度紧张，出现种种窘态，如说话声音小、吐字不清楚、脸红等，也会影响面试成绩。

求职者只有对自己有清醒的认识，才会有正确的心态。这就要求求职者在面试前必须要进行自我了解，从以下四个方面来考虑问题：一是自己的兴趣爱好和能力，如自己喜欢做什么、能做什么；二是对这个职业所需要做的工作的了解程度，如自己对这个职业感兴趣吗？这个职位适合自己吗？三是自己的职业目标是什么，应该如何给自己一个职业定位；四是自己报考这个职业的优势和劣势是什么。这四点是需要在面试准备时对自己做的了解。如果自己对上述问题不够清楚，可以和老师、同学或社会经验丰富的亲友进行沟通，听取他们的建议；还可以找职业咨询师帮忙，通过咨询更清晰地明确自己的职业生涯规划方向。

（二）克服心理障碍

找工作不仅仅是能力的较量，更是心态的比拼。找工作难，找好工作更难。在这个大背景下，要想找到一份好工作要克服很多的心理障碍。

1. 自卑畏怯心理

有的求职者大学四年顺利地走过来了，也具备了一定的实力和优势，面对激烈的竞争，却觉得自己这也不行、那也不行。自卑心理使他们缺乏竞争勇气，缺乏自信心，走进求职现场会心里发怵，在求职现场丢下自荐书就跑，参加招聘面试心里忐忑不安，面对招聘者结结巴巴、面红耳赤，这样的人自然难以受到用人单位的赏识。此类求职者一旦中途受到挫折，就会更缺乏心理上的承受能力，总觉得自己不能胜任。在激烈的择业竞争中，这种心理障碍是走向成功的大敌。

2. 盲目自信心理

有的求职者认为自己在择业中具备种种优势，如学习成绩优秀、政治条件好、学校牌子响、专业需求旺、求职门路广，因而盲目自信，择业胃口吊得很高。有时候不是没机会，相反机会很多，但这种盲目自信的心理让求职者错失了很多面试机会。此类求职者一旦进入面试流程，真正的实力显示出来后，就会发现自己低估了自身的不足和困难，进而在择业中受挫。

3. 患得患失心理

职业的选择往往也是对机遇的一种准确把握。错过机遇，可能与成功失之交臂。当断不断，患得患失，这山望着那山高，常常是导致许多求职者陷入择业误区的一种心理障碍。

4. 急功近利心理

有些求职者在择业时过分看重地位，过分看重实惠，一心只想进大城市、大企业，去沿海发达地区，到挣钱多、待遇好的单位，甚至为了暂时的功利宁可抛弃所学的专业。这种心理可能会使求职者得到一些眼前的利益和满足，但从长远发展看恐怕并非明智的选择。还有的人信奉"学而优则仕"，觉得当官才是正途，削尖脑袋往"衙门"里钻，哪知这些地方是实力的大比拼，远非常人所能进入，结果大都碰得头破血流。

5. 依附心理

有的求职者自己不急着找工作，缺乏独立意识，整天想着攀关系找一份工作。求职是凭借自己的真实能力的，即使通过一些手段谋得职位，也只会让知悉内幕的人看不起。

6. 低就心理

有的求职者总觉得就业竞争激烈，自己技不如人，于是甘拜下风，不敢对自己"明码标价"，找个"买家"草草将自己"卖出"，对于一些单位开出的不平等协议是闭着眼睛签订，给日后工作带来了严重隐患。

以上心理都是求职面试的大忌，所以在面试之前，一定要摆正自己的心态。

(三) 调节心态

求职者要从心理上尽快成熟起来，学会独立思考，并且尽可能在经济上独立起来。

客观地评价自己，以一种理性的态度为自己规划未来。端正心态，看淡成败，"先就业，再择业"。以平常心对待面试，把面试当成是朋友与朋友之间的谈话。成败不重要，重要的在于参与。战胜困难，做好承受挫折的心理准备，即使面试一时失利，也不要以一次成败论英雄。敢与权威竞争，敢于正视自己的不足，取长补短。要有积极向上、敢于迎接挑战的精神以及战胜困难、夺取胜利的自信心和勇气，多听取家长、老师、同学、朋友的建议。

调节心态的方法主要有以下四种。

1. 认知平衡法

面试没有捷径，如果说真的有捷径的话，那就是做好充分的准备。解决过度紧张最有效、最实用的办法，就是充分准备，全面提高面试水平，从实力上认识自己的能力，从而达到认知上的有备无患。

2. 心态平衡法

求职面试竞争十分激烈，不仅是知识的比拼，也是心理的较量，更是意志力的磨炼。面试时的心态特别重要，求职者一定要树立信心、不要紧张、放轻松。具体的实施过程应该是做到一高一低：士气上高，即自己肯定能够表现出色；目标上低，即把成功概率降低，尽力而为，做好最坏的打算。要记住，过程比结果更重要，参加面试就当是锻炼自我。这样的话，求职者就能够丢掉包袱，轻松上阵。

3. 身心平衡法

在面试时，身体放松也很重要。科学表明，意念力能够影响人的现场表现。面试前，做几次深呼吸，慢慢吸气然后慢慢呼气，每当呼气的时候在心中默念"放松"。或者闭上眼睛，着意去想象一些恬静美好的景物，如蓝色的海水、金黄色的沙滩、朵朵白云、高山流水等。

4. 语言平衡法

在面试中，一般求职者会因紧张而使说话速度变快，而这又会加重紧张，由此进入一个恶性循环。如果放慢说话的速度，一则可以减轻紧张情绪，为自己争取更多的思考时间；二则可以让面试官仔细倾听你的话语，以便给面试官留下更深刻的印象。

克服紧张、建立自信，是面试成功的必备法宝。要想自信，就必须知己知彼，对自己和用人单位都有客观的认识。求职应聘，是一个了解自己、了解用人单位，向用人单位展示自己能力与素质的面对面接触，只有做好充分的准备，才能用特色和真才实学为自己铺就成功之路。在临场实践中，求职者可参考以下九点，以帮助自己克服紧张情绪。

第一，要以一颗平常心正确对待面试，要做好承受挫折的心理准备，即使面试一时失利，也不要以一次成败论英雄。

第二，对招聘单位和自己要有一个正确的评价，相信自己完全能胜任此项工作。清醒的自我认识能够帮助自己在面试中表现良好。

第三，注重仪表着装，穿着要整洁大方，以改变自身形象来增强自信心。

第四，见到面试官时，不妨有意大声地说几句有礼貌的话，做到先声夺人，紧张的心情就会自然消失。

第五，与面试官见面时，要主动与对方进行亲切有神的目光交流，借以消除紧张情绪。在心里尽量建立起与面试官平等的关系。如果心里害怕，有被对方气势压倒的感觉时，就鼓起勇气与对方进行目光交流，待紧张情绪消除后，再表述自己的求职主张。

第六，回答问题时一旦紧张，说话就有可能结结巴巴或越说越快，紧张也会加剧。此时，最好的办法就是有意放慢自己的说话速度，让字一个一个地从嘴里清晰地吐出来，速度放慢了，也就不紧张了。另外，也可加重语尾发音，说得缓慢、响亮，用以缓解紧张情绪。

第七，当与面试官的谈话出现间隔时，不要急不可耐，表现得坐立不安。要知道，时间间隔反而能给自己留下思考的空间，抓紧厘清头绪，让对方感觉你是一位沉着冷静的人。

第八，当出现紧张局面时，不妨自嘲一下，说出自己的感受，可使自己变得轻松一些。面试官喜欢真实的求职者。

第九，感到压力大时，不妨借助间隙去发现面试官在服饰、语言、体态等方面的缺点，借以提高自己的心理优势。这样就会在自觉不自觉间提升自信，回答问题时也就自如多了。

案例 15-1　紧张导致的失败

张小勇是某经贸大学的毕业生，他的求职意向首选是一家国际知名的会计师事务所。经过层层筛选，他如愿进入最后一轮面试，也就是要去见事务所的面试官。这对他来说是极大的鼓励，因为能从数千大军中脱颖而出并进入面试实属不易。但是，见到面试官时，他特别紧张，手脚发颤，以至于面试的时叫错了面试官的名字。由于是英文面试，他重复一个英文单词数遍，唯恐对方听不清楚，直至那位面试官打断并说明自己已经明白了他的意思，张小勇才明白该适可而止。最糟糕的是，他走时把包忘在了面试官的办公室里，后来又费尽周折才把包拿回来。结果可想而知，这家国际一流的会计师事务所在最后的面试时将张小勇拒之门外。

李江面试某集团总部时，面试官问他对求职单位了解多少。由于紧张，他脑袋里一片空白，原本看过的资料也忘在脑后了，难堪的半分钟过去后，他说道："我面试前看过相关的资料，但是现在忘记了。"面试官对他说："我们招人自然希望他能了解我们集团你还是回去再多了解了解吧。"

从上面的案例中可以看出，张小勇由于精神紧张，缺乏自信，跌倒在自己最想去的公司前；李江由于过度紧张，导致大脑一片空白，回答不出常规问题。跟案例中的两位一样，很多求职者在面试时生怕出错，却屡屡出错，生怕面试不过关，却屡次失败。究其原因，怯场是一个很重要的因素。明明准备充分，自身条件也不错，但却因为面试时紧张不堪导致发挥失常，最终落选。

思考：怎样避免面试时的紧张心理？

第二节　面试礼仪

一、面试时的基本礼仪

（一）见面礼仪

见面是面试的开始。见面礼仪是双方交流的开端，要做到以下六点。

1. 严格守时

遵守时间是现代交际时效观的一个重要原则，是作为一个社会人要遵守的最起码的礼仪。求职者在接到招聘方的面试通知后，务必提前到达面试地点，至少要给自己留足 20 分钟的时间，以应对突发情况、调整心情、熟悉环境。如果确实有迫不得已的原因，或中途有意想不到的事情发生而不能准时前往面试，要向招聘方解释清楚，并征求对方意见，是否可以重新安排面试。

2. 礼貌通报

到达用人单位面试地点后，进门前一定要有礼貌地询问负责面试的工作人员，自己是否可以进入面试的办公室，得到允许后方可进入。进入办公室前，若门虚掩着，也应轻敲三下门，得到请进的允许后方可推门进入。要大方地走到面试官面前，表情自然，动作得体。在对方没有请你入座之前不要主动坐下。

3. 主动问候

进入办公区域后，求职者的形象、言谈举止自此开始接受面试官的评判。应该说真正的面试开始了。从这时起，求职者应当立即进入角色，首先要面带微笑，向面试官点头致意，并主动问候面试官。例如，"您好，我是××，来参加面试。"如果事前能够通过各种途径准确了解面试官的姓名及职务，在刚见面对方没有做介绍的情况下，若能主动而准确地称呼对方，无疑可给对方一个惊喜，使面试官认可你收集资料的能力和办事效率，可以给自己赢得宝贵的印象分。

4. 见面握手

见面时，在点头致意或问候的时候要同时握手，但求职者不可先伸手，要等面试官先伸手。握手要坚定有力，热情大方。

5. 面带微笑

笑容是所有肢体语言中最直接有利的一种方式。微笑可以缩短人与人之间的心理距离，为深入沟通交流创造温馨和谐的氛围。在面谈中，应把握每一个展示自信、自然笑容的机会，展示自己的亲切与礼貌。

6. 举止大方

面试时，求职者的外表、气质、举止和谈吐变得格外重要。求职者的一言一行都会向外界传递一定的信息。面试时要按面试现场的布置，与面试官保持一定的距离，不随意将座椅前后推移。遵从招聘方管理人员的规定，不自作主张、不强词夺理。在整个面试过程中，与用人单位代表或面试官接触要谈吐清晰、举止得体，做到彬彬有礼。表现出一定能胜任工作的信心和干练作风，充分展示出自己的才华。

（二）着装礼仪

参加面试的服饰要符合求职者的身份。面试时，合乎自身形象的着装会给人以干净利落、落落大方、有专业精神的印象，男生应显得干练大方，女生可化淡妆以显得庄重俏丽。

1. 男生面试时的仪容仪表礼仪

如果穿着西服套装，西装的颜色应选择灰色、深蓝色或黑色。面试前，西装应熨烫平整、保持整洁，西装口袋不放东西。衬衫以白色或浅色为主，面试前应熨烫平整，不能给人皱巴巴的感觉，同时应保持领口、袖口无污迹。皮鞋要以舒适大方为度，以黑色为宜，且面试前一天要擦拭干净。男生参加面试一般要在衬衣外打领带，领带上面不能有油污、不能皱巴巴，还应紧贴领口，美观大方，平时应准备好与西服颜色相衬的领带。袜子必须是深色，以便与西装相搭配。在面试前一天洗干净头发，保持仪容整洁，发型不应太新潮。此外，男生要将胡须刮干净，并且在刮的时候不要刮伤皮肤；指甲应在面试前一天剪整齐，保持清洁。

2. 女生面试时的仪容仪表礼仪

如果穿着较正规的套装，应确保套装大方、得体，颜色、样式可根据自己的喜好和用人单位的要求来选择，但原则是必须与准上班族的身份相符。颜色鲜艳的服饰会使人显得活泼、有朝气，素色、稳重的套装会使人显得大方干练。参加面试的女生可以适当地化一个淡妆，但不能浓妆艳抹、过于妖娆，这不符合学生的形象与身份。发型应文雅、庄重，梳理整齐，长发用发夹夹好，但不能染鲜艳的颜色。皮鞋应光亮、整洁，不要过于前卫，鞋跟不宜过高，夏日最好不要穿露出脚趾的凉鞋，更不宜将脚指甲涂抹成红色或其他颜色。丝袜以肤色为主，不能有破洞。

男女生应避免在面试时穿休闲类服装，如T恤、牛仔裤、运动鞋，一副随随便便的样子。女生不能穿得过于花枝招展、过于暴露，应聘时不宜佩戴太多饰物。

（三）自我介绍礼仪

1. 讲究态度

态度要保持自然、友善、亲切、随和，整体上讲求落落大方、笑容可掬。要充满信心和勇气，忌讳妄自菲薄、心怀怯懦。要敢于正视对方的双眼，显得胸有成竹、从容不迫。语气自然，语速正常，语音清晰。生硬冷漠的语气、过快过慢的语速或者含糊不清的语音，都会严重影响自我介绍者的形象。

2. 追求真实

进行自我介绍时所表述的各项内容，一定要实事求是、真实可信。过分谦虚，一味贬低自己去讨好别人，或者自吹自擂、夸大其词，都是不可取的。

3. 控制时间

进行自我介绍一定要力求简洁，尽可能地节省时间，通常以半分钟左右为佳，如果无特殊情况最好不要长于一分钟。为了提高效率，在做自我介绍的同时，可利用简历、介绍信等资料加以辅助。

（四）应答礼仪

求职面试的核心是应答。求职者必须对自己的谈吐加以把握，要做到以下四点。

1. 诚实坦率

回答面试官问题时应诚实坦率。在面试中遇到自己实在不懂的问题，应坦诚地回答："这个问题我没有思考过，暂时不知道答案。"这样反而会给面试官留下诚实的印象。面试官有时会出其不意地提出一些敏感的问题，在你没有任何准备的薄弱领域单刀直入，如果此时躲躲闪闪，甚至临时编造谎言，立即会给人以不可靠的感觉。因此，在应答时既要注意发音准确、吐字清晰、表达流畅、文雅大方，更要注意诚实坦率、实事求是。

2. 谨慎多思

面试过程中，当面试官发问时，求职者应快速转动脑筋并认真思考，搞清对方发问的目的再做回答。面试中，面试官往往会把真实的意图隐藏起来，求职者在倾听时，要仔细、认真地品味对方语言中的言外之意、弦外之音。此外，求职者在面试中，为了了解面试官的真实心理和意图，使自己做出相应的反应，还要在察言的同时，更要观色，谨慎多思并迅速做出正确的判断，及时调整应答，做到想好了再说。

3. 适度提问

面试快结束时，大多数面试官对于比较满意的求职者都会给予提问权，了解求职者的疑问，让双方解除最后的疑虑。求职者提问时应注意，不要提出注重个人利益的问题，也不能提出从企业网络或广告上能找到的信息。如果提问，所提问题应是让对方知道你在面试中或面试前是经过认真思考、有所准备的。

4. 认真聆听

聆听是一门艺术，是交往中尊重他人的表现，也是形成良好人际关系的需要。在求职面试时，求职者应全神贯注，认真聆听面试官讲话，并在聆听过程中适时地通过表情、手势、点头和必要的附和等，做出积极反应，以表明聆听的诚意。如果巧妙地插入一两句话，效果则更好，如"您说得对""是的""没错儿"等。这样会使对方感到你对他的谈话很感兴趣，有利于接下来的面试在和谐、融洽、友好的气氛中展开。

面试官经常会围绕下面一些问题进行提问，如"谈谈你自己。""谈谈你的优点和缺点、优势和不足。""你的人际关系如何？""为什么辞职到我单位来工作？"

面试官通过提问，观察求职者的言行，从而评价求职者的专业知识、实践经验、表达能力、分析应变能力、交往控制能力、工作态度、进取精神、爱好兴趣、仪表风度等。因此，求职者应从面试官的提问中判断出提问的核心问题，并实事求是地回答，努力使自己的应答真实反映自己的知识水平和专业能力。

（五）仪态礼仪

仪态是指人们在交际活动中表现出的姿态和风度。面试官对求职者的评价，往往开始于对求职者的仪态、言行举止的观察和概括。因此，在面试时，文明规范的仪态是十分重要的。

1. 表情

在面试时，最常用和最富有表现力的表情就是目光和微笑。在面试中，正确的注视方式应该是望着对方额头的上方，但也要时而与对方有眼神交流。尤其是在双方谈到共同话题时，要有自然的视线接触，目光要自然、柔和、亲切、真诚。微笑必须真诚、自然、适度、得体，否则容易适得其反，给对方留下不好的印象。其中，适度指微笑要有分寸、不出声，含而不露；得体指微笑要恰到好处，当笑则笑，不当笑则不笑。

2. 手势

在揭示人的内心活动方面，手势极富表现力，如紧张时，双手相交；愤怒时，紧握拳头等。求职者在面试时运用手势一定要注意以下四项：一是适合，主要体现在两个方面，一方面，语言表达与手势所表示的意思要符合；另一方面，手势的量要适中。二是简练。每做一个手势，都力求简单、精练、清楚、明了。三是自然。手势贵在自然，动作要舒展、大方，令人赏心悦目，切忌呆板、僵硬。四是协调。手势要和声音、姿态、表情等密切配合，这样的动作才是优美和谐的。

3. 体姿

体姿是指通过身体的肢体语言来表达情感、传递信息的体态语，主要包括坐姿、站姿和行姿三种。这部分可参照第十一章的具体内容。

（六）告辞礼仪

适时告辞是礼仪规范的要求，有一定的学问。出于对求职者的尊重，以及对自身和单位形象的考虑，面试官往往会使用间接的、委婉的方式结束面试。他们可能对本次面试做一个小结，也可能说一些尽管委婉但意图明确的结束语，如"感谢你参加本次面试，希望你对我们的面试工作满意。""不管结果如何，我们会尽快通知你，好吧。""我们会仔细考虑你的情况，很高兴认识你。"听到这些话，求职者应大方得体地告辞。

告辞时，求职者应保持微笑、自然站立，把刚才坐过的椅子扶正，为占用面试官宝贵时间而致谢，并与面试官道别。例如，"非常感谢各位领导给了我这次宝贵的面试机会，我为有幸参加这次面试感到自豪，再见！"这时求职者最好不要主动与面试官握手，除非面试官主动伸手。求职者整理好物品后，要从容地向场外走去，走到门口时也可以转身面向面试官再次表示感谢，然后开门退出，并轻轻关好门。

离开面试单位前，求职者还应当对引导自己进入面试地点的接待人员表示感谢。这除了表示对他们工作的尊重外，也显示出求职者良好的个人素养，也可以为求职者录用后的工作奠定良好基础。

面试两天后，最好给招聘人员打个电话表示谢意，不要急于打听面试结果，耐心等候消息。在规定公示的时间到了以后，仍未收到对方的答复时，可以打电话给面试官或招聘方询问面试结果，如果没有被录用，也应该保持良好的心态，并再次表示感谢。

二、面试后的必备礼仪

（一）礼貌告别

面试结束时，求职者应当保持微笑、自然站立，扶正座椅并向面试官致谢、道别。例如，"非常感谢各位领导给了我这次宝贵的面试机会，再见！""谢谢各位面试官，再见"。这时求职者最好不要主动与面试官握手。求职者整理好物品后，要从容地向场外走去，走到门前时也可以转身面向考官再次表示感谢，然后开门退出，并轻轻地关好门。

面试不仅决胜于考场，而且决胜于考场之外。离开面试单位前，求职者还应当对引导自己进入面试地点的工作人员及面试地点外（如休息室）的其他管理人员、接待人员表示感谢。他们为面试付出了劳动、提供了服务，一句诚挚的感谢不仅可以表达对他们工作的尊重，也可以显示出求职者良好的个人素养，从而让求职者在面试工作人员心中留下较好的印象。另外，求职者如果最终被录用，这些工作人员都将成为自己的领导或者同事，礼貌行为会为自己将来的工作提供一个好的开端。

（二）不要打听面试结果

面试结束后，不可贸然打电话询问面试情况，可以通过发送感谢信函的方式再次加深用人单位对自己的印象。

（三）为面试画上一个圆满句号

一般来说，如果求职者在面试两周后或面试官许诺的时间到来时还没有收到对方的回音和答复，就应该写信或打电话给用人单位，询问面试结果。这样不仅可以表示出求职者对这个工作的兴趣和热情，而且还可以从用人单位的语气中听出自己是否还有被录用的希望、是否还有继续努力争取的必要。

面试之后，求职者可以仔细记录整个面试经过，将每个面试问答、每个面试细节都记载在面试记录手册里。面试成功与否固然重要，但是如果能从上一次面试中汲取教训、学到经验，那么就会有利于提升自己的面试能力，让自己在下次面试中表现得更好。如果在竞争中失败了，千万不要气馁，关键是要找出自己的成功之处和不足之处，总结经验教训，重新准备，以利再战。

案例 15-2 礼貌的力量

小赵是一名大学应届毕业生，他到一家公司面试时，面试他的王经理说话直率，没谈几句就回绝了他。小赵十分礼貌地告辞说："感谢您给了我这次面试的机会，只可惜我自己的能力不够，实在非常抱歉，我会记住您的忠告并去努力的。"他礼貌大方地走后，王经理忽然感觉这个小伙子不错，公司也需要人才，于是决定在限定名额之外追加录取小赵。

思考： 小王为什么会获得机会？

第三节 面试沟通技巧

一、面试中的语言技巧

语言表达能力是面试的重要测评要素（胜任特征要素）之一。面试中语言技巧使用的优劣，直接反映了求职者的语言表达能力，体现了求职者的知识和修养。良好的语言表达技巧，将会推动面试的顺利进行，深化求职者与面试官的沟通，让面试官更好地了解求职者的能力和素质。下面将逐一介绍各种语言技巧。

（一）"我"字的使用

减少"我"字的使用频率。

在面试时，求职者会向面试官极力推销自己，如"我"适合这份工作；"我"毕业于某某学校等。心理学家告诉我们，多数人既有展示自我的欲望又有不愿意做别人观众的心态。因此，在求职者痛快地使用"我"的时候，面试官也许已经厌烦了。

我们可以比较以下两种说法。求职者甲："在我负责办公室工作期间，我使办公室工作有了较大起色，并且在我的严格管理下，本部门工作人员也得到了极大的锻炼和进步。因此，我得到了上级领导的赞赏，这令我非常欣慰。"求职者乙："在我负责办公室工作期间，部门工作有了很大起色，调查显示，不仅员工满意度比去年上升了30%，而且本部门每个员工也得到了极大的锻炼和进步。我们的成绩引起了上级领导的注意，上级领导的赞赏给了我们全体工作人员极大的鼓励。"

从以上两个求职者的表达可以看出，求职者乙比求职者甲更易令人接受和喜欢。他没有一连串地使用"我"字，并且未将功劳全部归为自己，因此，同样的内容，求职者乙的表达效果就好得多。

除了尽量少用和避免重复使用"我"字以外，还有一些关于"我"字的使用技巧：一是变单数的"我"为复数的"我们"；二是用较有弹性的"我觉得""我想"来代替强调意味很浓的"我认为""我建议"等词语，以起到缓冲作用；三是使用"我""我们"的替代语，如"本人""大家"等，以转移"我""我们"的语意积累作用；四是对"我"字做修饰和限定，如"我个人的看法"等；五是在符合语法的情况下省略"我"字或者类似词语，如将"我认为这是一次成功的运作"省略为"这是一次成功的运作"。

总之，除了在明确主体、承担责任的语意环境下必须使用"我"字以外，应慎用和巧用"我"字。

（二）发表意见的技巧

求职者针对某一问题能否发表合理的、深刻的、有建设性的观点，是面试成功与否的重要因素。为了争取面试官的认可，求职者除了具备真才实学以外，也要掌握表达自己观点的语言艺术，让面试官更好地理解和接受自己的观点。

听取面试官的提问时，要抓住面试官提问的要点，同时合理组织自己的语言。面试官未说完，绝不能打断其话头，应当静待面试官说完后再从容不迫地发言；保持与面试官的实时互动和有效沟通。发言时，一定要密切注意面试官的反应。如果面试官未听清楚，就要及时重复；如果面试官表示困惑，就要加以解释或补充说明；如果面试官流露出不耐烦的情绪，就要尽快结束话题，而不要等到尴尬地被打断。

如果面试官提出相反意见，求职者应当虚心倾听、真诚请教。如果经过讨论求职者仍然坚持自己的观点时，要记住，应当尊重面试官，维护面试官的尊严和体面，不要贸然否定面试官的意见，更不要不留情面、明确否定面试官的意见。或者有意地保持暂时沉默，或者幽默地表示以后再议，或者婉转地表示自己将会认真考虑面试官的意见，上述这些都是求职者在面试现场可以考虑的选择。回答中性问题或不易引起争论的问题时，求职者可以直接坦率地提出自己的观点。

当自己的观点不易被接受时，可以使用"层层递推法"和"反证法"。前者是指求职者先从面试官易接受但离自己的真实主题较远的观点谈起，逐步接近自己的真实观点，即以清晰的逻辑和面试官们充分的思想准备，去推销自己的观点。后者是指用"相反"的方法提出观点，然后逐步去证明这种观点是错误的，最终阐明自己真正的观点。人们反对错误的观点往往比接受正确的观点更容易。

1. 开放式回答

求职者回答问题时，不仅要表明自己的态度和观点，而且要加以必要的解释和说明。若采取封闭式的回答，即只是淡漠地回答"是"或"不是""对"或"错"而不加以说明，虽然表明了自己的态度，却没有对自己的观点加以阐释，就会显得回答过于简单，思路非常狭隘。回答过于简单和过于冗长都是不可取的。

2. 借用他人的评价

很多面试问题是直接针对求职者提出的，需要正面做出回答，而其中的有些问题如果"借口说话"效果可能会更好。例如，面试官询问："你认为自己大学期间的成绩优秀吗？"求职者如果正面回答："我想应该是不错的吧！"这样的自证式回答会显得苍白，很难有说服力。如果借用他人之"口"也就是旁证来证实自己，就会有效得多。如"我本科四年都拿到了一等奖学金，毕业时被评为优秀毕业生。由于在专业上取得了一定成绩，我系唯一的一名院士李教授让我进入他的实验室，并对我的工作做了中肯的评价。毕业前，在李教授的指导下，我在刊物上发表了一篇学术报告，该刊物的总编辑认为这篇报告观点新颖、内容翔实……"这样，既有证言、证物，又有人证，说服力就很强。

借别人之口谈自己在具体应用时，要注意所借用的人或事物应该是面试官所能接受和认可的。如果求职者说："我母亲一直认为我很聪慧……"就似乎不太合适，因为自己的亲人对自己的评价往往不够客观和权威。此外，求职者还应尽量表达得委婉含蓄一些。"借口说话"既不能大张旗鼓、盛气凌人，也不能无中生有、凭空捏造。只要避免了以上这几点，"借口说话"的技巧就能恰当地运用。

3. 求职者提问

请求职者提问这种情况在招考公务员的面试中很少出现，但在企事业单位招考的面试中有时会使用。

面试时,面试官有时候会把提问的权利交给求职者。这时候,求职者就不必过于谦让,而应当当仁不让,大大方方地将权利接过来。请求职者提问不仅是面试官表示礼貌和友好的方式,而且此举也必然是和面试的目的有关。有经验的面试官希望通过求职者提问的方式,了解求职者另一个侧面。同面试开始时的自我介绍一样,在面试收尾时的提问也是求职者充分掌握主动权的一次机会。

求职者不仅可以通过面试官对自己所提问题的回答来了解一些与报考职位以及面试相关的信息,也可以借这个机会,充分发挥自己的特长,显示自己的与众不同。求职者理解了这一点,才有可能做出合适的提问。一般而言,求职者可以就报考职位和本次面试提一些相关问题,表示自己对竞聘这份工作有信心、有兴趣。求职者在参加面试前要做好这方面的准备,事前拟出若干自己想问的合适问题。

二、面试中的非语言技巧

在人际交往中,人们总是同时使用有声语言、副语言和体态语言三种手段进行交流,也就是说,表达 = 有声语言 + 副语言 + 体态语言。社会心理学家认为,在交际过程中,只有35%的信息是通过有声语言传递的,65%的信息则是由非语言(副语言、体态语言)来传递的,因此非语言交流的作用可见一斑。

语言在人际交往中起着方向性与规定性的作用,而与有声语言相结合的副语言、体态语言则传达着比语言本身丰富得多的内涵,从而更加准确地反映交谈者的思想和情感,并对语言行为起着支持、修饰作用。有时,非语言交流还可以表达语言难以表达的含义,甚至与语言表达相反的含义。

在面试过程中,非语言交流起着重要的作用。它可以作为口头语言的补充,起到辅助表达、增强力量、加强语气的作用,从而更加全面地体现求职者的人际沟通能力,促进求职者与面试官之间的情感交流。非语言交流的得体使用,是面试成功的重要手段与技巧。以下着重介绍副语言,关于体态语言的相关内容,在面试礼仪的仪态礼仪中有详尽解释。

副语言包括嗓音、声调、节奏与语速、重音等。副语言在面试中的使用,有助于表达求职者的情绪状态和态度,并影响面试官对求职者的评价。

副语言作为内在气质和思想的外在表现,在不知不觉中"泄露"着一个人的思想修养、思维能力、心理状态、人格特点等要素。心理学家曾经做过一项研究,将一段求职者对面试官的应答录音中求职者的语言做了技术上的处理:在不影响声音的其他品质如响度等的条件下,提高或降低音调,减慢或加快语速,然后让求职者听这段录音并做评价。结果，高音调的声音被认为是软弱、不太真实、较神经质，而慢语速的声音被认为是冷漠、被动、不太可靠。

除了本色的声音外，人们还可以有经过修饰的声音。作为一个完整的社会人，求职者必须能够控制、驾驭自己的声音，在不同的场合使用不同的声音。在面试中应当使用经过适当修饰的声音，在语言的抑扬顿挫、轻重缓急等方面下些功夫，可以塑造一个良好的"声音形象"。

本章小结

本章介绍了求职者求职应聘的相关礼仪。首先，阐述了求职者求职应聘前的准备工作；其次，介绍了面试过程中的仪容修饰与仪态礼仪；最后，强调了面试中的语言与非语言技巧。

课后习题

面试题

如果你是求职者，面试时你会怎么回答下列问题？
（1）请你做一下自我介绍。
（2）你有什么业余爱好？
（3）你对加班有什么看法？
（4）对于这项工作，你有哪些可以预见的困难？
（5）谈谈你一次失败的经历。

课后习题答案

面试题

（1）做自我介绍时，介绍内容要与个人简历相一致；表达方式应自然且口语化，切忌直接背诵；切中要害，不谈无关、无用的内容；条理要清晰、层次要分明。

（2）用人单位希望通过求职者对业余爱好这一问题的回答了解其性格、喜好和心态。不宜说自己没有业余爱好；不宜说庸俗的、令人感觉不好的爱好；不宜说自己的爱好仅限于读书、听音乐、上网；最好有一些户外的业余爱好。

（3）用人单位通过求职者对加班看法这一问题的回答，考察其是否愿意为公司奉献。宜说如果是工作需要，会义不容辞加班；宜说提高工作效率，减少不必要的加班，因为加班对于公司而言，实际也是一种成本。

（4）用人单位通过求职者对这项工作可以预见的困难这一问题的回答，考察其对应聘职位的认识以及面对困难的态度。不宜直接说出具体的困难，否则可能令对方怀疑其能力；尝试迂回战术，说出自己对困难所持有的态度。

（5）用人单位通过求职者对失败经历这一问题的回答，考察其面对挫折的态度。不宜说没有失败的经历；不宜把明显的成功说成是失败；不宜说出严重影响所应聘工作的失败经历；宜说失败之前曾信心百倍、努力工作；宜说导致失败的原因是客观原因；宜说失败后自己的反思与总结，以及再次面对工作的态度。

参考文献

曹胜强,2019.跨文化交际中的中西方人际关系认知差异[J].现代交际(11):55-56.

陈莉莉,2008.商务谈判者的心理影响因素分析与训练[J].金陵科技学院学报,22(1):72-74.

陈钰,2011.商务礼仪[M].兰州:甘肃人民出版社.

戴军,2011.商务谈判:原理·策略·禁忌[M].西安:西安交通大学出版社.

党珊珊,2018.基于马斯洛需要层次理论的国际商务谈判研究[D].合肥:安徽大学.

邓红霞,2019.商务谈判实务[M].北京:电子工业出版社.

杜明汉,2011.营销礼仪[M].2版.北京:电子工业出版社.

樊建廷,2007.商务谈判[M].大连:东北财经大学出版社.

冯光明,冯靖雯,余峰,2015.商务谈判——理论、实务与技巧[M].北京:清华大学出版社.

葛辉,奚进,2021.大学生求职务实[M].武汉:华中科技大学出版社.

龚荒,2014.商务谈判与沟通:理论、技巧、事务[M].北京:人民邮电出版社.

郭虹,詹美燕,米涵希,2020.礼仪的应用与实践[M].杭州:浙江大学出版社.

胡晓涓,2018.商务礼仪[M].3版.北京:中国人民大学出版社.

黄杰,汤曼,2019.商务沟通与谈判[M].北京:人民邮电出版社.

江君,2019.大学生就业指导[M].北京:人民邮电出版社.

金正昆,2008.礼仪金说5:商务礼仪[M].西安:陕西师范大学出版社.

李煜萍,张国军,2015.世界500强的谈判内训课[M].北京:人民邮电出版社.

李志军,2018.商务谈判与礼仪[M].北京:中国纺织出版社.

马修·麦凯,2021.学会沟通:全面沟通技能手册[M].北京:机械工业出版社.

莫林虎,2014.商务沟通与交流[M].2版.北京:中国人民大学出版社.

潘锦云,王春成,2021.商务谈判理论务实与艺术[M].合肥:中国科学技术大学出版社.

单铭磊,2021.中国人的礼仪文化[M].北京:化学工业出版社.

史华楠,1999.中国礼仪的起源与鸿蒙之初的礼仪文化[J].扬州大学学报(人文社会科学版）（1）：25-29.

王杨梅，李爱军，2016.商务谈判［M］.郑州：郑州大学出版社.

王玉苓，2018.商务礼仪［M］.2版.北京：人民邮电出版社.

许大鹏，2021.心理学与行为分析［M］.北京：中国法制出版社.

于丽萍，2016.中国传统礼仪文化的当代价值及其实现机制研究［D］.济南：山东大学.

张传杰，黄漫宇，2018.商务沟通方法、案例和技巧［M］.北京：人民邮电出版社.

张国良，2021.商务谈判与沟通［M］.北京：机械工业出版社.

张立君，2015.现代社交礼仪［M］.北京：人民邮电出版社.

张自慧，2006.礼文化的人文精神与价值研究［D］.郑州：郑州大学.